MODERNIZAÇÃO REFLEXIVA

FUNDAÇÃO EDITORA DA UNESP

Presidente do Conselho Curador
Mário Sérgio Vasconcelos

Diretor-Presidente
Jézio Hernani Bomfim Gutierre

Superintendente Administrativo e Financeiro
William de Souza Agostinho

Conselho Editorial Acadêmico
Danilo Rothberg
Luis Fernando Ayerbe
Marcelo Takeshi Yamashita
Maria Cristina Pereira Lima
Milton Terumitsu Sogabe
Newton La Scala Júnior
Pedro Angelo Pagni
Renata Junqueira de Souza
Sandra Aparecida Ferreira
Valéria dos Santos Guimarães

Editores-Adjuntos
Anderson Nobara
Leandro Rodrigues

ULRICH BECK
ANTHONY GIDDENS
SCOTT LASH

MODERNIZAÇÃO REFLEXIVA

POLÍTICA, TRADIÇÃO E ESTÉTICA NA ORDEM SOCIAL MODERNA

Tradução de
Magda Lopes

Revisão Técnica de
Cibele Saliba Rizek

Copyright © 1995 by Ulrich Beck, Anthony Giddens, Scott Lash.
Título original em inglês: *Reflexive Modernization:
Politics, Tradition and Aesthetics in the Modern Social Order*

Copyright © 1995 da tradução brasileira:
Fundação Editora da Unesp (FEU)
Praça da Sé, 108 – 01001-900 – São Paulo – SP
Tel.: (0xx11) 3242-7171 – Fax: (0xx11) 3242-7172
www.editoraunesp.com.br
www.livrariaunesp.com.br
atendimento.editora@unesp.br

CIP – Brasil. Catalogação na fonte
Sindicato Nacional dos Editores de Livros, RJ

B355m

Beck, Ulrich, 1944-
Modernização reflexiva: política, tradição e estética na ordem social moderna / Ulrich Beck, Anthony Giddens, Scott Lash; tradução de Magda Lopes; revisão técnica de Cibele Saliba Rizek. – [2.ed]. – São Paulo: Editora Unesp, 2012.

Tradução de: Reflexive Modernization
ISBN 978-85-393-0223-9

1. Estrutura social. 2. Pós-modernismo. 3. Civilização moderna. I. Giddens, Anthony, 1938-. II. Lash, Scott, 1945-. III. Título.

12-0473.
CDD: 303.44
CDU: 316.421

Índice para catálogo sistemático:
1. Estrutura social: Sociologia   305

Editora afiliada:

Sumário

7 Prefácio

11 Capítulo I
A reinvenção da política: rumo a uma teoria da modernização reflexiva
Ulrich Beck
Introdução: o que significa modernização reflexiva? Autocrítica da sociedade de risco Subpolítica – retorno dos indivíduos à sociedade Caminhos para uma nova modernidade A invenção do político

89 Capítulo II
A vida em uma sociedade pós-tradicional
Anthony Giddens
As ordens da transformação Depreciando a carne A repetição como neurose: a questão do vício Escolhas e decisões A natureza e a tradição como complementares A tradição contextual Guardiães e especialistas Sabedoria e especialização Tradição na modernidade Globalização

e abandono da tradição Destradicionalização Tradição, discurso, violência

167 **Capítulo III**
A reflexividade e seus duplos: estrutura, estética, comunidade
Scott Lash

Por que modernidade "reflexiva"? Ação ou estrutura? Reflexividade: cognitiva ou estética? O "eu" ou o "nós" Conclusões: a comunidade reflexiva e o *self*

259 **Capítulo IV**
Réplicas e críticas

Autodissolução e autorrisco da sociedade industrial: o que isso significa?
Ulrich Beck

Risco, confiança, reflexividade
Anthony Giddens

Sistemas especialistas ou interpretação situada? Cultura e instituições no capitalismo desorganizado
Scott Lash

319 Índice remissivo

Prefácio

A ideia deste livro foi originalmente sugerida por Ulrich Beck. Scott Lash havia lecionado durante algum tempo na Alemanha, e Lash e Beck começaram a enxergar alguns pontos comuns no trabalho um do outro. Só posteriormente Giddens e Beck observaram detidamente os escritos recíprocos. No entanto, uma vez estabelecido este intercâmbio triplo, muitas convergências surpreendentes emergiram entre o que de início se constituía de linhas de trabalho diferentes. Elas convergiam para vários temas dominantes. A reflexividade – embora compreendida de maneiras muito diferentes em cada um dos três autores – é um dos temas mais importantes. Para todos nós, a prolongada discussão sobre modernidade *versus* pós-modernidade tornou-se cansativa e, assim como muitas discussões desse tipo, acabou resultando pouco produtiva. A ideia da modernização reflexiva, independente de se usar ou não esse termo como tal, rompe as amarras em que essas discussões tenderam a manter a inovação conceitual.

A noção de destradicionalização, entendida de modo adequado, é um segundo tema comum. Hoje em dia, falar em destradicionalização parece, de início, estranho, sobretudo em razão da ênfase que algumas formas do pensamento pós-moderno colocam no retorno à tradição. Entretanto, falar de destradicionalização não significa falar de uma sociedade sem tradições – longe disso. Ao contrário, o conceito refere-se a uma ordem social em que a tradição muda seu *status*. Em um contexto de cosmopolitanismo global, as tradições precisam se defender, pois estão sempre sendo contestadas. É de particular importância, neste aspecto, o fato de o "substrato oculto" da modernidade, envolvendo tradições que afetam os gêneros, a família, as comunidades locais e outros aspectos da vida social cotidiana, ter ficado exposto e submetido à discussão pública. As implicações desse fato são profundas e ao mesmo tempo de âmbito mundial.

Um terceiro enfoque comum é uma preocupação com questões ecológicas. Embora aqui, mais uma vez, existam algumas diferenças entre nós, concordamos em que as questões ecológicas não podem ser simplesmente reduzidas a uma preocupação com o "ambiente". O "ambiente" soa como um contexto externo à ação humana. Porém as questões ecológicas só vieram à tona porque o "ambiente" na verdade não se encontra mais alheio à vida social humana, mas é completamente penetrado e reordenado por ela. Se houve um dia em que os seres humanos souberam o que era a "natureza", agora não o sabem mais. Atualmente, o que é "natural" está tão intrincadamente confundido com o que é "social", que nada mais pode ser afirmado como tal, com certeza. Da mesma forma que muitos aspectos da vida são governados pela tradição, a "natureza" transformou-se em áreas de ação nas quais os seres humanos têm de tomar decisões práticas e éticas. A "crise ecológica" abre uma grande quantidade de questões relacionadas essencialmente à plasticidade da vida humana atual – o afastamento do "destino" em tantas áreas das nossas vidas.

Os paradoxos do conhecimento humano que alimentaram as visões pós-modernas – em que eles estão com frequência relacionados à morte da epistemologia – podem ser agora compreendidos em termos mais mundanos, sociológicos. Hoje em dia, os mundos social e natural estão totalmente influenciados pelo conhecimento humano reflexivo; mas isso não conduz a uma situação que nos permita ser, coletivamente, os donos do nosso destino. Muito ao contrário: o futuro se parece cada vez menos com o passado e, em alguns aspectos básicos, tem se tornado muito ameaçador. Como espécie, não temos mais uma sobrevivência garantida, mesmo a curto prazo – e isto é uma consequência de nossos próprios atos, como coletividade humana. Hoje em dia, a noção de "risco" é fundamental para a cultura moderna justamente porque grande parte do nosso pensamento tem de ser do tipo "como se". Em muitos aspectos de nossas vidas, tanto individual quanto coletiva, temos de construir regularmente futuros potenciais, sabendo que essa mesma construção pode, na verdade, impedir que eles venham a acontecer. Novas áreas de imprevisibilidade são muito frequentemente criadas pelas próprias tentativas que buscam controlá-las.

Nessas circunstâncias ocorrem transições importantes na vida cotidiana, tanto no caráter da organização social quanto na estruturação dos sistemas globais. As tendências para a intensificação da globalização interagem com – e são a causa de – mudanças na vida cotidiana. No presente, muitas mudanças ou tomadas de decisão políticas de muita influência sobre nossas vidas não derivam da esfera ortodoxa da tomada de decisão: o sistema político formal. Ao contrário, elas moldam e ajudam a redefinir o caráter da ordem política ortodoxa.

Consequências políticas práticas fluem da análise dessas questões. Nossos vários diagnósticos do que poderiam ser essas ramificações políticas diferem entre si. Entretanto, todos nós negamos a paralisia da vontade política que aparece na obra de tantos autores que, após a dissolução do socialismo, acreditam não haver mais lugar para programas políticos ativos. O que ocorre é mais ou menos o contrário. O mundo da reflexividade desenvolvida, em que a interrogação das formas sociais torna-se lugar-comum, é um mundo que em muitos casos estimula a crítica ativa.

O formato deste livro é o seguinte: cada um de nós escreveu independentemente um ensaio substancial sobre aspectos da modernização reflexiva. Os três ensaios foram guiados pela perspectiva comum acima mencionada, embora não tenhamos procurado esconder nossas diferenças um do outro. Subsequentemente, cada um de nós escreveu respostas críticas às contribuições dos outros dois. Estas aparecem no final do livro na mesma sequência das apresentações originais.

As contribuições de Ulrich Beck foram traduzidas do alemão para o inglês por Mark Ritter.

Ulrich Beck
Anthony Giddens
Scott Lash

I
A reinvenção da política: rumo a uma teoria da modernização reflexiva

Ulrich Beck

Introdução: o que significa modernização reflexiva?[1]

É razoável prever que o ano de 1989 vai ficar na história como a data simbólica que marca o fim de uma época. Sabemos muito bem que 1989 foi o ano em que, de forma bastante inesperada, acabou o mundo comunista. Mas isto será lembrado desta forma daqui a cinquenta anos? Ou o colapso dos Estados-nações comunistas do Centro e do Leste Europeu será então interpretado de modo similar ao atentado de Sarajevo? Apesar de sua aparente estabilidade e postura autoindulgente, já podemos perceber que o Ocidente também foi afetado pelo colapso do Leste. "As instituições afundaram em seu próprio sucesso", diria Montesquieu. Uma afirmação enigmática, mas excepcionalmente atual. O Ocidente é confrontado por

---

1. Este texto coloca de forma muito abreviada o argumento do meu livro *Die Erfindung des Politischen*, 1993. Para discutir e rediscutir os temas deste ensaio, agradeço a Elisabeth Beck-Gernsheim, Wolfgang Bonss, Christoph Lau, Ronald Hitzler, Elmar Koenen, Maarten Hajer e, por último, mas nem por isso menos importante, Michaela Pfadenhauer.

questões que desafiam as premissas fundamentais do seu próprio sistema social e político. A principal questão que ora enfrentamos é se a simbiose histórica entre o capitalismo e a democracia – que caracterizava o Ocidente – pode ser generalizada em uma escala global, sem consumir suas bases físicas, culturais e sociais. Será que não veremos o retorno do nacionalismo e do racismo na Europa precisamente como uma reação aos processos da unificação global? E – depois do final da Guerra Fria e da redescoberta da amarga realidade da guerra "convencional" – não chegaremos à conclusão de que temos de repensar, na verdade reinventar, nossa civilização industrial, agora que o velho sistema da sociedade industrializada está se desmoronando no decorrer do seu próprio sucesso? Será que não estão por surgir novos contratos sociais?

"Modernização reflexiva" significa a possibilidade de uma (auto)destruição criativa para toda uma era: aquela da sociedade industrial.[2] O "sujeito" dessa destruição criativa não é a revolução, não é a crise, mas a vitória da modernização ocidental.

A burguesia não pode existir sem continuamente revolucionar os instrumentos de produção, ou seja, as relações de produção, e, portanto, todos os relacionamentos sociais. A manutenção inalterada do antigo modo de produção, ao contrário, era a condição primária para a existência de todas as classes industriais anteriores. A revolução constante da produção, a per-

---

2. O conceito de "modernização reflexiva" é utilizado por Giddens em seus livros *The Consequences of Modernity*, 1990 [ed. bras. *As consequências da modernidade*, 1991] e *Modernity and Self-Identity*, 1991, e por Lash em Reflexive modernization: the aesthetic dimension, *Theory, Culture and Society*, v.10, n.1, 1993, p.1-24. Eu o usei em meu livro *Risk Society*: Towards a New Modernity, 1992; no contexto das crises ecológicas, em meu livro *Gegengifte: Die Organisierte Unverantwortlichkeit*, 1988, título em inglês *Ecological Politics in the Age of Risk*, 1994; no contexto dos papéis dos sexos, da família e do amor, em Beck e Beck-Gernsheim, *Das Ganz Normale Chaos der Liebe*, 1990, título em inglês *The Normal Chaos of Love*, 1994. Ver também Zapf (Ed.), *Die Modernisierung Moderner Gesellschaften*, 1991.

turbação ininterrupta de todas as relações sociais, a incerteza e agitação permanentes distinguem a era burguesa de todas as anteriores. Todos os relacionamentos estabelecidos e fixados, com sua série de ideias e pontos de vista veneráveis, estão sendo destruídos; todos os novos tornam-se obsoletos antes de poderem se fixar. Tudo o que é sólido dissolve-se no ar, tudo o que é sagrado é profanado, e as pessoas são finalmente obrigadas a enfrentar com racionalidade as condições reais de suas vidas e de suas relações com seus semelhantes.[3]

Se, no fundo, a modernização simples (ou ortodoxa) significa primeiro a desincorporação e, segundo, a reincorporação das formas sociais tradicionais pelas formas sociais industriais, então a modernização reflexiva significa primeiro a desincorporação e, segundo, a reincorporação das formas sociais industriais por outra modernidade.

Assim, em virtude do seu inerente dinamismo, a sociedade moderna está acabando com suas formações de classe, camadas sociais, ocupação, papéis dos sexos, família nuclear, agricultura, setores empresariais e, é claro, também com os pré-requisitos e as formas contínuas do progresso técnico-econômico. Este novo estágio, em que o progresso pode se transformar em autodestruição, em que um tipo de modernização destrói outro e o modifica, é o que eu chamo de etapa da modernização reflexiva.

A ideia de que o dinamismo da sociedade industrial acaba com suas próprias fundações recorda a mensagem de Karl Marx de que o capitalismo é seu próprio coveiro, mas significa também algo completamente diferente. Primeiro, não é a crise, mas, repito, as vitórias do capitalismo que produzem a nova forma social. Segundo, isto significa que não é a luta de classe, mas a modernização normal e a modernização adicional que estão dissolvendo os con-

---

3. Marx; Engels, Communist Manifesto, *Werke*, v.V, 1972, p.465. Cf. também Berman, *All that is Solid Melts into Air*, 1982.

tornos da sociedade industrial. A constelação que está surgindo como resultado disso também nada tem em comum com as utopias até agora fracassadas de uma sociedade socialista. Em vez disso, o que se enfatiza é que o dinamismo industrial, extremamente veloz, está se transformando em uma nova sociedade sem a explosão primeva de uma revolução, sobrepondo-se a discussões e decisões políticas de parlamentos e governos.

Por isso, supõe-se que modernização reflexiva signifique que uma mudança da sociedade industrial – ocorrida sub-repticiamente e sem planejamento no início de uma modernização normal, autônoma, e com uma ordem política e econômica inalterada e intacta – implica a *radicalização* da modernidade, que vai invadir as premissas e os contornos da sociedade industrial e abrir caminhos para outra modernidade.

O que foi afirmado é exatamente aquilo que é considerado fora de questão no antagonismo unânime existente entre as duas principais autoridades da modernização simples – os marxistas e os funcionalistas –, ou seja, não haverá uma revolução, mas uma nova sociedade. Desta forma, o tabu que estamos rompendo é a equação tácita entre latência e imanência na mudança social. A ideia de que a transição de uma época social para outra poderia ocorrer não intencionalmente e sem influência política, extrapolando todos os fóruns das decisões políticas, as linhas de conflito e as controvérsias partidárias, contradiz o autoentendimento democrático desta sociedade, da mesma forma que contradiz as convicções fundamentais de sua sociologia.

Do ponto de vista convencional, está acima de todos os desastres e experiências amargas que marcam as revoltas sociais. Mas isso não precisa acontecer. A nova sociedade nem sempre nasce da dor. Não apenas a pobreza crescente, mas também a riqueza crescente, e a perda de um rival no Leste, produzem uma mudança axial nos tipos de problemas, no escopo da relevância e na qualidade da política. Não somente as causas do desastre, mas também o intenso crescimento econômico, a tecnificação rápida e a maior segurança no emprego podem desencadear a tempestade que vai impulsionar ou impelir a sociedade industrial rumo a uma nova era. A maior participação das mulheres no mercado de trabalho, por exemplo, é bem-vinda e encorajada por todos os partidos políticos, pelo menos aparentemente, mas também causa uma revolução na lenta marcha das ordens ocupacionais, políticas e privadas convencionais. A flexibilização temporal e contratual do trabalho assalariado tem sido reivindicada e modernizada por muitos, mas em resumo rompe as velhas linhas limítrofes existentes entre o trabalho e o não trabalho. Exatamente *porque* essas pequenas medidas com grandes efeitos cumulativos não surgem de maneira espalhafatosa, por meio de votações controvertidas no parlamento, antagonismos políticos programáticos ou sob a bandeira da mudança revolucionária, a modernização reflexiva da sociedade industrial ocorre silenciosamente, por assim dizer, despercebida pelos sociólogos, que, sem questionar, continuam a coletar dados de acordo com as antigas categorias. A insignificância, a familiaridade e frequentemente o desejo de mudanças escondem seu escopo da sociedade em mutação. Apenas uma maior quantidade dos mesmos acontecimentos – assim acreditam as pessoas – não pode produzir nada qualitativamente novo.

O desejado + o familiar = nova modernidade. Esta fórmula soa e parece paradoxal e suspeita.

A modernização reflexiva, como uma modernização ampla, solta e modificadora da estrutura, merece mais que curiosidade filantrópica por ser uma espécie de "nova criatura". Também politicamente, esta modernização da modernização é um fenômeno importante que requer a maior atenção. Em certo aspecto, implica inseguranças de toda uma sociedade, difíceis de delimitar, com lutas entre facções em todos os níveis, igualmente difíceis de delimitar. Ao mesmo tempo, a modernização reflexiva envolve apenas uma dinamização do desenvolvimento, que, em si, embora em contraposição a uma base diferente, pode ter consequências exatamente opostas. Em vários grupos culturais e continentes isso é associado ao nacionalismo, à pobreza em massa, ao fundamentalismo religioso de várias facções e credos, a crises econômicas, crises ecológicas, possivelmente guerras e revoluções, sem esquecer os estados de emergência produzidos por grandes catástrofes – ou seja, no sentido mais estrito, o dinamismo do conflito da sociedade de risco.

É claro que a modernização reflexiva deve ser analiticamente distinguida das categorias convencionais da mudança social – crise, transformação social e revoluções – mas pode também coincidir com essas conceituações tradicionais, favorecendo-as, sobrepondo-se a elas e intensificando-as. Desse modo, seria possível perguntar:

Primeiro, sob que condições a modernização reflexiva se transforma em determinado tipo de crises sociais?

Segundo, que desafios políticos estão ligados aos desafios reflexivos e que respostas a eles são em princípio concebíveis?

Terceiro, qual o significado e a implicação das superposições da modernização reflexiva com os desenvolvimentos antagônicos – prosperidade e seguridade social, crise e desemprego em massa, nacionalismo, pobreza mundial, guerras ou novos movimentos migratórios? Como então as modernizações reflexivas devem ser decodificadas em constelações contraditórias em uma comparação internacional e intercultural?

Será que a modernidade – quando aplicada a si mesma – contém uma chave para seu autocontrole e sua autolimitação? Ou essa abordagem simplesmente libera mais um redemoinho em um turbilhão de acontecimentos sobre os quais não se tem mais nenhum controle?

Autocrítica da sociedade de risco

Qualquer um que conceba a modernização como um processo de inovação autônoma deve contar até mesmo com a obsolescência da sociedade industrial. O outro lado dessa obsolescência é a emergência da sociedade de risco. Este conceito designa uma fase no desenvolvimento da sociedade moderna, em que os riscos sociais, políticos, econômicos e individuais tendem cada vez mais a escapar das instituições para o controle e a proteção da sociedade industrial.

Duas fases podem ser aqui distinguidas: primeiro, um estágio em que os efeitos e as autoameaças são sistematicamente produzidos, mas não se tornam questões públicas ou o centro de conflitos políticos. Aqui, o autoconceito da sociedade industrial ainda predomina, tanto multiplicando como "legitimando" as ameaças produzidas por tomadas de decisão, como "riscos residuais" (a "sociedade de risco residual").

Segundo, uma situação completamente diferente surge quando os perigos da sociedade industrial começam a dominar os debates e conflitos públicos, tanto políticos como privados. Nesse caso, as instituições da sociedade industrial tornam-se os produtores e legitimadores das ameaças que não conseguem controlar. O que acontece aqui é que alguns aspectos da sociedade industrial tornam-se *social* e *politicamente* problemáticos. Por um lado, a sociedade ainda toma decisões e realiza ações segundo o padrão da velha sociedade industrial, mas, por outro, as organizações de interesse, o sistema judicial e a política são obscurecidos por debates e conflitos que se originam do dinamismo da sociedade de risco.

Reflexão e reflexividade

À luz desses dois estágios, o conceito de "modernização reflexiva" pode ser diferenciado em contraposição a um equívoco fundamental. Este conceito não implica (como pode sugerir o adjetivo "reflexivo") *reflexão*, mas (antes) *autoconfrontação*. A transição do período industrial para o período de risco da modernidade ocorre de forma indesejada, despercebida e compulsiva no despertar do dinamismo autônomo da modernização, seguindo o padrão dos efeitos colaterais latentes. Pode-se virtualmente dizer que as constelações da sociedade de risco são produzidas porque as certezas da sociedade industrial (o consenso para o progresso ou a abstração dos efeitos e dos riscos ecológicos) dominam o pensamento e a ação das pessoas e das instituições na sociedade industrial. A sociedade de risco não é uma opção que se pode escolher ou rejeitar no decorrer de disputas políticas. Ela surge na continuidade dos processos de modernização autônoma, que são cegos e surdos a seus próprios efeitos e ameaças. De maneira cumulativa e latente, estes últimos produzem ameaças que questionam e finalmente destroem as bases da sociedade industrial.

O tipo de confrontação das bases da modernização com as consequências da modernização deve ser claramente distinguido do aumento do conhecimento e da cientificação no sentido da autorreflexão sobre a modernização. Vamos recordar a transição autônoma, indesejada e despercebida da *reflexividade* da sociedade industrial para aquela da sociedade de risco (para diferenciá-la e contrastá-la com *reflexão*). Sendo assim, "modernização reflexiva" significa autoconfrontação com os efeitos da sociedade de risco que não podem ser tratados e assimilados no sistema da sociedade industrial – como está avaliado pelos padrões institucionais desta última.[4] O fato de esta própria constelação poder mais tarde, em um segundo estágio, vir a se tornar objeto de reflexão (pública, política e científica) não deve obscurecer o mecanismo não refletido e quase autônomo da transição: é exatamente a abstração que produz e proporciona realidade à sociedade de risco.

---

4. Cf. *Ecological Politics in the Age of Risk*, capítulo IV.

Com o advento da sociedade de risco, os conflitos da distribuição em relação aos "bens" (renda, empregos, seguro social), que constituíram o conflito básico da sociedade industrial clássica e conduziram às soluções tentadas nas instituições relevantes, são encobertos pelos conflitos de distribuição dos "malefícios". Estes podem ser decodificados como conflitos de responsabilidade distributiva. Eles irrompem sobre o modo como os riscos que acompanham a produção dos bens (megatecnologia nuclear e química, pesquisa genética, a ameaça ao ambiente, supermilitarização e miséria crescente fora da sociedade industrial ocidental) podem ser distribuídos, evitados, controlados e legitimados.

No sentido de uma teoria social e de um diagnóstico de cultura, o conceito de sociedade de risco designa um estágio da modernidade em que começam a tomar corpo as ameaças produzidas até então no caminho da sociedade industrial. Isto levanta a questão da autolimitação daquele desenvolvimento, assim como da tarefa de redeterminar os padrões (de responsabilidade, segurança, controle, limitação do dano e distribuição das consequências do dano) atingidos até aquele momento, levando em conta as ameaças potenciais. Entretanto, o problema que aqui se coloca é o fato de estes últimos não somente escaparem à percepção sensorial e excederem à nossa imaginação, mas também não poderem ser determinados pela ciência. A definição do perigo é sempre uma construção *cognitiva* e *social*. Por isso, as sociedades modernas são confrontadas com as bases e com os limites do seu próprio modelo até o grau exato em que eles não se modificam, não se refletem sobre seus efeitos e dão continuidade a uma política muito parecida. O conceito de sociedade de risco provoca transformações notáveis e sistêmicas em três áreas de referência.

Primeiro, há o relacionamento da sociedade industrial moderna com os recursos da natureza e da cultura, sobre cuja existência ela é construída, mas que estão sendo dissipados no surgimento de uma modernização amplamente estabelecida. Isto se aplica à natureza não humana e à cultura humana em geral, assim como aos modos de vida culturais específicos (por exemplo, a família nuclear e a ordem baseada na diferença entre os sexos) e aos recursos de trabalho social (por exemplo, o trabalho doméstico da esposa, que convencionalmente não tem sido reconhecido como trabalho, ainda que tenha sido ele, em primeiro lugar, que possibilitou o trabalho assalariado do marido).[5]

Segundo, há o relacionamento da sociedade com as ameaças e os problemas produzidos por ela, que por seu lado excedem as bases das ideias sociais de segurança. Por essa razão, assim que as pessoas tomam consciência deles, são capazes de abalar as suposições fundamentais da ordem social convencional. Isto se aplica a componentes da sociedade, como os negócios, o direito ou a ciência, mas se torna um problema particular na área da ação política e da tomada de decisões.

Terceiro, as fontes de significado coletivas e específicas de grupo (por exemplo, consciência de classe ou crença no progresso) na cultura da sociedade industrial estão sofrendo de exaustão, desintegração e desencantamento. Estas deram apoio às democracias e às sociedades econômicas ocidentais no decorrer do século XX e sua perda conduz à imposição de todo esforço de definição sobre os indivíduos; é isso que significa o conceito do "processo de individualização". Mas agora a individualização tem um significado bastante diferente. Para Georg Simmel, Emile Durkheim e Max Weber, que teoricamente moldaram este processo e o esclareceram em vários estágios no início do século XX, a diferença está no fato de que atualmente as pessoas não estão sendo "libertadas" das certezas feudais e religiosas-transcendentais para o mundo da sociedade industrial, mas sim da sociedade industrial para a tur-

---

5. Este tema está desenvolvido na Parte Dois de meu *Risk Society*.

bulência da sociedade de risco global. Espera-se que elas convivam com uma ampla variedade de riscos globais e pessoais diferentes e mutuamente contraditórios.

Ao mesmo tempo, pelo menos nos países industrializados, extremamente desenvolvidos do Ocidente, esta libertação está ocorrendo sob as condições gerais do *welfare state*, ou seja, em contraposição ao cenário da expansão da educação, grandes demandas por mobilidade no mercado de trabalho e uma juridificação bastante avançada dos relacionamentos de trabalho. Estas tornam o indivíduo um indivíduo – ou, mais exatamente, apenas um indivíduo – detentor de direitos (e de obrigações). As oportunidades, ameaças, ambivalências da biografia, que anteriormente era possível superar em um grupo familiar, na comunidade da aldeia ou se recorrendo a uma classe ou grupo social, devem ser cada vez mais percebidas, interpretadas e resolvidas pelos próprios indivíduos. Certamente, ainda podem ser encontradas famílias, mas a família nuclear está se tornando uma instituição cada vez mais rara. Há desigualdades crescentes, mas as desigualdades e a consciência de classe perderam sua posição central na sociedade. E mesmo o eu [*self*] não é mais o eu inequívoco, mas se tornou fragmentado em discursos fragmentados do eu. Hoje em dia, espera-se que os indivíduos dominem essas "oportunidades arriscadas",[6] sem serem capazes, em razão da complexidade da sociedade moderna, de tomar as decisões necessárias em uma base bem fundamentada e responsável, ou seja, considerando as possíveis consequências.

O retorno da incerteza

Neste contexto, devemos também reconsiderar a essência da "crise ecológica" atual. A metamorfose dos efeitos colaterais des-

---

6. Beck e Beck-Gernsheim (Ed.) *Riskante Freiheiten: zur Individualisierung von Lebensformen in der Moderne*, 1994.

percebidos da produção industrial na perspectiva das crises ecológicas globais não parece mais um problema do mundo que nos cerca – um chamado "problema ambiental" – mas sim uma crise institucional profunda da própria sociedade industrial. Enquanto esses desenvolvimentos forem vistos em contraposição ao horizonte conceitual da sociedade industrial, e, portanto, como efeitos negativos de ação aparentemente responsável e calculável, seus efeitos de destruição do sistema permanecerão irreconhecíveis. Suas consequências sistemáticas aparecem apenas nos conceitos e na perspectiva da sociedade de risco, e somente então elas nos tornam conscientes da necessidade de uma nova autodeterminação reflexiva.

Na sociedade de risco, o reconhecimento da imprevisibilidade das ameaças provocadas pelo desenvolvimento técnico-industrial exige a autorreflexão em relação às bases da coesão social e o exame das convenções e dos fundamentos predominantes da "racionalidade". No autoconceito da sociedade de risco, a sociedade torna-se reflexiva (no sentido mais estrito da palavra), o que significa dizer que ela se torna um tema e um problema para ela própria.

> O cerne dessas irritações é que poderia ser caracterizado como o "retorno da incerteza à sociedade". O "retorno da incerteza à sociedade" significa aqui, antes de tudo, que um número cada vez maior de conflitos sociais não é mais tratado como problemas de ordem, mas como problemas de risco. Tais problemas de risco são caracterizados por não ter soluções ambíguas; ao contrário, são distinguidos por uma ambivalência fundamental, que pode em geral ser compreendida por cálculos de probabilidade, mas que não podem ser resolvidos dessa maneira. É sua ambivalência fundamental que distingue os problemas de risco dos problemas de ordem, que por definição estão voltados para a clareza e a faculdade de decisão. Em face da crescente ausência de clareza – e este é um desenvolvimento que vem se intensificando – desaparece quase obrigatoriamente a fé na factibilidade técnica da sociedade.[7]

---

7. Bonss, Ungewissheit als Soziologisches Problem, *Mittelweg*, v.36, n.1, 1993, p.20ss.

A categoria do risco defende um tipo de pensamento e ação social que não foi de forma alguma percebido por Max Weber. É pós--tradicional e, em certo sentido, pós-racional, pelo menos no sentido de não ser mais instrumentalmente racional (*post-zweckrational*). Entretanto, os riscos têm sua origem precisamente no triunfo da ordem instrumentalmente racional. Somente depois da normalização, seja de um desenvolvimento industrial além dos limites do seguro, seja do questionamento e da forma perceptível de risco, torna-se reconhecível que – e em que extensão – as questões de risco anulam e fragmentam, por seus próprios meios e de dentro para fora, as questões de ordem. Os riscos tornam-se mais evidentes na matemática. Estas são sempre apenas probabilidades, e nada mais, que não excluem nada. Hoje em dia é possível afugentar as críticas com um risco de quase zero, somente para lamentar a estupidez do futuro público – após a ocorrência da catástrofe – por má interpretação das declarações de probabilidade. Os riscos são infinitamente reprodutíveis, pois se reproduzem juntamente com as decisões e os pontos de vista com que cada um pode e deve avaliar as decisões na sociedade pluralista. Por exemplo, como os riscos das empresas, dos empregos, da saúde e do ambiente (que por sua vez se transformam em riscos globais e locais, ou importantes e sem importância) devem se relacionar um com o outro, ser comparados e colocados em uma ordem hierárquica?

Nas questões de risco, ninguém é especialista, ou todo mundo é especialista, porque os especialistas pressupõem o que se espera que eles tornem possível e produzam: a aceitação cultural. Os alemães veem o mundo perecendo ao mesmo tempo que as suas florestas. Os britânicos estão escandalizados com os ovos – contendo substâncias tóxicas – que consomem no café da manhã; é dessa forma que começa a sua conversão à causa ecológica.

Entretanto, o ponto decisivo é que o horizonte se obscurece à medida que os riscos crescem. Pois os riscos nos dizem o que não deve ser feito, mas não o que se deve evitar. Alguém que considera o mundo como um risco vai finalmente se tornar incapaz de agir. O ponto que se destaca aqui é que, por fim, a expansão e a intensificação da intenção do controle terminam produzindo o oposto. Isto significa, no entanto, que os riscos não apenas pressupõem decisões, mas definitivamente também liberam decisões – tanto individuais como em um sentido fundamental. As questões de risco não podem ser transformadas em questões de ordem, porque estas últimas se asfixiam, por assim dizer, por causa do pluralismo imanente das questões de risco e se metamorfoseiam sub-repticiamente por trás das fachadas da estatística, em questões morais, questões de poder e de puro decisionismo. Considerando de outra maneira, isso também significa que as questões de risco necessitam ou – mais cautelosamente – apelam para o "reconhecimento da ambivalência".[8]

Em sua revisão de *Risk Society*,[9] Bauman criticou o "otimismo" – alguns chamariam de ilusão – que é também uma base do meu diagnóstico. Esta crítica, como pode ser dito a partir da minha perspectiva, fundamenta-se no difundido equívoco de que as questões de risco são questões de ordem, ou pelo menos podem ser consideradas como tal. São exatamente isso, mas também é justamente isso o que não são. Ao contrário, são a forma pela qual a lógica instrumentalmente racional do controle e da ordem é conduzida em virtude do seu próprio dinamismo *ad absurdum* (compreendido no sentido da "reflexividade", ou seja, despercebido e indesejado, não necessariamente no sentido da "reflexão"; ver anteriormente). Isto implica que aqui começa uma ruptura, um conflito no interior da modernidade sobre as bases da racionalidade e o autoconceito

---

8. Bauman, *Modernity and Ambivalence*, 1991.
9. Revisto por Bauman, The solution as problem, *Times Higher Education Supplement*, 13 nov. 1992, p.25.

da sociedade industrial, e isto está ocorrendo bem no centro da própria modernização industrial (e não em suas zonas marginais ou naquelas que se sobrepõem ao âmbito da vida privada). A sociedade industrial, a ordem social civil e, particularmente, o *welfare state* e o Estado previdenciário[10] estão sujeitos à exigência de se fazer que as situações da vida humana sejam controláveis pela racionalidade instrumental, manufaturável, disponível e (individual e legalmente) contabilizável. Por outro lado, na sociedade de risco, o lado imprevisível e os efeitos secundários desta demanda por controle conduzem ao que tem sido considerado superado, o reino da incerteza, da ambivalência – em suma, da alienação. Entretanto, esta é também a base de uma autocrítica da sociedade – expressa por múltiplas opiniões.[11]

Pode-se demonstrar que não somente as formas e medidas organizacionais, mas também os princípios e categorias éticos e legais, como responsabilidade, culpa e o princípio de punir o poluidor (procurando a origem dos danos, por exemplo), assim como os procedimentos de decisão política (como o princípio da maioria), não são adequados para compreender ou legitimar este retorno da incerteza e da falta de controle. Analogamente, é verdade que as categorias e os métodos da ciência social falham diante da vastidão e da ambivalência dos fatos que devem ser apresentados e considerados.

Não somente as decisões devem ser consideradas aqui; ao contrário, é vital restabelecer as regras e as bases das decisões, as relações de validade e a crítica das consequências imprevisíveis e irresponsáveis (conceitualizadas a partir da reivindicação de controle). Sendo assim, a reflexividade e a impossibilidade de controle do desenvolvimento social invadem as sub-regiões individuais,

---

10. Cf. Ewald, *L'Etat providence*, 1986.
11. Mas então o pessimismo negro com que Bauman pinta torna-se antiquado, no sentido de empiricamente falso.

desconsiderando jurisdições, classificações e limites regionais, nacionais, políticos e científicos. No caso extremo, quando se trata de enfrentar as consequências de uma catástrofe nuclear, não há mais a possibilidade de alguém ser não participante. Inversamente, isto também implica que todos os que estão sob esta ameaça são necessários como participantes e parte afetada, e podem parecer igualmente autorresponsáveis.

Em outras palavras, a sociedade de risco é tendencialmente também uma sociedade autocrítica. Os especialistas em seguros (involuntariamente) contradizem os engenheiros de segurança. Enquanto estes últimos diagnosticam risco zero, os primeiros decidem: impossível de ser segurado. Especialistas são anulados ou depostos por especialistas de áreas opostas. Políticos encontram resistência de grupos de cidadãos, e a gerência industrial encontra boicotes de consumidores organizados e politicamente motivados. As administrações são criticadas pelos grupos de autoajuda. Finalmente, até os setores poluidores (por exemplo, a indústria química no caso de poluição marítima) devem enfrentar a resistência dos setores afetados (neste caso, a indústria da pesca e os setores que vivem do turismo litorâneo). Estes poluidores podem ser questionados pelos outros setores, controlados e talvez até corrigidos. Na verdade, a questão de risco divide as famílias, grupos profissionais de trabalhadores químicos especializados em todos os níveis até a gerência,[12] e com muita frequência até os próprios indivíduos. O que a cabeça quer e a língua diz pode não ser o que a mão (finalmente) faz.

---

12. Grant; Paterson; Whitston, *Government and the Chemical Industry*, Oxford: Clarendon, 1988; Bogun; Osterlund; Warsewa, Arbeit und Umwelt im Risikobewusstsein von Industriearbeitern, *Soziale Welt*, v.2, 1992, p.237-45; Heine, Das Verhältnis der Naturwissenschaftler und Ingenieure in der Grosschemie zur Ökologischen Industriekritik, *Soziale Welt*, v.2, 1992, p.246-55; Pries, *Betrieblicher Wandel in der Risikogesellschaft*, 1991; Nelkin (Ed.), *Controversy*: Politics of Technical Decisions, 1992.

Não estamos nos referindo aqui àqueles antagonismos múltiplos fundamentalmente difusos, ambivalentes e resmungões em sua tendência e efeito políticos gerais, que os críticos praticantes do criticismo podem e desejam rejeitar por serem "superficiais" e não afetarem a "lógica" do desenvolvimento social. Em vez disso, um conflito fundamental revela-se por trás disso; um conflito que promete se tornar característico da época de risco. Este conflito já está minando e corroendo as coordenadas políticas da velha sociedade industrial, ou seja, os antagonismos ideológicos, culturais, econômicos e políticos que se agrupam em torno da dicotomia seguro/inseguro e tentam se distinguir uns dos outros. Em um sentido político e existencial, a questão e decisão fundamental que aparece é: será que as novas imprevisão e desordem fabricadas sofrerão oposição segundo o padrão do controle racional instrumental – ou seja, recorrendo às velhas ofertas da sociedade industrial (mais tecnologia, mercado, governo etc.)? Ou estão tendo início aqui um repensar e uma nova maneira de agir, que aceitam e afirmam a ambivalência – mas, então, com consequências de longo alcance para todas as áreas da ação social? Em correspondência ao eixo teórico, pode-se chamar o primeiro de *linear* e o segundo de *reflexivo*. Ao longo da interpretação analítica e empírica desta distinção, a interpretação "politicamente empírica" e "filosófica normativa" desses termos gêmeos está se tornando possível e necessária (mas isso ultrapassa o propósito deste ensaio).

Esta constelação metateórica social, política e teórica aparece e se intensifica com a modernização reflexiva. Somente na redefinição do presente os limites da velha ordem explodem e as ambivalências irredutíveis – o novo distúrbio da civilização de risco – aparecem abertamente. Desse modo, há cada vez menos formas sociais (padrões de atuação) produzindo ordens de ligação e ficções de segurança importantes para a ação. Esta crise das ficções da segurança da sociedade industrial implica que as oportunidades e compulsões para a ação se abram, e entre elas uma deve permanentemente decidir, sem qualquer reivindicação de soluções definitivas – um critério pelo qual viver e agir na incerteza torna--se uma espécie de experiência básica. Quem pode fazer e aprender isso, como e por quê, ou por que não, torna-se por sua vez uma pergunta biográfica e política fundamental da época atual. Muitos dizem que o colapso do socialismo real puxou o tapete de qualquer crítica social. O oposto, sim, é verdadeiro: o contexto para a crítica, mesmo para a crítica radical, jamais foi tão favorável. A petrificação da crítica, que foi um significado da predominância da teoria marxista entre a *intelligentsia* crítica por mais de um século, acabou. O pai todo-poderoso está morto. Na verdade, a crítica social pode agora tomar novo fôlego, assim como abrir seus olhos e torná-los mais perspicazes.

Muitos candidatos à posição de objeto entraram e saíram do palco da história mundial e intelectual: a classe trabalhadora, a *intelligentsia* crítica, a esfera pública, os movimentos sociais das mais variadas tendências e composição, mulheres, subculturas, juventude e especialistas alternativos. Na teoria da modernização reflexiva, a base para a crítica é concebida, de certo modo, como autônoma. Não há objeto claramente definível. Em virtude de sua dinâmica independente e de seus sucessos, a sociedade industrial está escorregando para uma terra de ninguém, de ameaças sem garantia. A incerteza retorna e prolifera por toda parte. A crítica não marxista da modernização, pequena e concreta, mas também grande e fundamental, está se tornando um fenômeno cotidiano dentro e fora de sistemas e organizações (não somente às margens e nas zonas de justaposição das esferas da vida privada). Linhas de conflito estão surgindo em relação ao quê e ao como do progresso, e estão se tornando capazes de organizar e de realizar coalizões.[13]

---

13. Neste contexto, Zapf escreveu: "Comentando criticamente, gostaria de dizer que a posição de Ulrich Beck é tão fascinante porque ele se atém firmemente

Subpolítica – retorno dos indivíduos à sociedade

A palavra "individualização"[14] não contém vários dos significados que muitas pessoas lhe atribuem com o intuito de serem capazes de pensar que ela não significa absolutamente nada. Não significa atomização, isolamento, solidão – o fim de todos os tipos de sociedade – ou desconexão. Também se ouve com frequência a declaração refutável de que ela significa a emancipação ou a renovação dos indivíduos burgueses após sua morte. Mas se todos esses são equívocos convenientes, então o que poderia ser um consenso em relação ao significado do termo?

"Individualização" significa, primeiro, a desincorporação, e, segundo, a reincorporação dos modos de vida da sociedade industrial por outros modos novos, em que os indivíduos devem produzir, representar e acomodar suas próprias biografias. Daí a palavra "individualização". A desincorporação e a reincorporação

---

não somente ao programa de modernização, mas também a uma crítica fundamental da sociedade presente, incluindo a maior parte da sociologia atual. Beck deseja uma nova modernidade e uma teoria mais introspectiva, mais conscienciosa e mais refletida – em suma, uma teoria reflexiva. Esta é capaz de vencer os defensores da Teoria Crítica das décadas de 1930 e 1960, para os quais se aplica a máxima de Adorno: a totalidade é a não verdade. Ela pode assimilar os marxistas desiludidos, cujos sonhos de socialismo se desintegraram, mas que agora estão percebendo que as democracias do mercado livre também devem fracassar em razão de suas próprias contradições. A teoria é uma variante modernizada da doutrina do capitalismo tardio, no qual a crise ecológica assume, no momento, o papel anteriormente desempenhado pela crise de legitimação do capitalismo tardio. É outra teoria do terceiro caminho, além do socialismo e do capitalismo" (Entwicklung und Zukunft Moderner Gesellschaften, in Korte; Schäfers (Ed.), *Einführung in die Hauptbegriffe der Soziologie*, 1992, p.204ss.

14. A "individualização" tem sido discutida na Alemanha nas ciências sociais, públicas e políticas, durante as décadas de 1980 e 1990. Para documentação, ver Beck e Beck-Gernsheim, *Riskante Freiheiten*.

(nas palavras de Giddens) não ocorrem por acaso, nem individualmente, nem voluntariamente ou por diversos tipos de condições históricas, mas sim ao mesmo tempo e sob as condições gerais do *welfare state*, na sociedade desenvolvida de trabalho industrial, como vem se desenvolvendo desde a década de 1960 em muitos países industriais do Ocidente.

A individualização como forma social

Na imagem da sociedade industrial clássica, as maneiras coletivas de viver são compreendidas de uma forma que se assemelha às bonecas russas que se encaixam uma dentro da outra. A classe supõe a família nuclear, que presume os papéis dos sexos, que presume a divisão do trabalho entre homens e mulheres, que presume o casamento. As classes também são concebidas como a soma das situações familiais nucleares, que se parecem uma com a outra e são diferenciadas de outras "situações familiais" típicas de classe (aquelas da classe alta, por exemplo).

Até a definição empírico-operacional do conceito de classe faz uso da renda familiar, ou seja, a renda do "chefe da família", uma expressão inclusiva, mas que na prática implica claramente características masculinas. Isso significa que a participação do trabalho das mulheres não está de modo algum "registrada" ou "avaliada" na análise de classe.[15] Dito de outro modo: quem considera como base a renda do homem e a renda da mulher, separadamente, deve traçar a imagem de uma estrutura social dividida, que nunca poderá ser novamente reunida em uma única imagem. Estes são apenas exemplos de como, de certa maneira, as categorias das situações de vida e da conduta de vida da sociedade industrial

---

15. Heath; Britten, Women's jobs do make a difference, *Sociology*, v.18, n.2, 1990, e a discussão que se segue.

presumem uma à outra. Com a mesma certeza, elas estão sendo sistematicamente desincorporadas e reincorporadas – é essa a importância da teoria da individualização.

Elas estão sendo substituídas não por um vazio (que é precisamente o alvo da maior parte das refutações à teoria da individualização), mas antes por um novo tipo de condução e disposição da vida – não mais obrigatória e "incorporada" (Giddens) nos modelos tradicionais, mas baseada em regulamentos do *welfare state*. Este último, no entanto, considera o indivíduo como ator, planejador, prestidigitador e diretor de cena de sua própria biografia, identidade, redes sociais, compromissos e convicções. Colocando em termos mais simples, "individualização" significa a desintegração das certezas da sociedade industrial, assim como a compulsão para encontrar e inventar novas certezas para si e para os outros que não a possuem. Mas também significa novas interdependências, até mesmo globais. A individualização e a globalização são, na verdade, dois lados do mesmo processo de modernização reflexiva.[16]

Para colocar de outra maneira ainda, a reclamação sobre a individualização que está atualmente em moda – a invocação dos "sentimentos compartilhados", a dissociação dos estrangeiros, a tendência a mimar a família e os sentimentos de solidariedade, transformados em uma teoria moderna, o comunitarismo –, tudo isso é propagado em contraposição a um passado baseado na individualização estabelecida. Estas são, em sua maioria, reações à experimentação de aspectos intoleráveis da individualização, que está assumindo características anômalas.

Mais uma vez, a individualização não é baseada na livre decisão dos indivíduos. Usando a expressão de Sartre, as pessoas são

---

16. Giddens, *The Consequences of Modernity*, p.63ss; Wallerstein, *The Modern World System*, 1974; Roszak, *Person/Planet*: the Creative Disintegration of Industrial Society, 1979.

condenadas à individualização. A individualização é uma compulsão, mas uma compulsão pela fabricação, o autoprojeto e a autorrepresentação, não apenas da própria biografia, mas também de seus compromissos e articulações à medida que as fases da vida mudam, porém, evidentemente, sob as condições gerais e os modelos do *welfare state*, tais como o sistema educacional (adquirindo certificados), o mercado de trabalho e a regra social, o mercado imobiliário e assim por diante. Mesmo as tradições do casamento e da família estão se tornando dependentes de processos decisórios, e todas as suas contradições devem ser experimentadas como riscos pessoais.

Por isso, "individualização" significa que a biografia padronizada torna-se uma biografia escolhida, uma biografia do tipo "faça-você-mesmo" (Ronald Hitzler), ou, como diz Giddens, uma "biografia reflexiva".[17] Independente do que um homem ou uma mulher foi ou é, o que ele ou ela pensa ou faz constitui a individualidade do indivíduo. Isso necessariamente não tem nada a ver com coragem civil ou personalidade, mas sim com opções divergentes e com a compulsão para apresentar e produzir esses "filhos bastardos" das decisões tomadas por si mesmo e pelos outros como uma "unidade".

Mas como se deve conceber mais precisamente a conexão entre a individualização e o *welfare state*, entre a individualização e o mercado de trabalho legalmente protegido? Um exemplo que poderia esclarecer isso é a biografia profissional: para os homens, isso é ponto pacífico, mas para as mulheres é algo controvertido. Não obstante, em todos os países industriais a metade das mulheres (pelo menos) trabalha fora de casa, inclusive aquelas que têm filhos. As pesquisas documentam que para a próxima geração de

---

17. Giddens, *Modernity and Self-Identity*; ver também Lash; Friedman (Ed.), *Modernity & Identity*, 1992; Lash, *Sociology of Postmodernism*, 1990.

mulheres, uma carreira e a maternidade serão certamente consideradas parte de seus planos de vida. Se a tendência para as famílias de duas carreiras continuar, então duas biografias individuais – educação, trabalho, carreira – terão de ser consideradas juntas e mantidas sob a forma de família nuclear.

Anteriormente, as regras do casamento baseado no *status* dominavam como imperativos (a indissolubilidade do casamento, os deveres da maternidade e assim por diante). Isso certamente reduzia o escopo da ação, mas também obrigava e forçava os indivíduos a ficarem juntos. Em contraste com isso, hoje em dia não há um modelo, mas vários modelos, especificamente aqueles negativos: modelos que requerem que as mulheres construam e mantenham carreiras educacionais e profissionais próprias como mulheres, porque do contrário enfrentarão a ruína em caso de divórcio e permanecerão dependentes do dinheiro do marido dentro do casamento – com todas as outras dependências simbólicas e reais que isso lhes traz. Estes modelos não consolidam a união das pessoas, mas a dissolvem e multiplicam as dúvidas. Assim, forçam todo homem e mulher, tanto dentro como fora do casamento, a operar e persistir como agente individual e planejador de sua própria biografia.

Direitos sociais são direitos individuais. As famílias não podem reivindicá-los, somente os indivíduos, e mais precisamente os indivíduos trabalhadores (ou aqueles que estão desempregados, mas desejam trabalhar). A participação nas proteções e benefícios materiais do *welfare state* pressupõe na grande maioria dos casos participar da força de trabalho. Isto está confirmado pelo debate sobre as exceções, entre outras, salários para o trabalho doméstico ou uma pensão para as donas de casa. A participação no trabalho, por sua vez, pressupõe uma participação na educação, e ambos pressupõem a mobilidade e a prontidão a ser móbil. Todas essas exigências não ordenam nada, mas requerem que o indivíduo consinta em se constituir como um indivíduo, para planejar, compreender, projetar e agir – ou sofrer as consequências que lhe serão autoinfligidas em caso de fracasso.

Aqui novamente o mesmo quadro: decisões, possivelmente decisões impossíveis, certamente não decisões livres, mas forçadas pelos outros e arrancadas de si mesmo, a partir de modelos que conduzem a dilemas. Estas são também decisões que colocam o indivíduo como um indivíduo que está no centro das coisas e desestimula os modos de vida e a interação tradicionais. Talvez, contra a sua vontade, o *welfare state* seja um arranjo experimental para o condicionamento dos modos de vida centralizados no ego. Pode-se injetar o bem comum nos corações das pessoas como uma vacina obrigatória. Esta ladainha da comunidade perdida permanece dualista e moralmente ambivalente, enquanto a mecânica da individualização permanece intacta, e ninguém realmente as questiona seriamente nem deseja ou é capaz de fazê-lo.

Política e subpolítica

Este tipo de individualização não permanece privado – torna-se político em um sentido novo, definido: os indivíduos individualizados, aqueles que lutam consigo mesmos e com seu mundo, não são mais os "protagonistas" da sociedade industrial simples e clássica, como supunha o funcionalismo. Os indivíduos são construídos através de uma interação discursiva complexa que é muito mais aberta do que supunha o modelo funcionalista de papéis sociais. Ao contrário, o fato é que as instituições estão se tornando irreais em seus programas e fundações, e por isso dependentes dos indivíduos. As usinas nucleares, que podem destruir ou contaminar por todo um milênio, são avaliadas como *riscos* e "legitimadas" em comparação ao hábito de fumar, que é estatisticamente mais perigoso. Nas instituições, está começando a haver uma busca pela consciência de classe perdida "lá em cima" e "cá embaixo", porque os sindicatos, os partidos políticos e outros construíram seus programas, a filiação de seus membros e o seu poder tendo isso como base. A dissolução das famílias pelo pluralismo pós-familial está sendo despejada nas velhas garrafas conceituais, arrolhada e armazenada. Em resumo, um mundo duplo está adquirindo vida, e uma parte dele não pode ser representada na outra: um mundo caótico de conflitos, jogos de poder, instrumentos e arenas que pertencem a duas épocas diferentes, aquela do "não ambíguo" e aquela da modernidade "ambivalente". Por um lado, está se desenvolvendo um vazio político das instituições; por outro, um renascimento não institucional do político. O sujeito individual retorna às instituições da sociedade.

À primeira vista, quase tudo parece argumentar contra isso. As questões que são discutidas nas arenas políticas – ou, poder-se-ia ficar tentado a dizer, cujos antagonismos são ali estimulados – raramente ainda oferecem quaisquer explosivos que possam produzir lampejos do político. Sendo assim, está se tornando cada vez menos possível extrair decisões da superestrutura corporativista e político-partidária. Inversamente, as organizações dos partidos, os sindicatos e grupos de interesses similares fazem uso das inúmeras questões livremente disponíveis para martelar juntos os pré-requisitos programáticos para a continuação de sua existência. Interna e externamente, pelo menos assim parece, o político está perdendo sua polarização e também sua qualidade utópica, criativa.

Em minha opinião, este diagnóstico se apoia em um erro de categoria, a equação entre política e Estado, entre a política e o sistema político; a correção desse erro não priva o diagnóstico de seus elementos verdadeiros, mas apesar disso transforma-o em seu oposto.[18] As pessoas esperam encontrar a política nas arenas a

---

18. Jessop, *State Theory*, 1990.

ela designadas, e executada pelos agentes devidamente autorizados: parlamento, partidos políticos, sindicatos etc. Se os relógios da política param aqui, desse ponto de vista, o político como um todo parou de funcionar. Isso desconsidera duas coisas. Primeiro, a imobilidade do aparato governamental e de seus órgãos subsidiários é perfeitamente capaz de acompanhar a mobilidade dos agentes em todos os níveis possíveis da sociedade, ou seja, o fracasso da política com a ativação da subpolítica. Qualquer um que olhe a política de cima e espere resultados está negligenciando a auto-organização do político, que – pelo menos potencialmente – pode movimentar "subpoliticamente" muitos ou até todos os campos da sociedade.

Segundo, o monopólio político das instituições e dos agentes políticos, dos quais os últimos dominavam a constelação política da sociedade industrial clássica, está incorporado em opiniões e julgamentos. Este continua a ignorar o fato de que o sistema político e a constelação historicamente política podem ter um com o outro a mesma relação existente entre as realidades de duas épocas diferentes. Por exemplo, o aumento do bem-estar social e o aumento dos riscos condicionam mutuamente um ao outro. Na medida em que isso se torna (publicamente) consciente, os defensores da segurança não estão mais no mesmo barco que os planejadores e produtores de riqueza econômica. A coalizão da tecnologia e da economia fica abalada, porque a tecnologia pode aumentar a produtividade, mas ao mesmo tempo coloca em risco a legitimidade. A ordem judicial não estimula mais a paz social, pois sanciona e legitima as desvantagens juntamente com as ameaças e assim por diante.

Em outras palavras, o político invade e irrompe além das responsabilidades e hierarquias formais. Isso é mal compreendido, particularmente por aqueles que claramente comparam a política com o Estado, com o sistema político, com as responsabilidades formais e com as carreiras políticas de tempo integral. Um "conceito expressionista de política", ambivalente e de muitos níveis (Jürgen Habermas), que nos permite posicionar a forma social e a política como mutuamente variáveis, está sendo introduzido aqui por uma razão muito simples. Porque abre a possibilidade de pensar aquilo que cada vez mais enfrentamos hoje em dia: a constelação política da sociedade industrial está se tornando não política, enquanto o que era não político no industrialismo está se tornando político. Esta é uma transformação de categoria do político sem mudanças de instituições e com elites de poder intactas que não foram substituídas por novas.[19]

Assim, procuramos o político no lugar errado, nas tribunas erradas e nas páginas erradas dos jornais. Aquelas áreas de tomada de decisão que têm sido protegidas pelo político no capitalismo industrial – o setor privado, os negócios, a ciência, as cidades, a vida cotidiana etc. – são aprisionadas nas tempestades dos conflitos políticos da modernidade reflexiva. Um ponto importante aqui é que quanto mais este processo avança, o que ele significa e para onde ele conduz mais depende das decisões políticas, que não podem ser simplesmente aceitas, mas devem ser formadas, programaticamente planejadas e transformadas em possibilidades para a ação. A política determina a política, ampliando-a e lhe concedendo poder. São essas possibilidades de uma *política da política*, uma *(re)invenção* do político após a comprovação de sua morte, que devemos ampliar e esclarecer.

O fenômeno social mais assombroso e surpreendente – e talvez o menos compreendido – da década de 1980 foi o inesperado renascimento de uma subjetividade política, dentro e fora das instituições. Neste sentido, não é exagero dizer que os grupos de iniciativa do cidadão tomaram o poder politicamente. Foram eles

---

19. Cf. meu *Risk Society*, Parte Três.

que colocaram em debate a questão de um mundo em perigo, contra a resistência dos partidos estabelecidos. Em parte alguma isso está tão claro quanto no espectro da nova "aparente moralidade" que está assombrando a Europa. A compulsão para se engajar na salvação ecológica e na renovação do mundo, enquanto isso, torna-se universal. Ela une os conservadores aos socialistas e a indústria química a seus arquicríticos do Partido Verde. Pode-se quase temer que as indústrias químicas venham a continuar com suas propagandas de página inteira e se reestabeleçam como uma associação conservacionista.

Confessadamente, tudo isso é apenas "fachada", oportunismo programático e, de vez em quando, até um repensar intencional. As ações e os pontos de origem dos fatos estão em grande parte intocados. Mas isso permanece verdadeiro: os temas do futuro, que agora estão na boca de todos, não se originaram da previsão dos governantes ou das brigas no Parlamento – e certamente também não tiveram sua origem nas catedrais do poder do mundo dos negócios, da ciência e do Estado. Foram colocados na agência social em contraposição à resistência concentrada desta ignorância institucionalizada pelos grupos moralizadores e grupos dissidentes, ambos em dificuldades, disputando uns com os outros o encaminhamento mais adequado, divididos e cheios de dúvidas. A subpolítica conseguiu uma vitória temática absolutamente improvável.

Isto se aplica não somente ao Ocidente, mas também ao Leste Europeu. Há grupos de cidadãos – contrários a toda a *intelligentsia* da ciência social – que partiram do zero, sem nenhuma organização, em um sistema de conformidade vigiada, e apesar de tudo, sem máquinas copiadoras ou telefones, conseguiram obrigar o grupo governante a recuar e ceder, apenas se reunindo em uma praça. Esta rebelião dos indivíduos da vida real contra um "sistema" que supostamente os dominava por completo em sua existência cotidiana é inexplicável e inconcebível nas categorias e teorias prevalecentes.

Mas não é apenas a economia planejada que está falindo. A teoria dos sistemas, que concebe a sociedade como independente do sujeito, também tem sido amplamente contestada. Em uma sociedade sem consenso, desprovida de um cerne legitimador, é evidente que até mesmo uma simples rajada de vento, causada pelo grito por liberdade, pode derrubar todo o castelo de cartas do poder.

As diferenças entre os exuberantes cidadãos do Leste e do Oeste são óbvias e têm sido frequentemente discutidas, mas não é bem isso que ocorre em relação ao seu considerável terreno comum: ambos têm uma orientação superficial, extraparlamentar, não são vinculados a classes ou partidos, e do ponto de vista organizacional e programático são dispersos e inimigos uns dos outros. O mesmo ocorre com suas carreiras vertiginosas da pobreza para a riqueza: criminalizados, marginalizados, ridicularizados, mas posteriormente participantes de programas políticos e das declarações do governo ou até da derrubada de um governo.

É claro que se poderia dizer: *tempi passati*. Para muitas pessoas, a introjeção pode ser difícil, mas mesmo os "caçadores" que têm se mobilizado nas ruas da Alemanha desde o verão de 1992 contra os "estrangeiros" (e qualquer um que considerem como tal), assim como o apoio dissimulado e indeterminado que encontraram no caminho para o topo da política – em maio de 1993, a modificação do direito constitucional fundamental ao asilo teve o apoio de uma maioria de dois terços no Parlamento –, sim, até esta ralé está utilizando e se aproveitando das oportunidades da subpolítica. Isto deixa uma amarga lição. A subpolítica está sempre disponível para o lado oposto ou para o partido da oposição, com seus objetivos contrários.

O que parecia ser "uma retirada não política à vida privada", "nova introjeção" ou "cuidado das feridas emocionais" da antiga visão da política pode, quando visto do ângulo oposto, representar a luta por uma nova dimensão do político.

A impressão ainda prevalecente de que a consciência e o consenso social "evaporam" no "calor" dos processos de individualização, com certeza não é inteiramente falsa, mas também não é absolutamente correta. Ela ignora as compulsões e as possibilidades de se fabricarem compromissos e obrigações sociais, não importa até que ponto sejam experimentais (por exemplo, a representação do novo consenso geral em relação às questões ecológicas). Estas podem tomar o lugar das velhas categorias, mas não podem ser nelas expressadas e contidas.

Faz sentido distinguir entre contextos e formas diferentes de individualização. Em alguns países, particularmente na Suécia, Suíça, Holanda e Alemanha, estamos lidando com uma "individualização a todo risco". Ou seja, os processos de individualização surgem a partir e no interior de um ambiente de prosperidade e segurança social (não para todos, mas para a maioria das pessoas). Por outro lado, as condições do lado oriental da Alemanha – e em especial nos países anteriormente comunistas e no Terceiro Mundo – conduzem a uma inquietação de dimensão completamente diferente.

A cultura individualizada do dia a dia do Ocidente é simplesmente uma cultura de acúmulo de conhecimento e autoconfiança: educação mais aprimorada e em maior escala, assim como empregos e oportunidades melhores para se ganhar dinheiro, em que as pessoas não mais apenas obedeçam. Os indivíduos ainda se comunicam e atuam em conformidade com as antigas fórmulas e instituições, mas também se afastam delas, junto com pelo menos parte de sua existência, sua identidade, seu compromisso e sua coragem. Sua retirada, no entanto, não é apenas uma retirada, mas ao mesmo tempo uma emigração para novos locais de atividade e identidade. Estes parecem tão obscuros e inconsistentes, especialmente porque esta imigração interna frequentemente ocorre de maneira pouco convicta, com um dos pés, digamos assim, enquanto o outro está ainda apoiado na velha ordem.

As pessoas deixam o "ninho" do seu "lar político" passo a passo e questão por questão. Mas isso significa que ora as pessoas estão do lado da revolução, ora estão apoiando a reação; ora estão se afastando, ora estão se envolvendo. Isso não se ajusta mais no planejamento de uma ordem sobre a qual os especialistas em pesquisa do mapa político podem basear sua análise. Aqui também se aplica o "fim da clareza" (Bauman). As formas de envolvimento político, protesto e retirada misturam-se em uma ambivalência que desafia as velhas categorias de clareza política.

Desse modo, a individualização dos conflitos e dos interesses políticos não significa desengajamento, "democracia da pesquisa de opinião" e esgotamento da política. Mas surge um engajamento múltiplo contraditório, que mistura e combina os polos clássicos da política de forma que, se pensarmos nas coisas em relação à sua conclusão lógica, todo mundo pensa e age como um direitista ou um esquerdista, de maneira radical ou conservadora, democrática ou não democraticamente, ecológica e antiecologicamente, política e não politicamente, tudo ao mesmo tempo. Todos são pessimistas, pacifistas, idealistas e ativistas em aspectos parciais do seu ser. Entretanto, isso só significa que as clarezas atuais da política – direita e esquerda, conservador e socialista, retraimento e participação – não são mais corretas ou efetivas.

Para este tipo de prática, que pode ser mais facilmente percebida de forma negativa que positiva – não instrumental, não dominadora, não executora, não determinada por papéis, não instrumentalmente racional –, há somente conceitos esmaecidos e confusos, que ostentam e zombam de maneira quase caluniadora com palavras como "comunal" e "holístico". Toda essa recusa de rótulos pode ser bem-sucedida apenas negando ou omitindo o estado das coisas, mas não se livrando dele. Abaixo e por trás das fachadas da velha ordem industrial, que às vezes ainda está brilhantemente polida, estão ocorrendo mudanças radicais e novos pontos de partida, de modo não completamente inconsciente, mas também não inteiramente consciente e de uma forma dirigida. Mais parecem uma coletividade cega, sem uma bengala ou um cão, mas com um faro para o que é pessoalmente correto e importante e, se elevado ao nível da generalidade, não pode ser totalmente falso. Esta não revolução tipo centopeia está em andamento. Está expressa no ruído de fundo das polêmicas em todos os níveis e em todas as questões e grupos de discussão, no fato, por exemplo, de nada mais "passar em brancas nuvens"; tudo deve ser inspecionado, seccionado em pequenos pedaços, discutido e debatido incansavelmente, até que afinal, com a bênção da insatisfação geral, ocorra esta "reviravolta" particular que ninguém deseja, talvez apenas porque do contrário há o risco de uma paralisia geral. Estas são as dores do parto de uma sociedade de ação nova, uma sociedade de autocriação, que deve "inventar" tudo, mas não sabe como, com quem fazê-lo e com quem absolutamente não fazê-lo.

A ciência política ampliou e elaborou seu conceito de política em três aspectos. Primeiro, investiga a constituição institucional da comunidade política em que a sociedade se organiza (*polity*); segundo, a substância dos programas políticos para determinar as circunstâncias sociais (*policy*), e, terceiro, o processo de conflito político com relação à divisão de poder e às posições de poder (*politics*).[20] Aqui não é o indivíduo que é considerado apropriado à política; as questões é que são dirigidas aos agentes corporativos, ou seja, coletivos.

---

20. As palavras *polity*, *policy* e *politics* têm a mesma tradução em português – "política". Em inglês, elas têm diferenças sutis. Segundo o *Dicionário Oxford*, *polity* é (1) a forma ou o processo de governo; (2) a sociedade como um Estado organizado. *Policy* é definido como uma declaração escrita dos termos de um contrato de seguro. E *politics* como visões e crenças políticas. Para manter a diferença estabelecida pelo autor, optamos por incluir as palavras *polity*, *policy*, *sub-polity* e *sub-policy* no original. (N. R. T.)

Em primeiro lugar, a *subpolítica* (*sub-politics*) distingue-se da "política" porque se permite que os agentes *externos* ao sistema político ou corporativo apareçam no cenário do planejamento social (este grupo inclui os grupos profissionais e ocupacionais, a *intelligentsia* técnica nas fábricas, as instituições e o gerenciamento de pesquisa, trabalhadores especializados, iniciativas dos cidadãos, a esfera pública e assim por diante), e, em segundo, porque não somente os agentes sociais e coletivos, mas também os indivíduos, competem com este último e um com o outro pelo poder de conformação emergente do político.

Se se transfere a distinção entre *polity, policy* e *politics* para a subpolítica (*sub-politics*) (isto equivale à investigação das multivariadas práticas de modificação da estrutura da modernidade), então vêm à tona as seguintes perguntas:

Primeiro, como a subpolítica (*sub-polity*) é constituída e organizada institucionalmente? Quais são as fontes do seu poder, suas possibilidades de resistência e o seu potencial para a ação estratégica? Onde estão seus pontos de mudança e quais os limites da sua influência? Como o escopo e o poder de moldar as coisas emergem no despertar da modernização reflexiva?

Segundo, com que objetivos, conteúdo e programas a subpolítica (*sub-policy*) é conduzida, e em que áreas de ação (ocupações, profissões, fábricas, sindicatos, partidos etc.)? Como a subpolítica (*sub-policy*) é objetivada, restrita, conduzida e implementada em não política (*non-policy*)? Que estratégias – por exemplo, "precauções de saúde", "seguridade social" ou "necessidades técnicas" – são aplicadas para este propósito, como e por quem?

Terceiro, que formas e fóruns organizacionais da subpolítica (*sub-politics*) estão emergindo e podem ser observados? Que posições de poder estão abertas, solidificadas e modificadas aqui, e como? Será que há conflitos internos em relação à política (*policy*) de uma empresa ou de um grupo (política de trabalho, de tecnologia ou de produto)? Será que há coalizões informais ou formalizadoras pró ou contra algumas opções estratégicas? Será que os círculos ou os grupos de trabalho especializados, ecológicos e feministas estão se separando no interior dos grupos ocupacionais ou das relações de trabalho nas fábricas? Que grau e qualidade de organização estes últimos exibem (contatos informais, encontros para discussão, estatutos, revistas especializadas, trabalho de publicidade dirigido, congressos ou código de ética)?

Subpolítica (*sub-politics*), então, significa moldar a sociedade *de baixo para cima*. Visto de cima, isto resulta na perda do poder de implementação, no encolhimento e na minimização da política. No despertar da subpolitização há oportunidades crescentes de se ter uma voz e uma participação no arranjo da sociedade para grupos que até então não estavam envolvidos na tecnificação essencial e no processo de industrialização: os cidadãos, a esfera pública, os movimentos sociais, os grupos especializados, os trabalhadores no local de trabalho; há até mesmo oportunidades para os indivíduos corajosos "moverem montanhas" nos centros estratégicos de desenvolvimento. Por isso, a politização implica um decréscimo da abordagem da regra central; significa que os processos que anteriormente sempre se desenvolveram sem atrito malograram, resistindo a objetivos contraditórios.

Estas são condições em que os vários grupos e níveis de tomada de decisão e participação mobilizam uns contra os outros os recursos do estado constitucional. Isso ocorre não somente na confrontação das instituições e dos grupos de cidadãos, mas também nos conflitos da política nacional e local, entre uma administração com preocupações ecológicas e a velha administração industrial, e assim por diante. Nenhum lado toma seu partido, nem os opositores do poder nem o próprio poder, quando esses conceitos tornam-se tão relativos na realidade como deveriam ser em pensamento. Surge então uma "paralisia relativa" geral (e ela prossegue sem dizer que os grupos de cidadãos também foram afetados), que é o outro lado da ativação subpolítica. Mas o próprio malogro do processo de implementação da industrialização, que costumava ser tão bem lubrificado pelo consenso – que agora produz perdedores em todos os níveis – pode retardar o processo e pode ser um precursor de uma autolimitação e um autocontrole anárquicos e desregulados. Talvez "*anything goes*" signifique "*rien ne va plus*" e "nada funciona mais"?

Na subpolítica (*sub-politics*), o "instrumento do poder" é o "congestionamento" (em sentido próprio e figurado), como a forma modernizada da greve involuntária. A frase que os motoristas de Munique podem ler em um local de típico congestionamento – "Você não está em um engarrafamento, você é o engarrafamento" – esclarece este paralelo entre greve e congestionamento.

Caminhos para uma nova modernidade

Com o fim da Guerra Fria, ocorreu uma situação paradoxal. O que era completamente inesperado, e que na verdade tinha provado estar fora de cogitação – o renascimento político da Europa –, não levou a uma renovação das ideias da Europa, a um purgatório e a um paraíso do questionamento, mas sim a uma paralisia geral. Às vezes positiva, às vezes negativamente, um tipo de fatalismo contradiz e corrobora o outro. Assim, apesar de toda a inclinação da Europa ao realismo, ao ceticismo e ao niilismo, as pessoas confundem e põem de lado o que constitui verdadeiramente a vitalidade da Europa: ser capaz de se renovar por meio de uma autocrítica radical e da destruição criativa. O Iluminismo é a exceção em que o vencido vence através da derrota. O fatalismo otimista e o pessimista concordam em um aspecto: que há apenas uma forma de modernidade – aquela da sociedade industrial, cuja compulsão em um momento produz aquela mistura beneficente da sociedade de consumo e da democracia, e no momento seguinte acelera o declínio geral. *Tertium non datur. Tertium datur*! Muitas modernidades são possíveis; esta é a réplica da modernização reflexiva. Segundo a velha fórmula do Iluminismo, este conta com a modernização para superar a modernização. Como isso pode ser conceitualizado, metodológica e teoricamente?

A sociologia – ou, mais precisamente, a sociologia envelhecida da modernização – deve se tornar um tanto astuta, ou seja, um tanto galhofeira, para se libertar de seus próprios bloqueios intelectuais. Poder-se-ia chamar isso de a química das premissas; opor as verdades pseudoeternas, esfregá-las e agitá-las umas contra as outras, e fundi-las umas nas outras até que o tubo de ensaio do teste intelectual comece a liberar centelhas e fumaça, odores e perdigotos.

Como a imagem da sociedade industrial "funcionalmente diferenciada" se modifica quando a ela se aplicam as premissas da "diferenciação funcional"? Por que as variedades do funcionalismo sociológico sempre pintam uma imagem da sociedade diferenciada no sentido de uma diferenciação final, enquanto as outras diferenciações da sociedade industrial que operam no momento estão possivelmente abrindo caminho para novos tipos de modernidade?

Por que a modernidade deveria estar esgotada na autonomização e culminação de todas as coisas na "autorreferencialidade", como declara Luhmann? E por que ela não encontraria campos novos e férteis concentrando-se no oposto, isto é, na especialização nos inter-relacionamentos, nos entendimentos contextuais e na comunicação sem fronteiras? Quem sabe a premissa de autonomia da moderna teoria dos sistemas, elevada ao nível do autismo virtual, seja apenas a tabela básica da multiplicação, enquanto a aritmética decimal comece apenas onde uma autonomia está interligada com outra, onde tomam forma as instituições de negociação, e assim por diante? Quem sabe a modernização reflexiva comece onde termina a lógica da diferenciação e da dissecção, e esteja combinada com – e oposta a – uma lógica da mediação e da autolimitação? Não é um tanto entediante – certo, esta não é uma categoria científica, portanto, digamos, um tanto insuficientemente complexa – procurar sempre a desintegração do velho mundo em "códigos binários"? Não é o momento de romper este grande tabu da simplificação sociológica e, por exemplo, investigar as sínteses dos códigos, para procurar saber onde e como estes já estão sendo produzidos hoje? A combinação de arte e ciência, tecnologia e ecologia, economia e política, resultando em algo diferente, alguma terceira entidade, ainda desconhecida e ainda por ser descoberta, está na verdade fora de questão, simplesmente porque a tabela básica de multiplicação do funcionalismo a considera fora de questão? Por que a própria ciência, que muda tudo, deve ser concebida e conduzida como imutável? Ou talvez seja possível que a maneira pela qual uma mudança na estrutura da ciência seja concebida e rejeitada afaste a possibilidade real de autolimitação e de mudança no que está disponível e no que é a incumbência das ciências? Isto seria a *autoabertura do monopólio sobre a verdade*, que está se tornando possível e necessário para – e ao mesmo tempo com – as dúvidas metodológicas, as quais a própria ciência homenageia.

Não há dúvida de que o fatalismo tem seus lados bons. Ele evita, por exemplo, o ativismo de uma modernização da modernidade, que abriria a caixa de Pandora. Mas também atua como uma cirurgia cerebral para os sociólogos, que, em sua consciência da autonomia da modernidade, proíbem a si mesmos até de se levantar e discutir a questão das modernidades alternativas de uma maneira sistemática. A autoaplicação era a palavra mágica que deveria enfraquecer e superar essas velhas barreiras cognitivas. Ao expressar este pensamento, pretendemos proceder metodicamente e em nome do respectivo princípio da modernidade industrial, que deve ser aplicado à própria sociedade industrial (na experiência do pensamento). Depois, deveremos investigar que face da modernidade aparece se o que é inevitável se transforma em verdade, isto é, se a modernização transpõe até mesmo a sociedade industrial.[21] Qualquer um que investigue a "diferenciação funcional" da sociedade "funcionalmente diferenciada" está, em primeiro lugar, levantando a questão da diferenciação adicional (revolucionária) da sociedade industrial. Se utilizarmos como base o conceito-chave de "autonomia funcional", duas questões da modernidade reflexiva podem então ser obtidas: externamente, em segundo lugar, a questão da mediação intersistêmica e das instituições de negociação; e, internamente, em terceiro lugar, a investigação das condições que tornarão possível a "síntese do código". Estes indicadores bastante diferentes das modernidades alternativas serão cognitivamente abordados e acompanhados apenas em alguns aspectos.

Outra diferenciação da sociedade industrial

A porta para a modernidade industrial foi aberta bruscamente pela Revolução Francesa, que separou a questão do poder de suas prescrições e proscrições religiosas. Contrariamente a todas as confissões de impossibilidade e contra a retórica conservadora, a "plebe" tornou-se soberana – pelo menos em termos de demanda e processo. Isto lança os padrões para as bases políticas do poder, às quais até os ditadores têm tido de se submeter, pelo menos verbalmente, até os dias de hoje.

---

21. Ao mesmo tempo, esta mesma coisa significa uma "radicalização" da modernidade. Isso não significa uma aceleração da aceleração, mas antes a defesa dos princípios da modernidade contra sua divisão pelo industrialismo, sua forma industrial. Considerando de maneira política: autolimitação, autocrítica e autorreforma da modernidade industrial na aplicação consistente da modernidade a si mesma.

A Revolução Industrial também conduz à modernidade industrial. Isso proporcionou permanentemente aos donos do capital, à classe média empresarial o direito à permanente inovação. A mudança, impossível de ser detida e controlada, algo que parecia ser completamente inconcebível – e até blasfemo – em períodos anteriores, agora é tacitamente assumida, uma certeza que merece ser questionada; ela torna-se a lei da modernidade a que cada um deve se submeter, sob risco de morte política.

Este lembrete de que a "diferenciação sistêmica funcional" é outra palavra para revolução é extremamente necessário. Só assim pode-se compreender o que acontece quando as pessoas questionam o que as diferenciações sistêmicas funcionais podem extrair da sociedade industrial. Hoje em dia duas delas estão se tornando claras: por um lado, o terremoto da revolução feminista; por outro, a diferenciação sistêmica da natureza "na era da sua reprodutibilidade técnica", na expressão de Böhme.[22] Pelo menos algo adicional pode ser lançado na arena das possibilidades como uma hipótese que torna o impensável pensável: a tecnologia que deseja escapar do destino de sua "mediocridade", de sua submissão ao jugo do utilitarismo econômico e militar, para se transformar ou ser nada além de pura tecnologia.

A revolta das mulheres, ao contrário da explosão da Revolução Francesa, é uma revolução que avança furtivamente, uma sub-revolução que se comporta como um gato: suavemente, mas sempre com as garras afiadas. Onde ela toca, modifica o lado inferior sensível da sociedade industrial, a esfera privada, e daí (e do passado?) parte para alcançar o apogeu da dominação e da certeza masculinas. A sub-revolução das mulheres, que vai minando o sistema nervoso da ordem cotidiana da sociedade, apesar dos revezes, pode

---

22. Böhme, *Natürlich Natur*: über Natur im Zeitalter ihrer Technischen Reproduzierbarkeit, 1992.

certamente proporcionar à sociedade uma face diferente. É necessário apenas arriscar esta experiência do pensamento: uma sociedade em que homens e mulheres fossem realmente iguais (não importa o que isso pudesse implicar nos detalhes), sem dúvida nenhuma, seria uma nova modernidade. O fato de as barreiras que impedem isso terem sido edificadas pela natureza, pela antropologia e por ideias de família e felicidade materna, com a cooperação deliberada das mulheres, é outra questão. Na opinião de muitas mulheres, este não é o menor de todos os choques precipitados pelo fracasso da revolução feminista permanente que serve como medida para as mudanças que vamos enfrentar a partir do seu sucesso. Como demonstram os estudos das ciências sociais, uma ampla variedade de fundamentalismos são reações patriarcais, tentativas de se reordenar as "leis da gravidade" masculinas.

Já está se tornando reconhecível que a natureza, a grande constante da época industrial, está perdendo seu caráter pré-ordenado, está se tornando um produto, a "natureza interna" integral e ajustável (neste sentido) da sociedade pós-industrial. A abstração da natureza conduz à sociedade industrial. A integração da natureza na sociedade vai além da sociedade industrial. A "natureza" torna-se um projeto social, uma utopia que deve ser reconstruída, ajustada e transformada. Renaturalização significa desnaturalização. Neste contexto, o apelo da modernidade para ajustar as coisas tem sido aperfeiçoado sob a bandeira da natureza. A natureza transforma-se em política. No caso extremo que já pode ser hoje observado, torna-se o campo de soluções da engenharia genética para os problemas sociais (ambiente, seguridade social e técnica, e assim por diante). Entretanto, isso significa que a sociedade e a natureza se fundem em uma "natureza social", seja pelo fato de a natureza se tornar socializada ou de a sociedade se tornar naturalizada. Mas isso só significa que ambos os conceitos – natureza e sociedade – perdem e mudam seu significado.

As direções que são seguidas aqui só podem ser previamente determinadas pela profecia – e por algumas aplicações dos princípios da produção: os sistemas industriais que são convertidos em produção natural são transformados em sistemas naturais que tornam as mudanças sociais permanentes. A "natureza" (no significado não simbólico e materializado da palavra) fabricada, a "natureza determinada", torna na verdade possível a produção de matérias e corpos. Neste caso, uma política da criação produz um mundo de criaturas vivas que pode ocultar o caráter fabricado do que ele cria e representa.

A questão e o movimento ecológicos, que parecem estar fazendo um apelo para a salvação da natureza, aceleram e aperfeiçoam este processo de consumação. Não é sem ônus que a palavra "ecologia" é de tal forma ambivalente que tudo, desde os sentimentos de volta à terra natal até o hipertecnologismo, pode encontrar nela um lugar e um espaço.

A remoção da tecnologia de seus contextos de utilitarismo militar e econômico, sua desintegração funcional e seu estabelecimento como um subsistema autônomo (ver p.49) seriam comparáveis, dentro da sociedade industrial, à abolição da ordem feudal divinamente ordenada. A regra sem restrições da tecnologia e os técnicos da zona obscura entre a lei e a política seriam fragmentados e destruídos e dariam lugar a uma segunda separação dos poderes, agora entre o desenvolvimento da tecnologia e a utilização da tecnologia. Por um lado, afirmação e negação para a tecnologia, e, por outro, a utilização da tecnologia, seriam funcionalmente separados e, assim, possibilitariam, em primeiro lugar, o construtivismo fantástico, a dúvida interna e o pluralismo da tecnologia; em segundo, outras novas instituições para negociação e intermediação – e codeterminação democrática – em que as considerações econômicas ocupam um lugar menos importante. Isso só seria possível caso se desejasse pegar o projeto nas nuvens e trazê-lo de volta à terra, se a tecnologia fosse declarada uma atividade oficial – como aconteceu com a educação no século XX – e financiada com recursos públicos. Está fora de questão? Seja como for, é concebível e, portanto, uma prova de que a tecnologia, a quintessência da modernidade, está organizada de maneira antiquada.

Lidando com a ambivalência: o modelo da "mesa-redonda"

Qualquer um que não deseje mais aceitar o "destino" da produção de efeitos colaterais e riscos, e assim deseje forçar a perda de legitimação associada ao desenvolvimento tecnoindustrial, deve considerar como a "nova ambivalência" pode se tornar aceitável e capaz de formar um consenso. A resposta são as instituições de mediação intersistêmicas. Estas existem em uma forma rudimentar nos vários modelos da "mesa-redonda" ou nas comissões de investigação, éticas e de risco. As teorias da modernização simples concebem a modernização de uma forma autista, enquanto as teorias da modernização reflexiva a concebem como interligada, especificamente, segundo o modelo de especialização do contexto. Enquanto a modernização simples concebe a diferenciação funcional *post hoc* e, "naturalmente", a modernização reflexiva concebe a diferenciação funcional no sentido de um "processo de divisão" substantivo, em que os limites entre os subsistemas podem ser planejados de maneira diferente ou através de colaboração, ou seja, de forma cooperativa. Em outras palavras, a questão das formações de sistema multivalentes, permitindo e possibilitando ambivalências e limites transcendentes, está agora se tornando fundamental.[23]

Na sociedade de risco, as novas vias expressas, instalações de incineração de lixo, indústrias químicas, nucleares ou biotécnicas,

---

23. Sobre isso ver Willke, *Die Ironie des Staates*, 1992.

e os institutos de pesquisa encontram a resistência dos grupos populacionais imediatamente afetados. É isso, e não (como no início da industrialização) o júbilo diante deste progresso, que se torna previsível. Administrações de todos os níveis veem-se em confronto com o fato de que o que eles planejam ser um benefício para todos é percebido como uma praga por alguns e sofre sua oposição. Por isso, tanto eles quanto os especialistas em instalações industriais e os institutos de pesquisa perderam sua orientação. Estão convencidos de que elaboraram esses planos "racionalmente", com o máximo do seu conhecimento e de suas habilidades, considerando o "bem público". Nisso, no entanto, eles descuram a ambivalência envolvida.[24] Lutam contra a ambivalência com os velhos meios da não ambiguidade.

Primeiro, os benefícios e as cargas mais ou menos perigosos e onerosos da produção ou dos planos da infraestrutura nunca podem ser distribuídos "equitativamente". Segundo, por causa disso o instrumento convencional de consulta política, a opinião especializada, fracassa. Mesmo o interjogo entre a opinião e a contraopinião não resolve os conflitos, mas apenas fortalece os limites. Estão começando a surgir apelos para um "sindicato ecológico" em muitas fábricas que lidam com materiais ou produtos perigosos. É a mesma coisa em toda parte: demandas de formas e fóruns de cooperação, criando um consenso entre a indústria, a política e o povo. Entretanto, para isso acontecer, deve ser abolido o modelo de racionalidade instrumental não ambígua.

Primeiro, as pessoas devem dizer adeus à noção de que as administrações e os especialistas sempre sabem exatamente, ou pelo menos melhor, o que é o certo e o bom para todos: desmonopolização da especialização.

---

24. Sobre o que se segue, ver, entre outros, Hoffmann-Riem; Schmidt-Assmann (Ed.), *Konfliktbewältigung durch Verhandlung*, 1990.

Segundo, o círculo de grupos com permissão de participar não pode continuar fechado em razão de considerações internas aos especialistas, mas, ao contrário, deve estar aberto de acordo com padrões *sociais* de importância: informalização da jurisdição.

Terceiro, todos os participantes devem estar conscientes de que as decisões ainda não foram tomadas e agora precisam apenas ser "vendidas" ou implementadas externamente: abertura da estrutura da tomada de decisão.

Quarto, a negociação a portas fechadas entre os especialistas e aqueles que tomam decisões deve ser transferida para – e transformada em – um diálogo entre a mais ampla variedade de agentes, tendo como resultado um descontrole adicional: a criação de um caráter público parcial.

Quinto, as normas para este processo – modos de discussão, protocolos, debates, avaliações de entrevistas, formas de votação e aprovação – devem ser resolvidas de comum acordo e sancionadas: autolegislação e auto-obrigação.

As instituições de negociação e mediação deste tipo devem experimentar procedimentos novos, estruturas de tomada de decisão, sobreposições de competência e incompetência e jurisdições múltiplas. Elas não podem mais existir sem a destruição dos monopólios e da delegação do poder, como também não poderiam fazê-lo com as velhas exigências e com os modelos de não ambiguidade eficiente. Todos – as autoridades e as empresas envolvidas, assim como os sindicatos e os representantes políticos – devem estar preparados para se superarem, do mesmo modo que, ao contrário, os opositores radicais devem estar dispostos e ser capazes de assumir compromissos. É muito mais provável que isso seja conseguido e ampliado se a velha – e instrumentalmente racional – ordem, segundo a qual a tarefa dos especialistas é "esclarecer" os leigos, for menos considerada.

Os fóruns de negociação certamente não são máquinas de produção de consenso com uma garantia de sucesso. Eles não podem abolir o conflito nem os perigos incontroláveis da produção industrial. Entretanto, podem estimular a prevenção e a precaução e atuar rumo a uma simetria de sacrifícios inevitáveis. E podem praticar e integrar ambivalências, do mesmo modo que revelar vencedores e perdedores, tornando-os públicos e, assim, melhorando as precondições para a ação política.

Na civilização de risco, a vida cotidiana é culturalmente cega,[25] os sentidos anunciam a normalidade em que – possivelmente – vislumbra-se o perigo. Dito de outra forma, o risco aprofunda a dependência dos especialistas. Uma maneira diferente de lidar com a ambivalência presume que a *experiência* é mais uma vez possibilitada e justificada na sociedade – também e particularmente em contraposição à ciência. Há muito tempo a ciência deixou de ser baseada na experiência; é muito mais uma ciência de dados, procedimentos e fabricação.

Neste contexto, convém distinguir dois tipos de ciência que estão começando a divergir na civilização da ameaça. Por um lado, há a velha e florescente ciência de laboratório, que penetra e abre o mundo matemática e tecnicamente, mas é desprovida de experiência e está envolvida em um mito de precisão; por outro, há uma discursividade pública da experiência, que traz à tona, de uma maneira controvertida, objetivos e meios, restrições e métodos. Ambos os tipos têm sua perspectiva particular, falhas, restrições e métodos. A ciência de laboratório é, sistematicamente, mais ou menos cega às consequências que acompanham e ameaçam seu sucesso. Por outro lado, a discussão pública – e a ilustração – de ameaças, por exemplo, está relacionada à vida cotidiana, impregnada com a experiência, e faz pouco dos símbolos culturais. É também dependente da mídia, fabricável, às vezes histérica e, em qualquer caso, desprovida de um laboratório, dependente nesse

---

25. Isto está discutido em meu livro *Ecological Enlightenment*, 1993.

sentido da pesquisa e da argumentação, precisando, por isso, de uma ciência que a acompanhe (tarefa clássica das universidades). Sendo assim, é mais baseada em uma espécie de ciência das perguntas do que em uma ciência das respostas. Também pode sujeitar os objetivos e as normas a um teste público no purgatório da opinião contrária, e, exatamente dessa maneira, pode estimular as dúvidas reprimidas, que são cronicamente excluídas da ciência padronizada, com sua cegueira às ameaças e consequências.

Em ambos os casos estamos preocupados, de um lado, com um tipo de conhecimento completamente diferente, e, de outro, orientados para os princípios e para os erros fundamentais (por exemplo, na determinação dos níveis máximos aceitáveis, que não podem ser corrigidos em um caso individual). O objetivo deveria ser fazer atuar a precisão estreita da ciência de laboratório em contraposição à estreiteza da consciência e aos meios de comunicação de massa, e vice-versa (no sentido de Popper). Para isso seriam precisos estágios ou fóruns, talvez uma espécie de "Câmara Superior" ou "Tribunal de Tecnologia" que pudessem garantir a divisão dos poderes entre o desenvolvimento da tecnologia e a sua implementação.

Reforma da racionalidade: sínteses dos códigos

O "evangelho acrobático da arte como a última metafísica europeia" (Benn) ou o preceito de Nietzsche de que "o niilismo é um sentimento de felicidade" já atingiu e penetrou na propaganda, nos negócios, na política e na vida cotidiana, ou seja, foi compreendido e se tornou um *clichê*. Depois do niilismo não terminamos com o vazio, mas com o esteticismo. Na sociedade pós-tradicional, as pessoas andam na corda bamba entre a arte e a artificialidade. Foi assim que os limites, as atribuições e os compromissos se formaram e se determinaram em redes muito intrincadas; por um lado, eles possibilitam a escolha, a responsabilidade e os compromissos; por outro, a produção em massa, o projeto, as vendas e a moda. Gerhard Schulze criou o conceito de "sociedade de sensação" a partir disso e para isso (e neste caso ele provavelmente – seria ousadia dizer isso? – superestilizou, com habilidade e artificialmente, um aspecto parcial importante e preciso). Scott Lash elevou esta concepção a uma teoria da reflexividade estética.[26] Ele conecta a investigação aos limites da reflexividade, porque atribui a reflexividade estética à "razão emocional" prática (se é que se pode permitir esta conexão de palavras). Neste caso, ele confunde reflexão (conhecimento) com reflexividade (autoaplicação). Evidentemente, não tenho lidado com a ideia da esteticização como uma formação de vínculo pós-tradicional que conecta produção em massa e consumo em massa com autoestilização e estilização social.

Entretanto, eu gostaria de dar um passo fundamental para diante. A dimensão estética da modernização reflexiva, de que fala Scott Lash, cobre e descreve apenas um caso especial extraído da grande caixa de casos, usando uma frase um tanto obsoleta, utopias realísticas (os críticos diriam: visões de horror) na virada do século XXI. A teoria rígida da modernidade simples, que imagina os códigos do sistema como exclusivos e atribui cada código a um e único subsistema, bloqueia o horizonte de possibilidades futuras, a capacidade de autoconformação e delimitação – em suma, a arte de estar à vontade no redemoinho, como disse tão bem Marshall Berman.

Este reservatório só é descoberto e aberto quando as combinações em código, as misturas e as sínteses dos códigos são imaginadas, compreendidas, inventadas e testadas. O "laboratório estético" em que a sociedade há muito tempo se transformou é apenas um exemplo disso. A questão (em termos clássicos) é a seguinte:

---

26. Shulze, *Erlebnisgesellschaft*, 1992; Lash, Reflexive modernization.

como a verdade pode ser combinada com a beleza, a tecnologia com a arte, os negócios com a política, e assim por diante? Que realidades e racionalidades se tornam possíveis e realmente entram em ação quando os códigos de comunicação são aplicados uns aos outros e se fundem em uma terceira entidade, nova e independente dos resultados, que torna as coisas novas possíveis e permanentes? O problema pode ser explicado com um paralelo entre os códigos genéticos e os comunicativos. O código genético produz o centro gerador da natureza (e também da natureza humana), enquanto o código comunicativo produz o centro do qual se originam os projetos da realidade e as oportunidades para a realidade dos subsistemas. Nossa preocupação aqui são as sub-racionalidades autonomizadas que delimitam e excluem as oportunidades sistemicamente congeladas para a ação, na modernidade. Aí termina a analogia. Não há engenharia do código comunicativo (no sentido da engenharia genética) e não há como abrir e manipular tecnicamente os códigos das sub-racionalidades (como os códigos genéticos). O que pode e, de alguma forma, já tem sido feito, é provocar uma relação das sub-racionalidades, aparentemente "autorreferenciadas" entre si, submetendo-as a uma experiência de pensamento metarracional: não no sentido de que "nada funciona mais", mas a partir de um novo embasamento, uma criação ou, mais cautelosamente, uma correção das racionalidades do sistema que se tornaram obsoletas e historicamente irracionais. Por exemplo, o reconhecimento da ambivalência que a civilização da ameaça impõe sobre nós requer um "tipo diferente", por assim dizer, de racionalidade da ciência (lógica de pesquisa, regras de procedimento, metodologia da experiência e da teoria e um repensar do procedimento subsistêmico de revisão das similaridades)?[27]

---

27. Para a recontextualização da ciência, ver Bonss; Hohlfeld; Kollek, *Risiko und Kontext*, trabalho para discussão, maio de 1990. Para um repensar dos proce-

Por exemplo, a dúvida necessária não só à ciência, mas que agora, aplicada reflexivamente, fragmenta e destrói as falsas e frágeis clarezas e pseudocertezas da ciência, poderia se tornar o padrão para uma nova modernidade, que parte dos princípios da precaução e da reversibilidade. Ao contrário de um erro muito comum, a dúvida possibilita que tudo – ciência, conhecimento, crítica ou moralidade – seja possível mais de uma vez, de maneira diferente, algumas vezes menor, mais experimental, pessoal, viva e aberta ao aprendizado social. Por isso, é também mais curiosa, mais aberta às coisas contrárias, insuspeitas e incompatíveis, e tudo isso com a tolerância baseada na certeza final e fundamental do erro.

Em outras palavras, a modernização reflexiva também – e essencialmente – significa uma "reforma da racionalidade" que faz justiça à ambivalência histórica *a priori* em uma modernidade que está abolindo suas próprias categorias de ordenação. Evidentemente, este é o tipo de tema que não se pode tratar em poucos parágrafos. À medida que dá seus primeiros passos, esta imodesta investigação em direção a uma nova modéstia pode certamente se mover entre os horizontes das sub-racionalidades que a modernidade simples desenvolveu e reciprocamente isolou.

Não se trata de uma racionalidade em excesso, mas de uma chocante ausência de racionalidade, da irracionalidade predominante, que explica a doença da modernidade industrial. Ela pode ser curada – quem sabe totalmente – não por uma retirada, mas apenas por uma radicalização da racionalidade, que vai absorver a incerteza reprimida. Mesmo aqueles que não apreciam este remédio da civilização, que acham seu gosto desagradável, simplesmente porque não gostam dos curandeiros da civilização, talvez sejam

---

dimentos subsistêmicos, ver Hajer, *The Politics of Environmental Discourse*: a Study of the Acid Rain Controversy in Great Britain and the Netherlands, tese de doutoramento em filosofia, não publicada, 1993.

capazes de compreender que este modo brincalhão de lidar com as fontes terrenas da certeza, esta experiência de tipos de racionalidade, está apenas reproduzindo o que há muito vem se firmando vigorosamente como uma experiência concreta da civilização.

A invenção do político

Esta visão deve ganhar especificidade, defendendo-se de, pelo menos, três objeções. Primeiro, qualquer pessoa que derrube os limites entre a política e a não política se priva das bases do seu argumento. Onde tudo é um pouco político, então, de algum modo, nada mais é político. Não é, de certo modo, a necessidade de paralisia política que está sendo falseada em virtude da mobilidade e da emocionalidade subpolítica, conforme o lema de que, se nada mais funciona, então, de algum modo, tudo funciona? Incidentalmente, "o conhecimento de que tudo é política", como escreveu Klaus von Beyme, "confunde-nos se não for suplementado com a percepção de que tudo é, também, economia ou cultura".[28]

Segundo, a subpolítica não termina exatamente onde a política começa, isto é, onde a "coisa real", a questão fundamental do poder, está em jogo, em setores como a força militar, a política externa, o crescimento econômico e o desemprego? Neste caso, a ênfase na subpolítica não é apenas outra manifestação da obediência crescente?

Terceiro, a subpolítica não teria como alcance e duração aquilo que certamente sustenta a política – as leis e o dinheiro? Não devemos, então, modificar totalmente o argumento: será que o desenvolvimento da subpolítica não supõe a reativação do centro e do sistema políticos? É tentador suspeitar que a formula-

---

28. Beyme, *Theorie der Politik im 20. Jahrhundert*, 1991, p.343.

ção "reinvenção da política" seja apenas algo que se deseja. Até pior: será que isso não está invocando e trabalhando a favor da ressurreição de um "absolutismo estatista da reforma" (Thomas Schmid) depois do seu desaparecimento? Eu gostaria de me deter e refutar essas objeções por meio de uma acentuação e uma diferenciação tipológicas do político e da politização.

A política da política

O antagonismo Ocidente-Oriente foi uma consolidação gigantesca do político. O antagonismo fixou papéis em todos os domínios da sociedade. Tanto na pequena escala, do cotidiano, quanto no grande palco geopolítico, normalidade e desvio, "liderança", "parceria" e neutralidade foram estabelecidos e determinaram todo o caminho rumo aos detalhes da produção industrial, política municipal, política familiar, política da tecnologia, política de ajuda externa e todo o resto. Foi a ordem do Grande Antagonismo, em seu prolongamento eterno, que trouxe à tona e reproduziu três coisas: tensão, possibilidades claras de se orientar e uma ordem política mundial que poderia proporcionar a si mesma a aparência de ser não política.

Se fosse possível a comparação entre o caráter irrestrito do político e uma criatura do reino animal, poder-se-ia mencionar um leão sentado no zoológico, bocejando. O tratador cuidaria dele, protegeria a jaula e jogaria para o leão alguns pedaços de carne sangrando para amedrontar e divertir os visitantes do zoológico que olhavam de todos os lados. Muitas cabeças inteligentes chamariam esta alimentação telegênica do leão, este circo político, de "política simbólica". O treinamento era geral e onipresente. A política estava se tornando trivial. Tudo era manejo de cena. As coisas que de qualquer forma teriam acontecido e a maneira de apresentá-las seguiam a lei da proporcionalidade inversa: quanto menores o escopo da ação e as diferenças entre os partidos, mais confusão.

Com o colapso do antagonismo entre Oriente e Ocidente, ocorreu uma situação paradoxal. A política ainda se desenvolve nas mesmas velhas jaulas, mas o leão está livre. As pessoas fingem estar no zoológico – sem o leão. Elas tratam os leões que correm soltos como leões do zoológico, e consideram isso sensibilidade narcisista, caso estes últimos não procurem obedientemente jaulas pacíficas para lá se trancarem. Tem surgido na Europa um pouco de selvageria política, destituída de instituições, grandes e pequenas, em todas as esferas da política, mesmo naquelas como tecnologia, indústria e negócios, que, não sendo políticas, até agora foram capazes de contar com a implementação geralmente tranquila de seus desejos.

Já fizemos a distinção entre política oficial, rotulada (do sistema político), e subpolítica (no sentido da política subsistêmica autônoma). Este retorno do político, além do conflito Oriente-Ocidente e além das antigas certezas do período industrial, obriga e justifica mais uma distinção, que atravessa os elementos citados, ou seja, a distinção entre a política dirigida por regras e a política que altera as regras. O primeiro tipo pode certamente ser criativo e não conformista, mas opera dentro do sistema de regras da sociedade industrial e do *welfare state* no Estado-nação (ou, em outros termos, a modernidade simples). A política que altera as regras, por sua vez, almeja uma "política da política", no sentido da alteração das próprias regras do jogo. Há duas coisas relacionadas a este tipo de meta ou superpolítica: primeiro, a mudança do sistema de regras e, segundo, a questão de para qual sistema de regras se deve mudar. Talvez se deva jogar buraco em vez de tranca ou vice-versa.

Mesmo na política simples – o jogo de tranca – há muitas variantes individuais de um tipo mais ou menos sofisticado, que se podem jogar com vários graus misturados de habilidade e sorte. Surge uma situação completamente diferente, no entanto, se as próprias regras do jogo são alteradas ou modificadas. O auge da confusão é atingido quando se joga ao mesmo tempo tranca e o jogo de mudar suas regras. As pessoas jogam com sistemas de regras trocados para mudar os próprios sistemas de regras. Alguns continuam a jogar tranca e ficam ofendidos quando os outros tentam inventar e adotar novas regras deslocadas para a partida durante o jogo de tranca. Hoje em dia, em toda parte, enfrentamos justamente este tipo híbrido de normalidade e absurdo.

O jogo da sociedade industrial clássica, os antagonismos entre trabalho e capital, esquerda e direita, os interesses conflitantes dos grupos e dos partidos políticos, continuam. Ao mesmo tempo, muitos exigem e, realmente, começam a virar de cabeça para baixo o próprio sistema de regras, enquanto permanece bastante obscuro – falando figurativamente – se o jogo futuro será tranca, ludo ou futebol. A política dirigida por regras e aquela que altera as regras se sobrepõem, misturam-se e interferem uma na outra. Há períodos em que um lado domina e, mais uma vez, períodos em que o outro domina. Enquanto a Europa está experimentando uma regressão de volta às variantes da modernidade simples, rígidas e sangrentas do jogo Estado-nação, algumas forças na América estão tentando estabelecer, para o novo continente, a invenção do político, experimentando – e sofrendo – a política da política.

Por isso, a distinção entre a política oficial e a subpolítica, que é orientada para a estrutura sistêmica da sociedade, deve ser contrastada com a distinção entre política simples (dirigida por regras) e reflexiva (que altera as regras). Esta última avalia a si mesma pela profundidade, pela qualidade do político. A expressão "política da política", ou "invenção do político", que se reclama como tal, não necessita, de modo algum, de um significado normativo. Simplesmente põe em questão o que teria acontecido se, por toda parte, o tema da discussão (no sentido de opor-se a ele) se tornasse realidade – independente de se tratar de sonhos, pesadelos ou ideias no caminho de sua realização. Pensando minimalisticamente, estamos lidando hoje com uma ideia operacional concreta da invenção do político. Se concebermos isto em seu grau máximo, a "sociedade" ou grupos da sociedade estão iniciando essa missão. A distinção entre política oficial e reflexiva pode ser aplicada tanto à política quanto à subpolítica, assim como às condições para a sua politização. Consequentemente, podemos colocar isso em uma tabela com seis campos.

O político, na medida em que se comporta ou pode ser mantido pacificamente, tem lugar dentro do conceito de democracia do Estado-nação apenas como uma luta – orientada por regras – entre partidos sobre as fontes de alimentação e as alavancas do poder, tendo como objetivo o crescimento econômico, amplo emprego, seguridade social e mudança de governos, no sentido de mudança de pessoas ou de partidos. Isso é democracia e é assim que ela ocorre e se manifesta. Mas política – no sentido de uma reconstrução do sistema governamental, uma transformação do governo, uma autodissolução tanto ascendente quanto descendente do governo; por um lado, pela delegação da autoridade de tomada de decisão para grupos, e por outro, para agências globais – nunca! Em outras palavras, a política na estrutura do Estado-nação e no sistema de regras não é o ponto de partida para um novo território do político, do geopolítico ou da sociedade de risco global. As pessoas lutam para manter e proteger as regras do jogo democrático e econômico nos Estados-nação. Este modelo de política é dúbio por várias razões, não apenas por uma inflação redobrada das exigências. Espera-se que a política governamental esteja encarregada de tudo, e também que todos que dela participem estejam desejando maximizar sua influência pessoal.

Tabela 1

Local e tipo do político	Qualidade ou período do político	
	Simples (orientado por regras)	Reflexivo (que altera as regras)
Política do sistema político	política simbólica, crescimento, amplo emprego, progresso técnico e social	reativação econômica ou metamorfose do Estado
Sub(sistema) política	racionalidade especializada simples, domínio da ação tecnocrática e burocrática, esfera privada	reforma da racionalidade, empresários políticos, a vocação como ação política
Condições da politização	greves, maioria parlamentar, iniciativa governamental, soluções coletivas individualistas (por exemplo, seguro de automóvel)	congestionamento, bloqueio e, como uma variante, a luta pelo consenso e a reforma das modernizações dentro e fora do sistema político

Mesmo que ninguém possa dizer honestamente que acredita numa transformação de uma economia nacional de autodestruição em uma civilização mundial global e democrática, ainda assim será possível chegar a um consenso de que as atuais instituições obsoletas serão incapazes de atingir estes objetivos sob quaisquer circunstâncias. Se não quisermos mais fechar os olhos para isso, devemos abandonar a estrutura da política do *status quo* em nossos próprios objetivos – crescimento econômico, amplo emprego e seguridade social – ou pelo menos abri-los, expandi-los, repensá-los e recompô-los. É isso exatamente que a invenção dos objetivos políticos deseja fazer. O mesmo se aplica à Europa, ao mundo após o fim da Guerra Fria, aos antagonismos entre as regiões ricas e as regiões miseráveis da terra, que agora estão aparecendo aberta e radicalmente, ao problema dos refugiados econômicos e políticos que assola a Europa entrincheirada, e assim por diante.

Inventar o político significa uma política criativa e autocriativa que não cultiva nem renova velhas hostilidades, que delas não extrai – nem intensifica – os meios do seu poder; em vez disso, projeta e cria novos conteúdos, formas e coalizões. O que isso significa é um renascimento do político que "se institui", para emprestar uma imagem de Fichte. Ou seja, ela desenvolve sua atividade a partir da própria atividade, impulsionando-se por esforço próprio para fora do pântano da rotina. Isto não tem o mesmo sentido da "política das convicções" (Max Weber) ou de uma política apenas de fachada. Ao contrário, a invenção da política requer um realismo maquiavélico (ver a seguir), mas não se esgota nisso. Ao contrário, exercita-se e luta por espaços, formas e fóruns de formatação de estilo e de estrutura, dentro e fora do sistema político.

Metamorfose do Estado

Podem-se dizer coisas contraditórias sobre o Estado moderno; por um lado, ele está definhando, mas, por outro, está mais importante do que nunca, e as duas coisas têm suas razões. Talvez isso não seja tão absurdo quanto parece à primeira vista. Reduzindo a uma fórmula: definhar mais inventar igual a metamorfose do Estado. É assim que se pode esboçar e completar a imagem de um Estado que, como uma cobra, está perdendo a pele de suas tarefas clássicas e desenvolvendo uma nova "pele de tarefas" global. Em uma entrevista bastante conhecida, Hans Magnus Enzensberger disse:

> Os políticos estão ofendidos pelo fato de as pessoas estarem cada vez menos interessadas neles ... fariam melhor se perguntassem qual é o motivo disso. Suspeito de que os partidos têm sido vítimas do seu próprio engodo ... O cerne da política atual é a capacidade de auto-organização ... Isso começa com as coisas mais simples: questões escolares, problemas de ocupação ou

regulamentações de trânsito ... Hoje em dia, o Estado é confrontado por todos os tipos de grupos e minorias ... não somente as antigas organizações, mas também os sindicatos, as igrejas e os meios de comunicação. Até os atletas estão extremamente organizados. E também os homossexuais, os traficantes de armas, os motoristas, os deficientes, os pais, os sonegadores de impostos, os divorciados, os conservacionistas, os terroristas etc. Eles constituem 10 mil centros de poder diferentes na nossa sociedade.[29]

Na velha Europa, as pessoas sempre descreveram

a política segundo o modelo do corpo humano. O governo era o governante supremo, o líder. Esta metáfora está definitivamente ultrapassada. Não há mais nenhum centro disponível que preveja, controle e decida. O cérebro da sociedade não pode mais ser localizado; de algum tempo para cá, as inovações e decisões sobre o futuro não tiveram sua origem na classe política. Ao contrário, só quando uma ideia se torna uma banalidade ela passa para o âmbito da responsabilidade dos partidos e dos governos ... O Governo Federal [Alemão] é relativamente estável e relativamente bem-sucedido, a despeito do fato de ser governado por aquelas pessoas que estão sorrindo para nós dos cartazes de campanha. Embora o Ministro dos Correios faça tudo o que está ao seu alcance para destruir o serviço postal, as cartas continuam a chegar. Embora o Chanceler se comporte como um elefante em uma loja de porcelana chinesa, o comércio com o Oriente floresce, e assim por diante ... Este paradoxo só dá lugar a uma explicação: a Alemanha pode se permitir ter um governo incompetente, porque, afinal, as pessoas que nos entediam nas notícias cotidianas não têm mesmo muita importância.[30]

A auto-organização acima mencionada, como declarou Hermann Schwengel, "não tem o mesmo sentido do velho *topos* liberal das forças sociais livres", já que, agora, elas estão se voltando contra o apelo político do Estado. "Auto-organização significa, mais precisamente, uma reunificação dessas forças livres na camada mais profunda da sociedade, na atividade econômica, comuni-

---

29. Enzensberger, *Mittelmass und Wahn*, p.230ss.
30. Ibidem, p.228ss.

tária e política." Auto-organização significa a *subpolitização* (reflexiva) *da sociedade*. "O local e o sujeito da definição do bem-estar social, de uma técnica específica de poder político, da garantia da paz pública e da afirmação provocadora de uma história política desta e apenas desta sociedade, separaram-se. Eles são tão acessíveis às instituições econômicas e culturais quanto às políticas."[31]

A decisão autoritária e a ação do Estado dão lugar ao Estado de negociação, que prepara os palcos e as negociações e dirige o espetáculo. A capacidade do Estado moderno em negociar é supostamente até mais importante que sua capacidade hierárquica unilateral para agir, que está se tornando cada vez mais problemática. Na modernidade tardia, no finalzinho do século, "o Estado [tradicional] está definhando como uma 'criatura especial', como a estrutura de uma soberania e como um coordenador hierárquico".[32] Enfraquecimento não precisa ser sinônimo de fracasso, tal como não o é o amplo ressentimento em relação aos partidos políticos. Ao contrário, o sucesso também pode matar. Frequentemente, o enfraquecimento do Estado é apenas o outro lado da auto-organização, a subpolitização da sociedade; é um pouco de utopia resgatada. A política condensada no simbolismo caracteriza o estágio intermediário, no qual os problemas clássicos do Estado em relação à modernidade simples têm sido em parte resolvidos e em parte esquecidos no âmbito da sociedade ativa, em que, entretanto, os desafios governamentais de uma modernidade reflexiva ainda não são de modo algum percebidos.

Os cientistas sociais têm dificuldades com o conceito de morte. Entretanto, o colapso do bloco oriental tem demonstrado que uma coisa desse tipo pode ocorrer como um derrame governamen-

---

[31]. Schwengel, Die Zukunft des Politischen, *Ästhetik und Kommunikation*, v.65/6, 1987, p.18.
[32]. Böhret, *Die Handlungsfähigkeit des Staates am Ende des 20. Jahrhundert*, manuscrito não publicado, 1992, p.9ss.

tal. Qualquer um que exclua o conceito de uma "morte institucional" se esquece de que estamos lidando com isso em toda parte, nesta época de mudança social radical: instituições zumbis que têm estado clinicamente mortas durante um longo tempo, mas não são capazes de morrer. Como exemplos, poderíamos considerar os partidos de classe sem classes, exércitos sem inimigos ou um aparelho governamental que, em muitos casos, reivindica começar e manter em andamento as coisas que, independente dele, estão acontecendo.

É verdade que as tarefas governamentais morrem e as novas devem ser definidas e constituídas; em seguida surge a questão de que tarefas são estas e como são definidas. Carl Böhret sugere um interessante critério: a "capacidade de negociação" dos interesses sociais. Ele considera que isso deve ser realizado onde os interesses se tornam capazes de auto-organização, onde recebem de agentes organizados voz ativa e significado nas arenas da sociedade e da política. Ao contrário, as novas tarefas do governo que devem ser iniciadas são caracterizadas pelo fato de não serem passíveis de negociação, mas podem e devem ser feitas mesmo assim. Um exemplo disso seria ferir os interesses vitais e de sobrevivência dos que ainda não nasceram e do mundo natural que nos cerca, ou a construção de uma ordem supranacional e idealmente global.

> Todos os campos problemáticos, que em princípio são "negociáveis" entre os grupos de pessoas e organizações, podem ser "socializados". Neste caso, isso significa que podem ser elaborados no sistema de negociação multilateral, com a participação do Estado. Isso, cada vez mais também diz respeito à estrutura jurídica, na qual se confere, especialmente ao agente governamental, o controle central do contexto.

Colocado de outra forma: as áreas clássicas da política simbólica podem ser deslocadas e delegadas à subpolítica organizada da sociedade.

Entretanto, todos os aspectos "não negociáveis" – porque há ausência de um parceiro direto ou porque nenhum interesse pode ser efetivamente representado por esses parceiros em um tempo razoável –, em princípio, devem ser manejados como tarefas governamentais e funcionais. Isso sempre se aplica quando o "princípio da sobrevivência" é afetado e há uma suposição de uma "responsabilidade geracional" de proteger as gerações que se sucedem, mas também se aplica ao caso das "catástrofes sorrateiras".

No futuro previsível, a desregulação só é imaginável aqui à custa do desastre. Por isso, nestas regiões, o Estado se dedica àqueles problemas que, até agora, não são áreas de competição social – a ecologia, por exemplo. Por isso, supõe-se que se possa reivindicar o "monopólio do processo". O Estado deve permitir e até querer que as tarefas a ele atribuídas em cada caso não lhe pertençam permanentemente, mas sejam sempre transformadas (ou seja, "socializadas") pela competição.[33]

O que está em jogo aqui não é apenas uma redefinição das áreas de responsabilidade governamental, mas antes a questão radical relativa às tarefas supostamente "eternas" e as instituições com jurisdição sobre elas durarem mais que a sua utilidade. Nesse caso, a política reflexiva não significa apenas a invenção; significa o desaparecimento do político. Por exemplo, é extremamente duvidoso – e deve se tornar dúbio na era da ambivalência – se as forças armadas são parte da essência do Estado (como nos fariam acreditar quase todas as teorias do Estado, desde Hegel até Max Weber e Carl Schmitt).

Assim, isso não é uma defesa de novas tarefas governamentais dentro das velhas formas. Muito ao contrário, o cerne da discussão é que esta nova tarefa, simultaneamente, impele o Estado a uma nova forma de questionamento das tarefas. O Estado deve praticar

---

33. Ibidem.

o autoconstrangimento e a autoabnegação, abandonar alguns monopólios e conquistar outros, temporariamente, e assim por diante.

Nem o *laissez-faire* de um Estado protetor nem o planejamento geral autoritário de um Estado intervencionista é adequado às necessidades operacionais de uma sociedade moderna extremamente diferenciada ... O objetivo é a construção de realidades em que as construções das realidades de outros sistemas tenham alguma liberdade de ação. Diante das externalidades que não são mais internamente controláveis, o que está em jogo são autolimitações de sistemas funcionais diferenciados por meio de um processo de supervisão, em que a perspectiva de intervenção mútua – talvez da política na ciência, ou da ciência na política – seja complementada pela perspectiva da invenção de identidades mutuamente compatíveis.[34]

Além da esquerda e da direita?

Seria ainda possível existir a velha paisagem dos partidos políticos na Europa, mas já com sinais e sintomas de que, nos próximos anos, ela irá sofrer uma erosão até em suas camadas mais profundas? Nesse caso, será que a modernização reflexiva é equivalente a um terremoto prolongado, que está alterando radicalmente a "geologia dos partidos"? Será que a inquietação que nos tira o fôlego hoje poderia ser a calmaria que antecede a tempestade? Ou isso será verdade e exatamente o oposto está vindo à tona, ou seja, como as pessoas perderam o apoio da ordem política esquerda-direita, restauram a ordem esquerda-direita? Talvez isso tenha, na verdade, vantagens insubstituíveis. A metáfora espacial sempre se aplica em toda parte, e sua extensão ao político está historicamente estabelecida, moldando a (sobrecarregada) complexidade em um modo bipolar, o que a torna suscetível à ação, qualidade cujo valor aumenta precisamente com a desintegração da ordem mundial.

---

34. Willke, *Die Ironie des Staates*, p.296, 303.

Certamente, a ciência empírico-política confirma a importância e o significado do padrão esquerda-direita na percepção popular. As coisas podem estar ocorrendo da mesma maneira, tanto para os pesquisados quanto para os cientistas sociais, os pesquisadores: eles não têm alternativa. Entretanto, em seu desamparo, ajudam-se mutuamente a permanecer com as muletas conceituais do passado, ainda que percebam claramente a fragilidade dessas muletas antiquadas.

A transferência dos sistemas comunistas em sistemas capitalistas é um empreendimento "esquerdista" ou "direitista"? A resistência a esse processo, ou seja, a proteção das "realizações" do que resta do socialismo, é "conservadora" ou "progressista"? Aqueles que perturbam a paz tumular da esquerda, exibindo impiedosamente as perversões do socialismo em todas as suas formas concretas, estão ainda promovendo a causa do "inimigo da classe", ou já estão assumindo o papel de uma "esquerda pós-socialista" e assentando as bases da sua reivindicação no futuro da Europa?[35]

---

35. Desde que a "teoria esquerdista" foi derrubada, a pergunta "O que é a esquerda?" (Steven Lukes) está começando a dividir os grupos remanescentes e os grupos fragmentados. Observamos o novo fenômeno de uma esquerda restauracionista. A antiga questão da direita está assombrando muitas mentes esquerdistas: será que tudo estava errado porque alguns Stalins e Honeckers confundiram as coisas? Até o indivíduo na história está sendo redescoberto, se a questão é colocar o socialismo contra seus (maus) líderes e, dessa forma, protegê-lo. Agora, a esquerda está praticando o que sempre foi criticado pela direita, isto é, resumir a história à história dos heróis, declarando que foram os indivíduos – e não as condições – que provocaram o colapso do comunismo. Em contraposição ao grito triunfal do capitalismo vitorioso, pois a questão e a demanda permanecem, agora mais do que nunca será que não cabe às pessoas insistir nos velhos princípios, distinguir o socialismo ideal do concreto, e justificar e proclamar as utopias do socialismo? Não são particularmente os "oportunistas [alemães] ocidentais" que estão seguindo o *Zeitgeist* e, oportunisticamente, sacrificando as introjeções e as perspectivas da crítica social ocidental?

A metáfora política esquerda-direita, que nasceu com a sociedade burguesa,[36] é provavelmente inconquistável, a menos que "destronada" por alternativas. No futuro, as coordenadas da política e do conflito serão cuidadosa e hipoteticamente localizadas aqui e abordadas conceitualmente, como se fosse utilizada uma varinha de condão, em três dicotomias: seguro-inseguro, dentro-fora e político-não político. Neste caso, estamos preocupados com três questões fundamentais. Primeiro, qual a sua atitude em relação à incerteza; segundo, em relação aos estrangeiros; e, terceiro, em relação à possibilidade de remodelar a sociedade?
Por que estas três questões e oposições fundamentais, e não outras? Escolhemos estas porque, na perspectiva da teoria aqui desenvolvida, elas têm maiores oportunidades de implementação, ou, mais claramente, maiores oportunidades de estilização e de manejo do cenário do que outras. Acima de tudo, isso é decisivo, e não a validade e as características inerentes às dimensões e categorias supramencionadas. Tendo como base a teoria da modernização reflexiva previamente esboçada, é plausível presumir, primeiro, que mesmo no futuro ainda será possível conduzir contramodernizações; segundo, que a continuação da autodestruição vai aprofundar as linhas de batalha entre o seguro e o inseguro; e, terceiro, que o "conflito das duas modernidades" ainda tem de mostrar, política e subpoliticamente, sua explosividade.
Pouca coisa deve ser surpreendente no significado futuro da oposição dentro-fora e nós-eles. Considerando as guerras nacionalistas e o aumento das migrações de refugiados, dificilmente se faz necessária uma teoria da modernização reflexiva para arriscar este prognóstico. Muito provavelmente, talvez ela fosse necessária para explicar o porquê desses fenômenos. Onde quer que as instituições se desintegrem, avalanches de possibilidades caem

---

36. Lukes, What is Left?, *Times Higher Education Supplement*, July 1992.

sobre aqueles que devem realizar a ação. Em igual medida, surge uma necessidade incontentável de simplicidade e nova rigidez. Se as instituições alternativas, que possibilitam e liberam a ação, não estão disponíveis, começa a fuga para a simulação das antigas certezas. Estas devem ser ressuscitadas, por assim dizer, mesmo quando estão desaparecendo. Este propósito é satisfeito por "disfarces" (em um sentido absolutamente literal) que combinam duas coisas: atribuição (o antídoto mais forte para a desincorporação) e – de uma forma bastante paradoxal – construtibilidade. O vazio não pode ser preenchido de nenhuma outra maneira.

Ou seja, não estamos experimentando o renascimento do povo, mas o renascimento da encenação do povo (ou a encenação do renascimento do povo). Este ganha destaque, nas estações de rádio e nas manchetes, porque outros tipos de mudança estão bloqueados, e o nacionalismo, por mais amargo que isso possa parecer para muitos, exala o aroma sedutor da autodeterminação. Neste caso, as diferentes possibilidades da contramodernização – o nacionalismo, a violência, os assuntos esotéricos etc. – podem complementar, misturar, cancelar, ampliar e competir uns com os outros.

De que adianta mostrar a encenação da natureza do nacionalismo? Será que assim ela perde um pouco do seu risco? Não, mas se torna mais desamparada, heterogênea e instável; adquire, por assim dizer, traços pós-modernos e perde sua qualidade fatalista e demoníaca que seduz as pessoas no nacionalismo dinâmico. Este neonacionalismo, que, a longo prazo, tem possibilidade de ser representado com êxito, é um espectro que, assim como outros espectros hoje em dia, precisa de espaço de transmissão na televisão e da subpolítica tácita da maioria (ainda) democrática do Ocidente, para conseguir ser uma assombração eficiente.[37]

---

37. Heitmeyer, *Rechtsextremistische Orientierungen bei Jugendlichen*, 1991.

Pode-se dizer algo intrinsecamente semelhante com respeito às outras duas polarizações. O crescimento de controvérsias relativas às ameaças fabricadas faz que os antagonismos seguro *versus* inseguro se aprofundem. É óbvio que a politização ocorre como uma questão específica. Entretanto, isso significa que qualquer pessoa que, de um lado, defenda a segurança, de outro se encontra nas listas dos ameaçados. Foi a partir daí que Niklas Luhmann concluiu que esta oposição não pode ser tratada institucionalmente nem leva a padrões frontais claros.[38] Segundo ele, o resultado é uma flutuação potencial do conflito, que não pode ser nem limitado nem agudizado para se transformar em disputas políticas. Neste caso, sempre permanece pouco claro que a segurança e as próprias instituições de seguro contenham e mantenham padrões segundo os quais elas podem ser acusadas de insegurança sem a cobertura de seguros.[39]

E é exatamente isso que abre caminho para a subpolitização e desencadeia impulsos opostos para "continuar na mesma" e para a não política. A oposição entre a velha e a nova modernidade é um choque que abarca e eletrifica todos os campos de ação na sociedade moderna. As revoltas encontram a resistência das rotinas e nelas ficam presas. Neste sentido, dois padrões podem ser explorados: o bloqueio e a coalizão.

Juntamente com a subpolitização aparece uma paralisia geral; os modernizadores, assim como seus críticos, permanecem no mesmo lugar ou são absorvidos por um conjunto de opiniões e interesses divergentes. Este declínio do processo de implementação da industrialização, anteriormente tão bem lubrificado pelo consenso, retarda o processo e é o precursor de uma autolimitação

---

38. Luhmann, *Soziologie des Risikos*, 1991.
39. Ibidem.

anárquica e um autocontrole da industrialização, como de costume, não questionados previamente.[40] A confusão geral e a oposição existente dentro e fora das instituições necessitam e favorecem a formação de redes de apoio que ultrapassem os limites dos sistemas e das instituições, os quais devem ser pessoalmente conectados e preservados. De certa maneira, portanto, a desintegração das instituições dá lugar a uma refeudalização dos relacionamentos sociais. É a abertura para um neomaquiavelismo em todos os setores da ação social. A ordem deve ser criada, forjada e formada. Apenas as redes, que devem ser conectadas em conjunto e preservadas, e que possuem sua própria "moeda corrente", permitem a formação de poder ou de poder de oposição.

Política de vida-e-morte

Os antagonismos do mundo político, tais como o liberalismo, o socialismo, o nacionalismo ou o conservadorismo, que comandam os dirigentes, partidos, parlamentos e as instituições de educação política, são os produtos do industrialismo emergente. Essas teorias políticas referem-se aos problemas de adaptação da natureza e destruição ambiental com toda a sensibilidade de um cego falando sobre cores, e o mesmo se aplica às questões do feminismo, à crítica aos especialistas e à tecnologia e às versões alternativas da ciência.

O conceito de política na modernidade simples é baseado em um sistema de eixos, em que uma coordenada passa entre os polos da esquerda e da direita e a outra, entre o público e o privado. Neste caso, tornar-se político significa deixar a esfera privada e caminhar em direção à esfera pública, ou, ao contrário, permitir que

---

40. Entretanto, o exemplo da engenharia genética coloca-se contra isso: há muitas evidências de resistência; ver, por exemplo, Beck-Gernsheim, Wider das Paradigma des Kriegsschauplatzes, *Ethik und Sozialwissenschaften*, v.3, 1992.

as exigências dos partidos, da política partidária ou do governo proliferem em todos os nichos da vida privada. Se o cidadão não vai para a política, a política vem para o cidadão.

Anthony Giddens chama este modelo de "política emancipatória" e a delimita em contraposição à "política da vida". "A política da vida diz respeito às questões políticas que fluem dos processos de autorrealização nos contextos pós-tradicionais, onde as tendências de globalização penetram profundamente no projeto reflexivo do eu [self], e, inversamente, onde os processos de autorrealização influenciam as estratégias globais."[41]

O aspecto instigante deste ponto de vista está no fato de que, neste caso, em contraste com Christopher Lasch e seu discurso de "cultura marxista", é possível atingir o político ou permitir sua invasão na passagem para a esfera privada, completar, por assim dizer, o caminho de volta. Todas as coisas consideradas perda, perigo, desperdício e decadência na estrutura esquerda-direita da política burguesa, coisas como preocupação com o eu e as perguntas: quem sou eu? o que eu quero? para onde estou indo?, em suma, todos os pecados originais do individualismo conduzem a um tipo diferente de identidade do político: a política de vida-e-morte.

Talvez esta nova qualidade do político venha a se tornar abrangente se, antes de mais nada, prestarmos atenção às histerias que aqui aparecem. A poluição do ar, da água e dos alimentos certamente aumenta as alergias no sentido médico, mas também no sentido psicológico da palavra. Todos são surpreendidos em batalhas defensivas de vários tipos, antecipando e vigiando as substâncias prejudiciais que envolvem a maneira de viver e de comer das pessoas. Essas substâncias espreitam, invisíveis, em toda parte. Em outras palavras, na cultura ecológica as coisas mais gerais e mais íntimas estão direta e inevitavelmente interconectadas nas profundidades

---

41. Giddens, *Modernity and Self-Identity*, p.214.

da vida privada. A vida privada torna-se, em essência, o brinquedo de resultados e teorias científicas, ou de controvérsias e conflitos públicos. As questões de um longínquo mundo de fórmulas químicas explodem com uma seriedade mortal nos recônditos mais internos da conduta da vida pessoal como as questões do eu, da identidade e da existência, e não podem ser ignoradas. Desta forma, utilizando mais uma vez a imagem das bonecas russas, na sociedade de risco global, a privacidade – como a menor unidade concebível do político – contém dentro de si a sociedade mundial. O político se aninha no centro da vida privada e nos atormenta.

O que constitui o político, o aspecto politizador da política da vida? Em primeiro lugar, a inevitabilidade, a qual, em segundo lugar, aparece em contradição com os princípios da soberania privada, e, em terceiro, não pode mais reivindicar o caráter de restrições naturais (no sentido original da palavra). Em contraste com as aspirações da modernidade no sentido de ordenar o processo decisório, surge uma nova experiência compulsória, que não coincide nem deve ser confundida com a dependência da natureza nos primeiros séculos da experiência de classe da era industrial.

Esta é a experiência do "destino da natureza" produzido pela civilização, na qual a cultura do ego reflexivo experimenta e sofre a inquietação de sua construtividade técnica e de sua sociedade global. Agora, o microcosmo da conduta da vida pessoal está inter-relacionado com o macrocosmo dos problemas globais, terrivelmente insolúveis. Para tomar fôlego sem segundas intenções, precisamos – ou devemos –, finalmente, virar a disposição do mundo de cabeça para baixo.

Isto desperta um interesse de sobrevivência existencial nas categorias científicas, nas fontes de erro e nas perspectivas, com as quais os antigos humanistas só podiam sonhar. As questões filosóficas do existencialismo, por exemplo, tornam-se parte da vida cotidiana; são quase questões candentes. A preocupação de Søren

Kierkegaard com a ansiedade como o outro lado da liberdade, por exemplo, ou as questões de quem define e decide sobre a vida e a morte, e de que maneira, levam todos forçosamente à angústia de ter de tomar uma decisão e se tornam grandes questões que a todos atingem.

Esta nova simbiose da filosofia e da vida cotidiana aparece notavelmente nas questões sobre as quais as pessoas são forçadas a decidir, envolvendo a medicina avançada e a engenharia genética. Esses desenvolvimentos são equivalentes a uma democratização de Deus. Eles impelem as pessoas para questões que as culturas e as religiões antigas projetaram em Deus ou nos deuses. Os sucessos da medicina reprodutiva e da engenharia genética logo colocarão os pais e os médicos em uma posição de selecionar as qualidades da geração futura – de uma forma negativa ou, eventualmente, talvez também positiva. Já é possível reconhecer algumas "doenças congênitas", como são chamadas, em um estágio inicial, e, em combinação com o aborto, evitar o nascimento de uma criança com estas prováveis características. É previsível que a escolha do sexo das crianças também possa ser "controlada" dessa maneira – a menos que haja proibições explícitas, difíceis de controlar, que também se aplicam, especialmente, a um determinado grupo cultural. E tudo isso é apenas o início de uma longa série de revoluções científicas.

A qualidade do político que está emergindo aqui é capaz de mudar a sociedade em um sentido existencial.[42] Se os desenvolvimentos da biologia e da genética continuam sendo implementados apenas como demanda do mercado, da constituição, da liberdade de pesquisa e da crença no progresso médico, então o efeito cumulativo será, e não por decisão parlamentar ou governamental, uma profunda mudança "genética" da sociedade, no sentido

---

42. Para isso ver Beck-Gernsheim, *Technik, Markt und Moral*, 1992 (tradução inglesa publicada pela Humanity Press).

mais verdadeiro da palavra. Ao contrário, isto vai ocorrer na esfera privada não política da decisão de milhares de indivíduos, pais e mães, com o aconselhamento de médicos e dessas criaturas burocráticas dos tubos de ensaio – "conselheiros genéticos". As utopias do progresso eugênico dos séculos anteriores provavelmente não serão impostas de cima, com crueldade e brutalidade organizadas, como ocorreu com a insanidade racial Nacional Socialista (embora isso não possa ser normatizado).

O "ramo executivo" da revolução genética, cultural e social do futuro é a decisão individual do "indivíduo particular". O paciente vai se tornar um revolucionário em causa própria. A revolução da engenharia genética é extraparlamentar. Desse modo, a fórmula "o privado é o político" adquire um significado biotécnico, que pode rapidamente se transformar no seu significado principal.

Como já se mencionou, a história da humanidade, seu perigo e sua tragédia, está apenas começando, pois a tecnologia, em sua intensificada aplicação no reino genético, está se tornando o local de nascimento de guerras religiosas que, ao contrário de suas antecessoras do final da Idade Média, não podem mais ser neutralizadas pelo Estado. As primeiras indicações dos conflitos fundamentalistas enfrentados pela modernidade biotécnica já podem ser sentidas nas disputas sobre o aborto legalizado. Na "política do corpo", tão emocionalmente sobrecarregada de questões de identidade, as guerras religiosas entre os grupos com estilos de vida conflitantes estão à espreita em cada encruzilhada da estrada.

A vocação como ação política

Uma das questões fundamentais será em que extensão esses antagonismos vão causar impacto nos guardiães da racionalidade, os especialistas. Acima de tudo, a questão do poder surge nas instituições em que as alternativas são elaboradas e os grupos de especialistas rivalizam acerca de questões importantes.

As vocações e as profissões – compreendidas como "marcas consagradas" no mercado de trabalho, como mercadoria de competência reconhecida[43] – são as guardiãs de uma certa forma de subpolítica normalizada. A identidade pessoal-social está conectada nesses "padrões de força de trabalho" com o direito e o dever de dispor da essência do trabalho. Os grupos vocacionais possuem a inteligência produtiva e o poder para dispor as coisas na sociedade. Isto pode ter vários significados. Alguns contribuem para o bem-estar público em uma política de pequenos passos, outros conduzem a política de saúde e outros "melhoram o mundo" com a engenharia genética. A forma profissional proporciona proteção contra as injustiças do mercado de trabalho, protegendo as oportunidades de ação estratégica, mesmo com respeito às indústrias, compradoras de mão de obra.

Há um segundo fator relacionado a isso: as vocações e as profissões são (possivelmente) focos da política de oposição burguesa. Além das lutas por segurança social e legal, a permissão e o direito de se reunir, este é um centro de irredutibilidade para a individualidade autoconfiante. A heterogeneidade da *intelligentsia*, a variabilidade de suas situações, intenções e opiniões e as constantes discussões internas, o desprezo e a falta de consideração com que seus membros agem uns com os outros – tudo isso transforma a *intelligentsia* em qualquer coisa, menos em uma "classe", em qualquer sentido politicamente praticável desse termo.

Terceiro, as profissões são *de facto* agentes de uma sociedade global de especialistas, e esta supranacionalidade concretamente existente as predestina a serem agentes de soluções globais.

Quarto, a subpolitização (reflexiva) dos especialistas ocorre precisamente até o ponto em que as racionalidades e oportunida-

---

43. Cf. Beck; Brater; Daheim, *Soziologie der Arbeit und der Berufe*, 1980.

des alternativas para a ação são produzidas e contrastadas dentro dos campos profissional e especializado.

A tecnocracia termina com as alternativas que irrompem no processo tecnoeconômico e o polarizam. Estas alternativas tornam-se fundamentais e detalhadas, profissionais e lucrativas, descobrem carreiras, abrem mercados e até quem sabe mercados globais.

Elas dividem dessa maneira o bloco de poder da economia e, assim, possibilitam e impõem novos conflitos e constelações entre e dentro das instituições, partidos, grupos de interesse e esferas públicas de todos os tipos, e quer tudo isso aconteça tarde ou cedo, perturba a imagem da autorreferencialidade indiferente dos sistemas sociais. Os próprios sistemas tornam-se sujeitos à ordenação. Do mesmo modo que as classes sociais, os sistemas sociais também se desvanecem no despertar da modernização reflexiva. A continuidade de sua existência passa a depender das decisões e da legitimação, e, por isso, é mutável. Sendo assim, oportunidades para a ação alternativa serão a morte dos sistemas dependentes dos indivíduos.

Neste caso, um papel essencial é representado pela questão de quão profundamente a atividade alternativa afeta e até rompe as fileiras da racionalidade especializada. Até agora, isso foi impensável, ou pelo menos não foi uma ameaça concreta. Três condições mudaram este estado de coisas: a transição da cientificação simples para a reflexiva, a questão ecológica e a penetração das orientações feministas nas várias profissões e campos da atividade ocupacional.

Quando as ciências e as disciplinas especializadas adotam e iluminam as bases, as consequências e os erros umas das outras, a mesma coisa acontece com a racionalidade especializada, que a cientificação simples realiza com a racionalidade leiga. Estas falhas tornam-se discerníveis, questionáveis, capazes de arranjos e rearranjos. A questão ecológica penetra em todos os campos ocupacionais e se faz sentir em controvérsias substantivas em relação aos métodos, procedimentos de avaliação, normas, planos e rotinas. Seja como for, a existência de divisões ecológicas nos grupos ocupacionais torna-se um indicador e um critério essenciais da estabilidade da sociedade industrial clássica.

O mesmo se aplica, de maneira diversa, às críticas feministas da ciência e das profissões, sempre que elas não se contentam em simplesmente denunciar a exclusão profissional das mulheres, mas vão além em criticar o monopólio profissional da racionalidade e da práxis, e redefinir e compor a competência do especialista com argúcia e metodologia interprofissional. Além do mais, não fazem isso individualmente, mas de forma organizada e em grupo.

É assim que um ideal se fragmenta. Os especialistas podem resolver as diferenças de opinião – pelo menos é o que se supõe – por meio de sua metodologia e de suas normas científicas e técnicas. Se houver apenas uma condução da pesquisa durante tempo suficiente, os argumentos de oposição vão silenciar e a unidade e a clareza prevalecerão. O oposto exato poderia ocorrer. A pesquisa que vai adiante e entra em questões mais difíceis, levantando todas as objeções e se apropriando delas, este tipo de pesquisa reflexiva supera suas próprias reivindicações de clareza e monopólio; ao mesmo tempo, aumenta a dependência da justificativa e a incerteza de todos os argumentos.

Uma objeção óbvia é que todas essas coisas sejam especulações, que vão sendo colocadas de lado pelas máximas ditatoriais do sucesso do mercado livre. Além de tudo – muitos poderão dizer ou esperar – estamos preocupados com opiniões passageiras, com acordos que, uma vez relembrados, podem depois ser aceitos, com suas bandeiras tremulando ao vento do clima econômico. Uma depressão poderosa (não importa até que ponto possam ser lamentáveis os seus detalhes), combinada com o desemprego em massa que mina a essência e a autoconfiança do povo, afasta estes espectros e ressuscita as antigas diretrizes da industrialização, como a fênix das cinzas.

Esta objeção pode se aplicar sob certas condições iniciais da crítica ecológica, mas isso acontece cada vez menos quando o próprio negócio se beneficia dos sucessos e riscos que ele mesmo criou. Se surgem setores que edificam sua existência e seus mercados sobre o reconhecimento e a eliminação dos riscos, então mesmo os centros do poder econômico ficam divididos em crentes ortodoxos e reformistas, reformadores, protestantes ambientais e convertidos ecológicos. Quando se generaliza a opinião de que as soluções ecológicas, bem como a competência e a inteligência ecológica, em todos os campos da sociedade, são conformistas não apenas em termos dos valores, mas também com respeito ao mercado – a longo prazo talvez até o mercado mundial – então, as trincheiras entre os perdedores e os vencedores da competição ecológica por sobrevivência (econômica) aparecem e se tornam mais profundas. A ecologia torna-se um sucesso, um vendedor de si mesmo – pelo menos sob a forma de cosmético ou embalagem ecológica. A resistência de metade da economia e da sociedade encontra uma grande coalizão do público alarmado, os ecoaproveitadores e os ecocarreiristas da indústria, da administração, da ciência e da política. Entretanto, isso significa que as alternativas se abrem, a cooperação torna-se incerta e as coalizões devem ser criadas, toleradas e enfrentadas, o que por sua vez provoca mais polarização. É isso, precisamente, que acelera a desintegração do círculo do poder nas instituições.

Juntamente com a ameaça e a percepção geral da ameaça, surge um interesse extremamente legítimo de preveni-la e eliminá-la. A crise ecológica produz e cultiva uma consciência de Cruz Vermelha cultural. Ela transforma as coisas cotidianas, triviais e sem importância em testes de coragem em que o heroísmo pode ser exibido. Longe de intensificar e confirmar a insipidez da modernidade, as ameaças ecológicas criam um importante horizonte semântico de impedimento, prevenção e ajuda. Este é um clima e um ambiente moral que se intensifica com o tamanho da ameaça, em que os papéis dramáticos dos heróis e dos vilões adquirem um novo significado cotidiano. Emergem as lendas de Sísifo. Até o fatalismo negativo – "nada funciona mais, é muito tarde para qualquer coisa" – é, fundamentalmente, apenas uma variante disso. E é este o pano de fundo contra o qual o papel de Cassandra pode se tornar uma vocação ou uma carreira.

A questão ecológica – a percepção do mundo no sistema coordenado do autorrisco ecológico-industrial – transformou a moralidade, a religião, o fundamentalismo, a desesperança, a tragédia, o suicídio e a morte – sempre interligados com o oposto, salvação ou esperança – em um drama universal. Neste teatro concreto, neste drama continuado, nesta comédia de horror do cotidiano, os negócios estão livres para assumir o papel do vilão e do envenenador, ou se revestir do papel do herói e do salvador e comemorar isso publicamente. Se isso resolve alguma coisa, é outra questão. Os estágios culturais da questão ecológica modernizam o arcaísmo. Aqui há dragões e matadores de dragões, odisseias, deuses e demônios, exceto pelo fato de que estes agora são representados, divididos, designados e recusados com papéis compartilhados em todas as esferas de ação – na política, no direito, na administração, e não menos nos negócios. Na questão ecológica, uma cultura de *pâté de foie gras* pós-moderna, cansada, saturada, sem significado e fatalista, cria para si uma tarefa hercúlea, que age como um estímulo em toda parte e transforma o mundo dos negócios em *Untergangster* (gângsteres da destruição) e Robin Hoods.

Segundo Volker von Prittwitz, podem-se distinguir duas constelações sistêmicas no conflito ecológico.[44] A primeira constelação é o *bloqueio*, em que as indústrias poluidoras e os grupos afetados se enfrentam reciprocamente de maneira exclusiva e espetacular.

---

44. Prittwitz, *Das Katastrophenparadox*, 1990.

Esta constelação de confrontos começa a se movimentar dentro de uma segunda constelação, em que (a) os interesses de auxílio despertam e (b) fragiliza-se a coalizão do segredo entre os poluidores e os perdedores potenciais. Isto ocorre na medida em que parcelas do empreendimento, mas também da *intelligentsia* profissional (engenheiros, pesquisadores, advogados e juízes), revestem-se do papel de quem recupera e auxilia, quer dizer, descobrem a questão ecológica como uma construção de poder e de mercados, ou seja, como expansão do poder e dos mercados. Isso, por sua vez, pressupõe que a sociedade industrial transforma-se em uma sociedade industrial com má consciência, que ela se reconhece e se culpa como uma sociedade de risco. Somente dessa maneira as atividades e as carreiras de ajuda e fiscalização se desenvolvem e ao seu heroísmo, que ao mesmo tempo motivam e selecionam os lucros. Isto pressupõe um distanciamento do mero criticismo e a transição em direção a um aprisionamento do *status quo* pelas alternativas. A questão ecológica deve ser trabalhada em conjunto com outras questões: a tecnologia, o desenvolvimento, os arranjos de produção, a política de produto, o tipo de nutrição, os estilos de vida, as normas legais, as formas organizacionais e administrativas etc.

Somente uma sociedade que desperta do pessimismo da constelação do confronto e concebe a questão ecológica como um dom providencial para a autorreforma universal de uma modernidade industrial previamente fatalista pode esgotar o potencial de ajuda e os papéis heróicos e conseguir estímulo a partir deles, não para conduzir a ecologia cosmética em uma grande escala, mas para realmente assegurar viabilidade no futuro. A ecologia cancela o apoliticismo objetivo da esfera econômica. Este último se divorcia de sua propensão para o pecado; pode ser completamente fragmentado no seu gerenciamento, na personalidade e na identidade das pessoas, em todos os níveis de ação. Este acirramento – e suscetibilidade à divisão – entre pecadores e aqueles absolvidos

dos pecados – permite um "comércio político de indulgências" e restaura à política os instrumentos de poder da "jurisdição e não jurisdição papal", da exibição pública e da autopunição dos grandes pecadores industriais, até mesmo os instrumentos de tortura pública de uma "inquisição ecológica". A maior parte dos políticos afasta-se disso em sua disposição de corresponder às expectativas do público. Os nadadores profissionais que nadam contra a corrente no movimento ecológico parecem carecer do carisma e do realismo político para impulsionar esses instrumentos políticos para fora da máquina política criada por eles próprios.

II
A vida em uma sociedade pós-tradicional

Anthony Giddens

Atualmente, nas ciências sociais, assim como no próprio mundo social, estamos diante de uma nova agenda. Vivemos, como todos sabem, em uma época de finalizações. Antes de tudo, há o final não somente de um século, mas de um milênio: algo que não tem conteúdo, e que é totalmente arbitrário – uma data em um calendário –, tem tal poder de reificação que nos mantém escravizados. O *fin de siècle* tornou-se amplamente identificado com sentimentos de desorientação e mal-estar, a tal ponto que se pode conjeturar se toda essa conversa de finalizações, como o fim da modernidade – ou o fim da história – simplesmente reflete esses sentimentos. Sem dúvida, de certa maneira isso é verdade. Mas é claro que não é tudo. Estamos em um período de evidente transição – e o "nós" aqui não se refere apenas ao Ocidente, mas ao mundo como um todo.

Nesta discussão, refiro-me a uma finalização, sob o disfarce da emergência de uma sociedade pós-tradicional. Esta expressão pode, à primeira vista, parecer estranha. A modernidade, quase por definição, sempre se colocou em oposição à tradição; não é verdade que a sociedade moderna tem sido "pós-tradicional"?

Não, pelo menos da maneira em que me proponho a falar aqui da "sociedade pós-tradicional". Durante a maior parte da sua história, a modernidade reconstruiu a tradição enquanto a dissolvia. Nas sociedades ocidentais, a persistência e a recriação da tradição foram fundamentais para a legitimação do poder, no sentido em que o Estado era capaz de se impor sobre "sujeitos" relativamente passivos. A tradição polarizou alguns aspectos fundamentais da vida social – pelo menos a família e a identidade social – que, no que diz respeito ao "iluminismo radicalizador", foram deixados bastante intocados.[1]

Importante observar que, enquanto "moderno" significou "ocidental", a influência contínua da tradição dentro da modernidade permaneceu obscura. Cerca de cem anos atrás, Nietzsche já "chamou a modernidade à razão", mostrando que o próprio Iluminismo era um mito, formulando perguntas inquietantes sobre o conhecimento e o poder. Entretanto, Nietzsche era a voz solitária da heresia. Atualmente, a modernidade tem sido obrigada a "tomar juízo", não tanto graças a seus dissidentes internos, mas como resultado de sua própria generalização pelo mundo afora. As bases não investigadas da hegemonia ocidental sobre outras culturas, os preceitos e as formas sociais da modernidade não permanecem abertos ao exame.

As ordens da transformação

A nova agenda da ciência social diz respeito a duas esferas de transformação, diretamente relacionadas. Cada uma delas corresponde a processos de mudança que, embora tenham tido suas origens no início do desenvolvimento da modernidade, tornaram-

---
1. Beck; Beck-Gernsheim, *The Normal Chaos of Love*, 1995.

-se particularmente intensas na época atual. Por um lado, há a difusão extensiva das instituições modernas, universalizadas por meio dos processos de globalização. Por outro, mas imediatamente relacionados com a primeira, estão os processos de mudança intencional, que podem ser conectados à radicalização da modernidade.[2] Estes são processos de *abandono*, desincorporação e problematização da tradição.

Poucas pessoas, em qualquer lugar do mundo, podem continuar sem consciência do fato de que suas atividades locais são influenciadas, e às vezes até determinadas, por acontecimentos ou organismos distantes. O fenômeno é facilmente assinalado, pelo menos *grosso modo*. Assim, por exemplo, o capitalismo durante séculos teve fortes tendências à expansão, por razões documentadas por Marx e tantos outros. Durante o período posterior à Segunda Guerra Mundial, no entanto, e particularmente em torno dos últimos quarenta anos, o padrão do expansionismo começou a se alterar. Tornou-se muito mais descentralizado, assim como mais abrangente. O movimento geral aponta para uma interdependência muito maior. No plano puramente econômico, por exemplo, a produção mundial aumentou de forma dramática, com várias flutuações e quedas; e o comércio internacional – um indicador melhor da inter-relação – cresceu ainda mais. Mas foi o "comércio invisível" – nos serviços e nas finanças – o que mais cresceu.[3]

O reverso da medalha é menos evidente. Hoje em dia, as ações cotidianas de um indivíduo produzem consequências globais. Minha decisão de comprar uma determinada peça de roupa, por exemplo, ou um tipo específico de alimento, tem múltiplas implicações globais. Não somente afeta a sobrevivência de alguém que vive do outro lado do mundo, mas pode contribuir para um

---

2. Giddens, *The Consequences of Modernity*, 1990.
3. Dicken, *Global Shift*, 1992.

processo de deterioração ecológica que em si tem consequências potenciais para toda a humanidade. Esta extraordinária – e acelerada – relação entre as decisões do dia a dia e os resultados globais, juntamente com seu reverso, a influência das ordens globais sobre a vida individual, compõem o principal tema da nova agenda. As conexões envolvidas são frequentemente muito próximas. Coletividades e agrupamentos intermediários de todos os tipos, incluindo o Estado, não desaparecem em consequência disso, mas realmente tendem a ser reorganizados ou reformulados.

Para os pensadores do Iluminismo – e muitos de seus sucessores –, pareceu que a crescente informação sobre os mundos social e natural traria um controle cada vez maior sobre eles. Para muitos, esse controle era a chave para a felicidade humana; quanto mais estivermos – como humanidade coletiva – em uma posição ativa para fazer história, mais podemos orientar a história rumo aos nossos ideais. Mesmo os observadores mais pessimistas relacionaram conhecimento e controle. A "jaula de ferro" de Max Weber – em que, segundo suas reflexões, a humanidade estaria condenada a viver no futuro previsível – é uma prisão domiciliar de conhecimento técnico; alterando a metáfora, todos nós devemos ser pequenas engrenagens na gigantesca máquina da razão técnica e burocrática. Mas nenhuma imagem chega a capturar o mundo da alta modernidade, que é muito mais aberto e contingente do que sugere qualquer uma dessas imagens, e isso acontece exatamente *por causa* – e não apesar – do conhecimento que acumulamos sobre nós mesmos e sobre o ambiente material. É um mundo em que a oportunidade e o perigo estão equilibrados em igual medida.

Essa dúvida de método – dúvida radical –, que paradoxalmente esteve sempre na origem das reivindicações do Iluminismo quanto à certeza, torna-se completamente exposta. Quanto mais tentamos colonizar o futuro, maior a probabilidade de ele nos causar surpresas. Por isso a noção de risco, tão fundamental para os esforços da modernidade, move-se em duas etapas.[4] Antes de tudo, ela não parece mais do que parte de um cálculo essencial, um meio de selar as fronteiras à medida que o futuro é atingido. Dessa maneira, o risco é uma parte estatística das operações das companhias de seguro; a própria precisão desses cálculos de risco parece assinalar o sucesso em se manter o futuro sob controle.

Isto significa risco em um mundo que, em grande parte, permanece como "dado", inclusive a natureza externa e aquelas formas de vida social coordenadas pela tradição. Quando a natureza é invadida – e até "destruída" – pela socialização, e a tradição é dissolvida, novos tipos de incalculabilidade emergem. Consideremos, por exemplo, o aquecimento global. Muitos especialistas apontam que está ocorrendo um aquecimento global e eles podem estar certos. Entretanto, a hipótese é contestada por alguns e sugere-se até mesmo que a tendência real, se é que existe mesmo alguma tendência, está na direção oposta, rumo ao esfriamento do clima global. Provavelmente, o máximo que pode ser dito com alguma certeza é que não podemos ter certeza de que o aquecimento global *não* esteja ocorrendo. Mas essa conclusão condicional não produzirá um cálculo preciso dos riscos, mas sim uma série de "cenários" – cuja plausibilidade será influenciada, entre outras coisas, pelo número de pessoas convencidas da tese do aquecimento global e realizando ações fundamentadas nessa convicção. No mundo social, em que a reflexividade institucional tornou-se um elemento constituinte central, a complexidade dos "cenários" é ainda mais marcante.

Por isso, no nível global, a modernidade tornou-se experimental. Queiramos ou não, estamos todos presos em uma grande experiência, que está ocorrendo no momento da nossa ação – como

---

4. Beck, *Risk Society*, 1992.

agentes humanos –, mas fora do nosso controle, em um grau imponderável. Não é uma experiência do tipo laboratorial, porque não controlamos os resultados dentro de parâmetros fixados – é mais parecida com uma aventura perigosa, em que cada um de nós, querendo ou não, tem de participar.

A grande experiência da modernidade, repleta de perigos globais, não é de maneira alguma o que os pais do Iluminismo tinham em mente quando falaram da importância de se contestar a tradição. Nem está próxima do que Marx imaginou – na verdade, entre muitas outras finalizações, atualmente podemos falar do fim do prometeísmo. "Os seres humanos só se colocam problemas à medida que podem resolvê-los": para nós, o princípio de Marx passou a ser apenas um princípio de esperança. O mundo social tornou-se, em grande parte, organizado de uma maneira consciente, e a natureza moldou-se conforme uma imagem humana, mas estas circunstâncias, pelo menos em alguns setores, criaram incertezas maiores – a despeito de seus impactos – do que jamais se viu antes.

A experiência global da modernidade está interligada – e influencia, sendo por ela influenciada – à penetração das instituições modernas nos acontecimentos da vida cotidiana. Não apenas a comunidade local, mas as características íntimas da vida pessoal e do eu tornam-se interligadas a relações de indefinida extensão no tempo e espaço.[5] Estamos todos presos às *experiências do cotidiano*, cujos resultados, em um sentido genérico, são tão abertos quanto aqueles que afetam a humanidade como um todo. As experiências do cotidiano refletem o papel da tradição – em constante mutação – e, como também ocorre no plano global, devem ser consideradas no contexto do *deslocamento e da reapropriação de especialidades*, sob o impacto da invasão dos sistemas abstratos. A

---

5. Giddens, *The Transformation of Intimacy*, 1992. [*A transformação da intimidade*, trad. de Magda Lopes, 1993.]

tecnologia, no significado geral da "técnica", desempenha aqui o papel principal, tanto na forma de tecnologia material quanto da especializada *expertise* social.

As experiências do cotidiano dizem respeito a algumas questões bastante fundamentais ligadas ao eu e à identidade, mas também envolvem uma multiplicidade de mudanças e adaptações na vida cotidiana. Algumas dessas mudanças estão adoravelmente documentadas no romance *The Mezzanine* (1990), de autoria de Nicholson Baker. O livro trata apenas de alguns poucos momentos do dia de uma pessoa que reflete ativamente – em detalhe – sobre as minúcias do ambiente em que se desenvolve sua vida e sobre suas reações a ele. Revela-se uma parafernália de invasão, ajustamento e reajustamento, ligada a um pano de fundo, vagamente percebido, de entidades globais muito mais amplas.

Tomemos o exemplo da fôrma de fazer gelo:

> A fôrma de fazer gelo merece uma nota histórica. No início eram fôrmas de alumínio com uma grade de lâminas ligadas a uma alavanca, como um freio de mão – uma solução ruim; a gente tinha de passar a grade sob água morna para que o gelo conseguisse se desprender do metal. Recordo-me de vê-las sendo usadas, mas eu mesmo nunca as usei. Depois, de repente, eram "bandejas" de plástico e de borracha, realmente moldes, com vários formatos – alguns produzindo cubos bem pequenos, outros produzindo cubos grandes e cubos de diferentes formatos. Havia sutilezas que com o tempo a gente acabava compreendendo; por exemplo, as pequenas fendas entalhadas nas paredes internas que separavam uma célula da outra permitiam que o nível da água se igualasse: isto significa que poderíamos encher a bandeja passando as células rapidamente sob a torneira, como se estivéssemos tocando harmônica, ou poderíamos abri-la só um pouquinho, de forma que um filete de água silencioso caísse como uma linha da torneira e, segurando a bandeja em um determinado ângulo, permitindo que a água entrasse em uma única célula e daí fosse passando para as células vizinhas, uma a uma, pouco a pouco enchendo toda a bandeja. As fendas intercelulares também eram úteis depois que a bandeja estava congelada; quando a torcíamos para forçar os cubos, podíamos seletivamente puxar um cubo de cada vez, enfiando a unha sob a projeção congelada que havia se formado

em uma fenda. Se não conseguíssemos pegar a beirada de um toco da fenda porque a célula não havia se enchido até acima do nível da fenda, poderíamos cobrir com as mãos todos os cubos, menos um, e virar a bandeja, para que o único cubo de que precisávamos saísse da bandeja. Ou podíamos liberar todos os cubos ao mesmo tempo e depois, como se a bandeja fosse uma frigideira e estivéssemos virando uma panqueca, lançá-los ao ar. Os cubos pulavam simultaneamente dos seus espaços individuais, elevando-se cerca de meio centímetro, e a maioria voltava de novo para o seu lugar; mas alguns, aqueles que estivessem mais soltos, pulavam mais alto e frequentemente caíam de maneira irregular, deixando alguma ponta saliente por onde podiam ser apanhados – estes nós usávamos na nossa bebida.[6]

Neste caso, a questão não é apenas – ou mesmo basicamente – a tecnologia, mas processos mais profundos de reforma da vida cotidiana. Poderia parecer que a tradição, aqui, não desempenhava mais nenhum papel; mas, como vamos ver, esta visão seria equivocada.

Depreciando a carne

Entre os !Kung San do deserto de Kalahari, quando um caçador retorna de uma caçada bem-sucedida, sua caça é depreciada pelo resto da comunidade, não importa o quanto ela tenha sido abundante. A carne, trazida pelos caçadores, é sempre compartilhada por todo o grupo, mas em vez de ser saudado com alegria, um caçador bem-sucedido é tratado com indiferença ou desprezo. Supõe-se também que o próprio caçador deva mostrar modéstia em relação a suas habilidades e subestimar seus feitos. Um membro dos !Kung comenta:

> Digamos que um homem esteve caçando: ele não deve chegar em casa e anunciar como um fanfarrão: "Matei um animal enorme na floresta!" Deve

---

6. Baker, *The Mezzanine*, 1990, p.45.

primeiro sentar-se em silêncio, até que eu ou outra pessoa se aproxime da sua fogueira e pergunte: "O que você viu hoje?" Ele responde, calmamente: "Ah, não sou bom de caça, não vi nada... quem sabe apenas um animal bem pequeno". Então eu rio sozinho, porque sei que ele matou algum animal grande.

Os temas interligados da depreciação e da modéstia prosseguem no dia seguinte, quando a festa continua para se ir buscar e dividir a caça. De volta à aldeia, os membros do grupo carregador comentam em voz alta sobre a inépcia do caçador e seu desapontamento com ele:

> Quer dizer que você nos arrastou até aqui para nos fazer carregar para casa este monte de ossos? Oh, se eu soubesse que este animal era tão magro, não tinha vindo. Gente, pensar que eu renunciei a um belo dia na sombra por causa disso. Em casa, podemos sentir fome, mas pelo menos temos água fresca para beber.[7]

A troca é um ritual, e segue prescrições estabelecidas; está intimamente relacionada a outras formas de intercâmbio ritual na sociedade !Kung. Insultar a carne parece à primeira vista a melhor explicação em termos das funções latentes. É uma parcela da tradição que estimula aquelas interpretações de "culturas tradicionais", que consideram "tradição" em termos de concepções funcionais de solidariedade. Se essas noções fossem válidas, a tradição poderia ser essencialmente um ritual não premeditado, necessário à coesão das sociedades mais simples. Mas esta ideia não funciona. Há com certeza um ângulo "funcional" no insulto à carne: embora ele também conduza a conflitos, pode ser visto como um meio de se manter o igualitarismo na comunidade (masculina) !Kung. O menosprezo ritualizado é o oposto da arrogância e, por isso mesmo, do tipo de estratificação que poderia

---

7. Lee, *The Dobe !Kung*, 1984, p.49.

se desenvolver caso os melhores caçadores fossem homenageados ou recompensados.

Mas este elemento "funcional" na verdade não opera de uma maneira mecânica (nem poderia fazê-lo); os !Kung estão bem conscientes do que está acontecendo. Sendo assim, como um curandeiro !Kung comentou com um antropólogo visitante, quando um homem mata muitos animais, tende a pensar em si mesmo como um chefe e considera o resto do grupo como seus inferiores. Isso é inaceitável; "por isso, sempre nos referimos à sua carne como sem valor. Dessa maneira, esfriamos seu coração e o abrandamos".[8] A tradição está ligada ao ritual e tem suas conexões com a solidariedade social, mas não é a continuidade mecânica de preceitos que é aceita de modo inquestionável.

Para entender o que significa viver em uma ordem pós-tradicional, temos de considerar duas questões: o que é a tradição, realmente, e quais são as características genéricas de uma "sociedade tradicional". Ambas as noções têm sido, em sua maior parte, usadas como conceitos não avaliados – na sociologia, em razão de terem sido contrapostas à primeira preocupação com a modernidade; e, na antropologia, porque a repetição, uma das principais implicações da ideia da tradição, muito frequentemente tem sido mesclada à coesão. A tradição, digamos assim, é a cola que une as ordens sociais pré-modernas; mas uma vez que se rejeite o funcionalismo, não fica claro o que mantém seu poder de fixação. Não há nenhuma conexão necessária entre repetição e coesão social, e o caráter repetitivo da tradição é algo que tem de ser explicado, não apenas suposto.[9]

Repetição significa tempo – alguns diriam que *é* tempo – e a tradição está, de algum modo, envolvida com o controle do tempo. Em outras palavras, a tradição é uma orientação para o

---

8. Ibidem, p.49.
9. Boyer, *Tradition as Truth and Communication*, 1990.

passado, de tal forma que o passado tem uma pesada influência ou, mais precisamente, é constituído para ter uma pesada influência sobre o presente. Mas evidentemente, em certo sentido e em qualquer medida, a tradição também diz respeito ao futuro, pois as práticas estabelecidas são utilizadas como uma maneira de se organizar o tempo futuro. O futuro é modelado sem que se tenha a necessidade de esculpi-lo como um território separado. A repetição, de uma maneira que precisa ser examinada, chega a fazer o futuro voltar ao passado, enquanto também aproxima o passado para reconstruir o futuro.

As tradições, segundo Edward Shils, estão sempre mudando;[10] mas há *algo* em relação à noção de tradição que pressupõe persistência; se é tradicional, uma crença ou prática tem uma integridade e continuidade que resiste ao contratempo da mudança. As tradições têm um caráter orgânico: elas se desenvolvem e amadurecem, ou enfraquecem e "morrem". Por isso, a integridade ou *autenticidade* de uma tradição é mais importante para defini-la como tal do que seu tempo de existência. É incrível que apenas nas sociedades com escrita – que realmente, por isso mesmo, têm se tornado menos "tradicionais" – em geral tenhamos alguma *evidência* de que os elementos da tradição perduraram durante períodos muito longos. Na verdade, os antropólogos têm sempre considerado as culturas orais como extremamente tradicionais, mas para falar a verdade não há como se confirmar que as "práticas tradicionais" que eles observam tenham existido de fato por várias gerações; ninguém sabe, por exemplo, há quanto tempo é praticado o hábito !Kung de depreciar a carne.

Vou considerar a "tradição" da seguinte maneira. Na minha opinião, a tradição está ligada à memória, especificamente aquilo que Maurice Halbwachs denomina "memória coletiva"; envolve ri-

---

10. Shils, *Tradition*, 1981.

tual; está ligada ao que vamos chamar de *noção formular de verdade*; possui "guardiães"; e, ao contrário do costume, tem uma força de união que combina conteúdo moral e emocional.

A memória, como a tradição – em um sentido ou outro –, diz respeito à organização do passado em relação ao presente. Segundo Halbwachs, poderíamos pensar que essa conservação resulta simplesmente da existência dos estados psíquicos inconscientes. Há traços registrados no cérebro que possibilitam chamar à consciência esses estados. Deste ponto de vista, "o passado desmorona", mas "só se desvanece na aparência", pois continua a existir no inconsciente.[11]

Halbwachs rejeita esse tipo de ideia; o passado não é preservado, mas continuamente reconstruído, tendo como base o presente. Essa reconstrução é parcialmente individual, mas, mais fundamentalmente, é *social* ou coletiva. Ao ampliar este argumento, Halbwachs formula uma interessante análise dos sonhos. Os sonhos são, na verdade, o que sua significação poderia parecer sem as suas estruturas sociais organizadoras – compostos de fragmentos desconexos e sequências bizarras. As imagens permanecem como "matérias-primas" que formam combinações excêntricas.

Desse modo, a memória é um processo ativo, social, que não pode ser apenas identificado com a lembrança.[12] Nós reproduzimos continuamente memórias de acontecimentos ou estados passados, e estas repetições conferem continuidade à experiência. Se nas culturas orais as pessoas mais velhas são o repositório (e também frequentemente os guardiães) das tradições, não é apenas porque as absorveram em um ponto mais distante no tempo que as outras pessoas, mas porque têm tempo disponível para identificar os detalhes dessas tradições na interação com os outros

---

11. Halbwachs, *The Social Frameworks of Memory*, 1992, p.39.
12. Cf. Giddens, *The Constitution of Society*, p.45-51.

da sua idade e ensiná-las aos jovens. Por isso, podemos dizer que a tradição é um *meio organizador da memória coletiva*. Não poderia existir uma tradição privada, como não pode existir uma linguagem privada. A "integridade" da tradição não deriva do simples fato da persistência sobre o tempo, mas do "trabalho" contínuo de interpretação que é realizado para identificar os laços que ligam o presente ao passado.

A tradição em geral envolve um ritual. Por quê? Seria possível pensar que os aspectos rituais da tradição são simplesmente parte de seu caráter "inconsciente", de caráter próximo à automatização. Mas se as ideias que sugeri até agora estão corretas, a tradição é necessariamente ativa e interpretativa. Seria possível propor que o ritual é parte das estruturas sociais que conferem integridade às tradições; o ritual é um meio prático de se garantir a preservação. A memória coletiva, como Halbwachs afirma, é baseada nas práticas sociais. Podemos ver como isso acontece se considerarmos não apenas o contraste entre a memória e o sonho, mas o que acontece no "intervalo" representado pela atividade do devaneio ou da fantasia. Devaneio significa o relaxamento do indivíduo perante os deveres da vida cotidiana, permitindo que sua mente vagueie. Por outro lado, é a continuidade da prática – em si ativamente organizada – que conecta o fio das atividades do cotidiano com aquelas de ontem e do ano passado. O ritual conecta firmemente a reconstrução contínua do passado com a ação prática, e a forma como o faz é patente.

O ritual traz a tradição para a prática, mas é importante observar que ele também tende a ficar separado, de uma maneira mais ou menos clara, das tarefas pragmáticas da atividade cotidiana. Depreciar a carne é um procedimento ritualizado e assim compreendido pelos participantes. Uma depreciação ritual é diferente de uma depreciação real, porque carece de um significado denotativo; é um uso "não expressivo" da linguagem. Esta consequência "que isola" o ritual é fundamental porque ajuda a conferir às crenças, práticas e aos objetos rituais uma autonomia temporal que pode faltar às tarefas mais rotineiras.

Assim como todos os outros aspectos da tradição, o ritual tem de ser interpretado; mas essa interpretação não está normalmente nas mãos do indivíduo laico. Aqui temos de estabelecer uma conexão entre os *guardiães* da tradição e as verdades que essas tradições contêm ou revelam. A tradição envolve uma "verdade formular",[13] a que apenas algumas pessoas têm pleno acesso. A verdade formular não depende das propriedades referenciais da linguagem, mas do seu oposto; a linguagem ritual é performativa, e às vezes pode conter palavras ou práticas que os falantes ou os ouvintes mal conseguem compreender. O idioma ritual é um mecanismo da verdade em razão de – e não apesar de – sua natureza formular. A fala ritual é aquela da qual não faz sentido discordar nem contradizer – e por isso contém um meio poderoso de redução da possibilidade de dissensão. Isto certamente é fundamental para sua qualidade de ser irresistível.

A verdade formular é uma atribuição de eficácia causal ao ritual; os critérios de verdade são aplicados aos acontecimentos provocados, não ao conteúdo proposicional dos enunciados.[14] Os guardiães, sejam eles idosos, curandeiros, mágicos ou funcionários religiosos, têm muita importância dentro da tradição porque se acredita que eles são os agentes, ou os mediadores essenciais, de seus poderes causais. Lidam com os mistérios, mas suas habilidades de arcanos provêm mais do seu envolvimento com o poder causal da tradição que do seu domínio de qualquer segredo ou conhecimento esotérico. Entre os !Kung, os idosos são os principais guardiães das tradições do grupo. Depreciar a carne pode ser "racionalmente compreendido" em termos de suas consequências

---

13. No original inglês *formulaic truth*. (N. E.)
14. Boyer, *Tradition as Truth and Communication*, cap.5.

para a coletividade, mas deriva seu poder de persuasão de suas conexões com outros rituais e crenças controlados pelos idosos ou pelos especialistas religiosos.

Os guardiães da tradição poderiam parecer equivalentes aos especialistas nas sociedades modernas – os fornecedores dos sistemas abstratos cujo impacto sobre a vida cotidiana é narrado por Nicholson Baker. Mas a diferença entre os dois não é muito clara. Os guardiães não são especialistas, e as qualidades de arcano a que eles têm acesso, na sua maior parte, não são comunicáveis a quem está de fora. Como observou Pascal Boyer, "um especialista tradicional não é alguém que tem um quadro adequado de alguma realidade em sua mente, mas alguém cujas expressões vocais, em alguns contextos, podem ser diretamente determinadas pela realidade em questão".[15]

O *status* na ordem tradicional, mais que a "competência", é a principal característica do guardião. O conhecimento e as habilidades que o especialista possui poderiam parecer misteriosos para o leigo, mas, em princípio, qualquer um pode adquirir esse conhecimento e essas habilidades se estiver determinado a fazê-lo.

Finalmente, todas as tradições têm um conteúdo normativo ou moral que lhes proporciona um caráter de vinculação.[16] Sua natureza moral está intimamente relacionada aos processos interpretativos por meio dos quais o passado e o presente são conectados. A tradição representa não apenas o que "é" feito em uma sociedade, mas o que "deve ser" feito. Isto não significa, é claro, que os componentes normativos da tradição sejam necessariamente enunciados. A maioria deles não o é: são interpretados nas atividades ou orientações dos guardiães. A tradição abarca o que faz, e

---
15. Ibidem, p.112.
16. Shils diz que há "tradições factuais", sem conteúdo normativo. Para mim, estas caem na categoria dos costumes. Shils, *Tradition*, p.23-5.

pode ser inferida, porque seu caráter moral apresenta uma medida da segurança ontológica para aqueles que aderem a ela. Suas bases psíquicas são afetivas. Há, em geral, profundos investimentos emocionais na tradição, embora estes sejam mais indiretos que diretos; eles se originam dos mecanismos de controle da ansiedade proporcionados pelos modos tradicionais de ação e de crença.

É demais para uma conceituação inicial da tradição. A questão do que é uma "sociedade tradicional" permanece sem solução. Não pretendo de modo algum lidar com ela aqui, embora deva retornar à questão mais tarde. Uma sociedade tradicional, inevitavelmente, é uma sociedade em que a tradição – como está acima especificado – tem um papel dominante; mas isso dificilmente vai ocorrer em si e por si. Pode-se dizer que a tradição é mais importante quando não é compreendida como tal. Ao que parece, as culturas menores não têm uma palavra específica para designar a "tradição", e não é difícil entender por quê: a tradição é muito invasiva para ser distinguida de outras formas de atitude ou de conduta. Essa situação tende a ser particularmente característica das culturas orais. É óbvio que uma característica distintiva da cultura oral é o fato de as comunicações não poderem ocorrer sem um falante identificável; esta circunstância se presta muito a versões formulares da verdade. O advento da escrita cria a hermenêutica: a "interpretação", que é antes de tudo bastante bíblica, assume um novo significado. A tradição vem a ser conhecida como algo distinto e potencialmente plural. Entretanto, todas as civilizações pré-modernas permaneceram completamente permeadas por um tipo ou outro de tradição.

Se formularmos a pergunta "de que maneira as sociedades modernas tornaram-se destradicionalizadas?", a tática mais óbvia para proporcionar uma resposta seria olhar para formas específicas de símbolo e ritual e considerar até que ponto elas ainda compõem "tradições". Entretanto, considerarei essa questão mais tarde e, no momento, vou reorientar a discussão em uma direção completamente diversa. Tradição é repetição, e pressupõe uma espécie de verdade que é a antítese da "indagação racional" – neste aspecto, compartilha algo com a psicologia da compulsão.

A repetição como neurose: a questão do vício

A questão da compulsividade está na origem da psicoterapia moderna. Eis como se inicia um livro de autoajuda de terapia prática. "Este é um registro", diz ele, referindo-se às experiências de vida de um indivíduo – em nossas atividades atuais, estamos constantemente (e na maioria das vezes, de uma maneira inconsciente) recapitulando o passado. A influência do passado sobre o presente é, acima de tudo, uma influência emocional, uma questão de "sentimentos".

> As razões podem existir em dois "locais" ao mesmo tempo. Podemos estar fisicamente presentes com alguém no aqui-agora, mas nossa mente pode estar longe, no espaço como no tempo. Um dos nossos problemas nos relacionamentos é que "algo" nos afasta do presente e não estamos mais com quem estávamos.
> Estas experiências registradas e os sentimentos a elas associados estão disponíveis hoje para serem reexperimentados de uma forma viva, da mesma forma que ocorreram antes, e proporcionam grande parte dos dados que determinam a natureza das transações atuais. Os acontecimentos do presente podem repetir uma velha experiência e não somente nos lembramos de como nos sentimos, mas nos sentimos da mesma maneira. Não somente nos lembramos do passado, mas o revivemos. Estamos lá! Não nos lembramos de grande parte do que revivemos.[17]

A compulsividade, em seu sentido mais amplo, é uma incapacidade para escapar do passado. O indivíduo que se crê autônomo vive um destino sub-reptício. Os conceitos de destino têm estado

---
17. Harris; Harris, *Staying OK*, 1985, p.19.

sempre intimamente relacionados à tradição, e não surpreende descobrir que Freud estava preocupado com o destino. Segundo ele, *Édipo Rei*

> é uma tragédia do destino. Seu efeito trágico depende do conflito entre a vontade todo-poderosa dos deuses e os esforços vãos dos seres humanos ameaçados com o desastre. A resignação à vontade divina, assim como a percepção da ausência de importância de uma pessoa, são as lições que se supõe que o espectador, profundamente comovido, vai extrair da peça.

"O oráculo lançou a mesma maldição sobre nós",[18] continua ele, mas em nosso caso é possível escapar. De Freud em diante, o dilema da condição moderna é visto como superando a "programação" constituída anteriormente em nossas vidas.

Evidentemente, Freud estava muito preocupado com os sonhos, "a estrada principal para o inconsciente". A teoria dos sonhos de Freud pode ou não ser válida em seus próprios termos, mas vale a pena considerar sua relação com as ideias de Halbwachs. Tanto para Halbwachs quanto para Freud, os sonhos são memórias em que o contexto social da ação foi removido. Deixe-me agora historicizar este ponto de vista. Na época em que Freud escreveu, as tradições da vida cotidiana estavam começando a ranger e ceder sob o impacto da modernidade. A tradição proporcionava as estruturas estabilizadoras que integravam os vestígios da memória em uma memória coerente. Pode-se especular que, à medida que a tradição se desvanece, a "memória dos vestígios" fica mais cruamente exposta, assim como fica mais problemática no que se refere à construção da identidade e ao significado das normas sociais. Daí em diante, a reconstrução do passado com os recursos da tradição torna-se uma responsabilidade – e até uma exigência – mais claramente individual.

---

18. Freud, *The Interpretation of Dreams*, 1951.

Como bom médico especialista, Freud se impôs a cura das neuroses; entretanto, o que acabou descobrindo foi a ressaca emocional da cultura tradicional em desintegração. A vida emocional da civilização moderna não estava inscrita na filosofia do Iluminismo, e ficou alheia àqueles esforços científicos e tecnológicos que foram tão fundamentais para os efeitos cintilantes da modernidade. A ciência e, de modo mais geral, a "razão" deveriam substituir os preceitos supostamente irrefletidos da tradição e do costume. E, em certo sentido, isso realmente ocorreu: as perspectivas cognitivas foram, na verdade, muito substancial e dramaticamente reformadas. Entretanto, a forma emocional da tradição foi deixada mais ou menos intacta.[19]

Evidentemente, o pensamento de Freud pode ser compreendido nos termos do Iluminismo. Deste ponto de vista, a importância de Freud foi que ele descobriu uma "trilha de desenvolvimento" comparável àquela das instituições sociais da modernidade. O "dogmatismo" do inconsciente poderia ser dissolvido e substituído pela verdadeira autoconsciência; na celebrada e talvez famigerada expressão de Freud, "onde o id estava o ego estará". Alguns, mais desconfiados das reivindicações do Iluminismo, enxergam Freud de uma maneira bastante diferente. Freud nos mostra – dizem eles – que a civilização moderna nunca poderá superar aquelas forças obscuras que espreitam no inconsciente. Na verdade, à primeira vista, a própria linha de desenvolvimento intelectual de Freud parece girar da primeira visão em direção à segunda, durante a progressão de sua carreira.

Mas talvez nenhuma dessas perspectivas seja o modo mais efetivo de se ver as coisas. Freud estava lidando com uma ordem social, não apenas psicológica; ele estava preocupado com um universo social de crença e ação em cujo ponto, nas questões que afe-

---

19. Giddens, *The Transformation of Intimacy*.

tavam diretamente a autoidentidade, *a tradição estava começando a se transformar em compulsão*. A compulsão, mais que o inconsciente como tal, transformou-se no outro lado da "revolução cognitiva" da modernidade.

As investigações concretas e os envolvimentos terapêuticos de Freud – ao contrário da maioria dos seus escritos – concentram-se nos problemas emocionais das mulheres, sob a forma em que são mediados pelo corpo. Mas a compulsividade oculta da modernidade também estava manifesta – embora de um modo diferente – no domínio público. O que é a discussão de Weber acerca da ética protestante, se não uma análise da natureza obsessiva da modernidade? Evidentemente, os problemas emocionais das mulheres não aparecem no estudo de Weber – nem as vidas privadas ou sexuais dos portadores de espírito empreendedor. É como se essas coisas não pesassem sobre o comportamento ou a motivação do industrial: um cisma conceitual que refletisse uma divisão real nas vidas dos homens e das mulheres.

A obra de Weber lida de maneira bastante explícita com a transição da tradição para a modernidade, embora ele não coloque a questão nesses termos. As crenças e as práticas religiosas, assim como outras atividades tradicionais, tendem a fundir a moralidade com a emoção. Elas têm, como Weber deixa claro, uma base de motivação adequada e visível. Assim como podemos entender muito facilmente o desejo de acumular riqueza no mundo tradicional, em que é costume cultivar prerrogativas distintas, também podemos perceber a ascese religiosa e a qualidade do seu impulso. O hindu asceta, por exemplo, luta para superar as fadigas do mundo e entra em um estado de devoção religiosa.

A ascese impulsiva do empreendedor não tem origens tão óbvias, ainda que, também muito obviamente, seja inspirada pela paixão e pela convicção. Segundo Weber, a perspectiva do capitalista parece ao observador não moderno "muito incompreensível e misteriosa, muito inútil e desprezível. O fato de alguém conseguir ser capaz de torná-la o único propósito da sua vida útil, cair na sepultura sob o peso de uma grande carga material de dinheiro e bens, só lhe parece explicável como produto de um instinto perverso, a *auri sacra fames*".[20] O próprio Weber compartilhou esta atitude um pouco semelhante ao desprezo, apesar de sua resolução do quebra-cabeças intelectual apresentado pelo espírito capitalista. Uma vez que a satisfação da solicitação do empresário "não pode estar diretamente relacionada a valores espirituais e culturais mais elevados", e não é o resultado de uma contenção puramente econômica, "o indivíduo, em geral, abandona totalmente a tentativa de justificá-la". Segue-se, assim, a famosa citação de Goethe: "Especialistas sem espírito, sensualistas sem coração; esta nulidade imagina que atingiu um nível de civilização nunca antes alcançado".[21]

O que Weber chama de "tradicionalismo econômico" é, em sua opinião, característico da imensa quantidade de atividade econômica das civilizações pré-modernas. Muito frequentemente, o tradicionalismo econômico reconhece o ganho material como um motivo legítimo, mas sempre o fundamenta em uma moralidade mais ampla, e inclui, em geral, uma noção de excedente. Foi isso que aconteceu no luteranismo e em todas as variedades do puritanismo. Lutero, por exemplo, considerava o trabalho uma vocação ao modo tradicionalista, como parte de uma ordem de coisas histórica e objetiva, dirigida por Deus.[22] A busca obsessiva da graça divina tem sido a base de muitas religiões, mas o luteranismo preservou algumas daquelas atitudes relativamente complacentes em relação à vida cotidiana, característica do catolicismo não mo-

---

20. Weber, *The Protestant Ethic and the Spirit of Capitalism*, 1976, p.72.
21. Ibidem, p.182.
22. Ibidem, p.84-6.

nástico. O puritanismo é mais rígido. Era antagônico em relação a muitas formas do tradicionalismo e de certa forma eliminou o ritual dentro da esfera religiosa; também foi hostil a todos os tipos de cultura sensorial.

É tentador ligar a discussão da ascese puritana de Weber à repressão psicológica, e muitos podem, realmente, tê-lo feito. O puritanismo – e, depois dele, o capitalismo como um sistema econômico – parecia poder maximizar a autonegação. Antes de tudo, a busca do ganho material por parte do empreendedor acompanha um estilo de vida frugal e um horror ao hedonismo. Na verdade, alguns comentaristas têm sugerido que, aproximadamente nos últimos três séculos, houve duas fases no desenvolvimento das instituições modernas. A primeira foi marcada pelo domínio da disciplina e da repressão; a segunda, por uma nova onda de hedonismo, talvez associada ao surgimento da sociedade de consumo.[23] Mas poderíamos interpretar as implicações da obra de Weber de uma maneira completamente diferente. O âmago do espírito capitalista não foi tanto a sua ética da negação, mas sua *urgência motivacional*, despojada das estruturas tradicionais que relacionavam o esforço com a moralidade.

    O capitalista, por assim dizer, foi preparado para a repetição, sem perceber muito bem – uma vez que a ética religiosa tradicional foi descartada – por que ele, ou os outros, tinham de enfrentar esta lida sem fim. Entretanto, esta foi uma motivação positiva; o sucesso trouxe mais prazer que dor. O hedonismo se distingue do prazer desfrutado mais ou menos da mesma maneira que o esforço do empreendedor difere do tradicionalismo econômico. Em outras palavras, quase por definição ele é também obsessivo: por isso, está muito mais intimamente relacionado aos aspectos sobre os quais Weber se concentrou do que pode parecer à primeira vista.

---

23. Ver, por exemplo, Bell, *The Cultural Contradictions of Capitalism*, 1979.

A modernidade como compulsiva: o que isso significa e quais são suas implicações? Embora as conexões necessitem ser expressas com maiores detalhes, assim como em relação a Freud estamos nos referindo aqui a uma *inclinação emocional para a repetição*, que é em grande parte inconsciente ou pouco compreendida pelo indivíduo em questão. O passado continua vivo, mas, em vez de ser reconstruído de modo ativo de acordo com a tradição, tende a dominar a ação quase de um modo semicausal. A compulsividade, quando socialmente generalizada, é, na verdade, *tradição sem tradicionalismo*: repetição que se põe no caminho da autonomia, em vez de estimulá-la.

Freud falou de obsessão ou compulsão; hoje em dia, falamos mais comumente de vícios. A diferença terminológica é importante e nos ajuda a trazer à tona o que está em questão. Comparemos o indivíduo anoréxico ao empreendedor de Weber. Ambos são orientados por uma ascese mundana. A anorexia, no entanto, é considerada uma patologia, e (pelo menos hoje em dia) está concentrada especialmente em mulheres jovens. De início, parece estranho considerar a anorexia um vício, porque ela parece mais uma forma de autonegação que uma "dependência" de substâncias que proporcionam prazer. Neste aspecto, entretanto, ela não é diferente do espírito capitalista e, por isso, se aplica aqui o que foi dito sobre o hedonismo. Em um mundo em que se pode ser viciado em qualquer coisa (drogas, álcool, café, mas também em trabalho, exercícios, esporte, cinema, sexo ou amor), a anorexia é um entre outros vícios relacionados à alimentação.

Tem sido dito que o vício "é qualquer coisa sobre a qual sentimos que temos de mentir".[24] Poder-se-ia dizer que é a repetição que perdeu sua conexão com a "verdade" da tradição; suas origens são obscuras para o indivíduo em questão, embora ele também

---

24. Schaeff, *Codependence: Misunderstood, Mistreated*, 1986, p.21.

possa mentir para os outros. Por isso, os alcoólicos frequentemente escondem seu vício até daqueles a quem são mais ligados, como parte da própria negação do fato a si mesmos. Segundo o autor supracitado (um terapeuta), o vício "nos mantém fora de contato conosco mesmos (nossos sentimentos, moralidade, consciência – nosso processo de vida)"; as relações do indivíduo com os outros também tendem a ser obsessivas, em vez de livremente iniciadas. Os "vícios ingestivos" (de alimentos ou substâncias químicas) podem ter uma base psicológica, mas o vício, antes de ser um fenômeno fisiológico, é um fenômeno social e psicológico. Por isso, no campo do alcoolismo, uma síndrome bastante conhecida é aquela do "bêbado a seco", uma pessoa que exibe a maior parte dos traços do alcoólico, apesar de não fazer uso da substância química. Muitas pessoas, pelo menos por algum tempo, tornam-se mais compulsivas em relação a seus padrões comportamentais depois de abandonar o álcool do que eram antes.[25]

Por que justapor o vício e a tradição? Há duas razões. Uma é nos concentrarmos nos traços compulsivos da modernidade como tal, questão à qual devemos retornar. A outra, mais importante nesta conjuntura, é que o tema do vício proporciona um esclarecimento inicial das características de uma ordem pós-tradicional. Nas sociedades pré-modernas, a tradição e a rotinização da conduta cotidiana estão intimamente relacionadas uma à outra. Na sociedade pós-tradicional, ao contrário, a rotinização torna-se vazia, a menos que esteja ajustada aos processos da reflexividade institucional. Não há lógica – ou autenticidade moral – em fazer hoje o que fizemos ontem; mas essas coisas são a verdadeira essência da tradição. O fato de hoje podermos nos tornar viciados em qualquer coisa – qualquer aspecto do estilo de vida – indica a real abrangência da dissolução da tradição (devemos acrescentar – e isso não

---

25. Ibidem, p.25-6.

é tão paradoxal quanto parece – "em sua forma tradicional"). O progresso do vício é uma característica substantivamente significante do universo social pós-moderno, mas é também um "índice negativo" do real processo da destradicionalização da sociedade.

Os conselheiros de família e de casal às vezes usam "genogramas" para ajudar os indivíduos a continuar juntos – ou a se separar. O genograma é muito parecido com o mapa que um antropólogo faz da linhagem de uma cultura tradicional, exceto pelo fato de se concentrar nas emoções. Ele delineia as ligações emocionais de, por exemplo, parceiros em um casamento ao longo do tempo, chegando até as gerações dos pais e dos avós. Supostamente, um genograma nos permite perceber como a vida emocional dos indivíduos, no presente, recapitula aquela das gerações passadas – e proporciona a possibilidade de se escapar proveitosamente dessa "herança".

Um terapeuta, escrevendo sobre a experiência com os genogramas, diz: "Eu me tornei cada vez mais consciente da tenacidade com que o passado busca sua expressão no presente".[26] Mais uma vez, a maior parte das conexões envolvidas são emocionais e inconscientes. Consideremos o caso de Tom e Laura, descrito por Maggie Scarf.[27] Scarf começou a construir um genograma para o casal, antes de tudo perguntando o que os atraía um no outro. Tom era uma pessoa que guardava para si suas emoções e acreditava que esta autossuficiência era uma das coisas que, desde o início, Laura achou atraente nele. Mas as ideias de Laura sobre o relacionamento enfatizavam a "sinceridade", a "abertura" e o "tornar-se vulnerável". Segundo Scarf, "era como se cada um deles houvesse encontrado, no outro, um aspecto perdido de algo que faltava em seu próprio ser interior". Cada um deles, inconscientemente, reconheceu uma necessidade complementar no ou-

---

26. Scarf, *Intimate Partners*, 1987, p.42.
27. Ibidem. As citações que se seguem pertencem a esta fonte.

tro – um deles de comunicação emocional e o outro de espírito de independência.

A repetição – revelada pela análise da família – com frequência é notavelmente literal. Assim, por exemplo, uma mulher, cuja criação foi afetada pelo fato de seu pai ter sido um alcoólico, casa-se com um homem que também vem a se tornar um alcoólico; talvez ela se divorcie dele, apenas para repetir um padrão similar. Mais comumente, o "modo de estar com o outro" repete o que foi transmitido do contexto familiar da infância. Como no caso da tradição, este não é um processo passivo, mas um processo ativo – embora em grande parte inconsciente –, atividade de recriação. Scarf observa:

> Em algum grau, grande ou pequeno, quando atingimos a condição adulta, a maioria de nós não deixou a infância para trás. No próprio processo de escolha de nossos companheiros, e de ser por eles escolhidos – e depois na elaboração de nossas vidas passadas, separadas, na vida que criamos juntos –, somos profundamente influenciados pelos padrões de ser que observamos e aprendemos desde muito cedo na vida e que vive dentro de nossas cabeças. Frequentemente não nos ocorre que possa haver *outras opções*, outros sistemas para se estar em um relacionamento íntimo, porque não compreendemos que *estamos* operando dentro de um sistema – um sistema que foi internalizado em nossas famílias originais. O que houve e o que conhecemos parece ser a "maneira de ser do mundo"; é a própria realidade.

A repetição é uma maneira de ficar no "único mundo que conhecemos", um meio de evitar a exposição a valores "estranhos" ou a maneiras de ser. Cada um dos pais de Laura havia sido casado antes, mas ela só descobriu isso aos vinte anos. A descoberta foi chocante; ela achou que eles a haviam enganado anteriormente. Embora aparentasse ser uma pessoa extrovertida, manteve uma atitude de reserva interna. Em seu relacionamento com o marido, parecia desejar uma completa intimidade e integridade, mas, na verdade, eles haviam feito um "arranjo" inconsciente. Quando ela fazia um movimento em direção à intimidade, ele reagia afirmando sua autonomia. Ela dependia dele para preservar a distância necessária entre ambos, e ao mesmo tempo ela expressava as emoções de uma maneira pública, coisa que ele não conseguia fazer. Ele enxergava seu próprio desejo de intimidade emocional com ela como uma necessidade *dela*, pois ele parecia emocionalmente autossuficiente.

Explorando o passado através das relações entre seus pais e avós, vieram à tona formas paralelas de simbiose – assim como muitas outras similaridades. Ambos tiveram pais bastante "velhos", que estavam com pouco mais de quarenta anos quando seus filhos nasceram. Cada um deles tinha um dos genitores sofrendo regularmente de depressão. Estes traços também remontavam a mais de uma geração. As relações entre seus pais eram "inversas" às deles, mas, por outro lado, paralelas. A mãe de Tom era a depressiva de sua família, enquanto no caso de Laura o depressivo era o pai. Tom tornou-se um "estranho", um "observador" em sua família, em que nenhum conflito ou ligação entre seus pais era abertamente reconhecido; Laura foi solicitada a expressar emoções que foram deslocadas para ela durante as cenas familiares.

Não estou preocupado aqui com o quanto pode ser esclarecedora a análise, pelo terapeuta, do relacionamento do casal, ou se os genogramas possuem qualquer validade como representações do passado. No que diz respeito à sociedade pós-tradicional, o que interessa é o que vou chamar de processo de *escavação* envolvido. A "escavação", como no trabalho arqueológico, é uma investigação e é também um abandono. Os ossos antigos são desenterrados e as conexões entre eles são estabelecidas, mas eles são também exumados e é realizada uma limpeza do local. Escavar significa cavar fundo, em uma tentativa de limpar os resíduos do passado.

Os fatores envolvidos são vários: primeiro, como já foi mencionado, quando a tradição é atenuada, o passado se transforma em inércia emocional. Segundo, como nas sociedades pré-modernas, no entanto, o passado não pode ser simplesmente apagado (embora alguns mecanismos psicológicos tenham este efeito), mas deve ser reconstruído no presente. Terceiro, o projeto reflexivo do eu, uma característica básica da vida cotidiana no mundo pós-tradicional, depende de uma quantidade significativa de autonomia emocional. Quarto, o protótipo da relação pessoal pós-tradicional – o relacionamento puro – depende da intimidade, de uma maneira em geral não característica dos contextos pré-modernos de interação social.[28] A sucessão das gerações é despida da importância crucial que teve nas ordens pré-modernas, como um dos meios mais fundamentais para a transmissão dos símbolos e práticas tradicionais.

Escolhas e decisões

Permitam-me ir um pouco mais adiante no tema da terapia. Os trabalhos terapêuticos quase sempre enfatizam a questão da escolha. Obviamente, a escolha tem algo a ver com a colonização do futuro em relação ao passado, e é o lado positivo de se chegar a um acordo com as emoções inertes deixadas pelas experiências passadas. "Quem é você e o que você quer?": a pergunta soa como o fundamental, em um individualismo ilusório. Mas há algo mais interessante do que este processo, que é essencialmente uma maneira de se enxergar o mundo social.

O que vem a seguir é apenas uma pequena amostra de uma longa lista de "escolhas" apresentada pelo autor:

Com quem você passa a maior parte do seu tempo
Quais são suas comidas preferidas

---

28. Giddens, *Modernity and Self-Identity*, 1991.

Qual é sua postura
Se você sorri muito ou pouco
Até que horas fica acordado à noite
Se você fuma
Se você é tagarela
Qual a pessoa que você mais admira
Até que ponto você é calmo
Como passa suas férias
Com que frequência você se desculpa
Se você é uma pessoa muito preocupada
Até que ponto você é paciente
Até que ponto você é feliz
Com quem conversa quando tem um problema
Se você toma café da manhã
Em quê você pensa antes de dormir, à noite[29]

Nos contextos pós-tradicionais, não temos outra escolha senão decidir como ser e como agir. Partindo desta perspectiva, até os vícios são escolhas: são modos de se enfrentar a multiplicidade de possibilidades que quase todos os aspectos da vida cotidiana, quando se olha da maneira adequada, oferecem. O terapeuta aconselha:

> Observe o que você pode fazer, começando em qualquer momento que decida, realizando escolhas *ativas* e conscientes todas as vezes que surgir a oportunidade. É o que fazemos com estas escolhas (e com muitas outras escolhas como essas) que irá determinar não somente até que ponto cada dia funciona bem para nós, mas também o sucesso que teremos em qualquer coisa que realizemos.[30]

A lógica é impecável; pois a escolha ativa certamente produz – ou é – autonomia. Sendo assim, por que o conselho de certa forma

---
29. Helmstetter: *Choices*, p.100-3. Esta é uma seleção de uma lista de cem escolhas do dia a dia no original.
30. Ibidem, p.104.

causa irritação? Uma razão pode ser uma objeção proveniente da psicanálise clássica. As escolhas são bloqueadas – ou programadas – por emoções inconscientes que não podem ser de início conjeturadas quando se apresentam números indefinidos de "opções". Dependendo de até que ponto se pressupõe que possam ser fixados os traços inconscientes, o genograma de uma pessoa poderia ser visto como determinando limites claros para opções factíveis. Por isso, considerar a vida cotidiana como um amálgama de escolhas livres insulta a realidade psicológica. Outra razão poderia ser a inevitabilidade da rotinização. A vida cotidiana seria impossível se não estabelecêssemos rotinas, e mesmo rotinas que nada são além de hábitos não podem ser totalmente opcionais: elas não seriam rotinas se – pelo menos durante períodos de tempo um tanto longos – as colocássemos efetivamente "fora de questão".

Há uma terceira razão, no entanto, relacionada à coação e ao poder. As escolhas que são constitutivas das opções do estilo de vida são muito frequentemente limitadas por fatores que estão fora do alcance do indivíduo ou dos indivíduos que elas afetam. As experiências do cotidiano, como as descrevi anteriormente, são maneiras de se lidar com as opções e, neste sentido, são certamente "ativas". Mas a natureza das opções em questão é evidentemente variável. Consideremos a questão dos cubos de gelo. As mudanças tecnológicas que se impõem sobre as vidas das pessoas são o resultado da penetração de sistemas abstratos, cujo caráter eles podem influenciar, mas não determinar. As mudanças dos desenhos das bandejas de cubos de gelo provavelmente responde de certa maneira à demanda do consumidor; mas o projeto das bandejas e sua construção são controlados por grandes corporações industriais bastante afastadas do controle do indivíduo leigo.

Sendo assim, se voltamos a nos referir à ordem pós-tradicional, temos de fazer uma distinção entre *escolhas* e *decisões*. Muitas de nossas atividades cotidianas, na verdade, tornaram-se abertas à escolha ou, ao contrário, como já expressei anteriormente, a escolha tornou-se obrigatória. Esta é uma tese importante sobre a vida cotidiana atual. Analiticamente, é mais preciso afirmar que todas as áreas da atividade social vêm a ser governadas por decisões – com frequência, mas não universalmente, desenvolvidas com base em exigências de conhecimento especializado de um tipo ou de outro. Quem toma essas decisões, e como, é fundamentalmente uma questão de poder. Uma decisão, é claro, é sempre escolha de alguém e, em geral, todas as escolhas, mesmo aquelas dos mais pobres ou aparentemente impotentes, sofrem refração das relações de poder preexistentes. Por isso, a abertura da vida social à tomada de decisão não deve ser identificada *ipso facto* com o pluralismo; é também um meio de poder e de estratificação. Os exemplos são inúmeros e abrangem toda a gama da atividade social, desde características minúsculas da vida cotidiana até os sistemas globais.

A natureza e a tradição como complementares

Com respeito à progressão da tomada de decisão, vemos um paralelo direto entre a tradição e a natureza – um paralelo muito importante. Nas sociedades pré-modernas, a tradição proporcionou um horizonte de ação relativamente fixo. A tradição, como tem sido enfatizado, envolve processos ativos de reconstrução, particularmente quando filtrados por seus guardiães. É comum considerar-se a tradição como intrinsecamente conservadora, mas em vez disso podemos dizer que ela transforma muitas coisas externas em atividade humana. A verdade formular, associada à influência estabilizadora do ritual, interdita uma variedade indefinida de possibilidades. A tradição como natureza, a natureza como tradição: esta equivalência não é tão extrema quanto pode parecer. O que é "natural" é o que permanece fora do escopo da intervenção humana. A "natureza" na era moderna entrou em contraste com a cidade; é equivalente a "campo" e muito frequentemente tem a conotação de uma cena idílica rural:

> Oh there is a blessing in this gentle breeze
> A visitant that while it fans my cheek
> Doth seem half-conscious of the joy it brings
> From the green fields, and from yon azure sky.
> Whate'er its mission, the soft breeze can come
> To more grateful than me; escaped
> From the vast city, where I long had pined
> A discontented sojourner.[31]

Há algum sentido nesse uso. "Natureza" significa aquilo que fica imperturbado, aquilo que é criado independentemente da atividade humana. De um lado, a imagem é absolutamente falsa, pois o campo é a natureza subordinada aos planos humanos. Mas "natureza", neste sentido, realmente preserva traços há muito tempo associados à sua separação da intervenção humana. Em muitas tradições, é claro, a natureza foi personalizada; era o domínio de deuses, espíritos ou demônios. Entretanto, seria equivocado considerar o animismo ou outras perspectivas comparáveis como uma mistura de mundos humano e natural. Ao contrário, a personalização da natureza expressou sua própria independência dos seres humanos, uma fonte de mudança e renovação separada

---

31. Wordsworth, *The Prelude*, Livro Um, linhas 1-8. [Oh, há uma prece nesta brisa suave / Um visitante que enquanto abana meu rosto / Parece semiconsciente da alegria que proporciona / Dos campos verdes, e do seu céu azul-celeste. Seja qual for sua missão, a brisa suave pode chegar / A ser mais agradecida que eu; escapou / Da cidade grande, onde há tanto tempo tenho definhado / Como um hóspede descontente. (Tradução livre.)]

da humanidade, mas com uma profunda influência sobre as vidas humanas. Se a natureza era determinada por decisões, estas não eram humanas.

Uma maneira de ler a história humana, desde a época da ascensão da agricultura, e particularmente das grandes civilizações, em diante, é como destruição progressiva do ambiente físico. Na época atual, a ecologia ambiental surgiu especialmente como uma resposta à percepção da destrutividade humana. Mas o verdadeiro conceito de "meio ambiente" – em comparação com "natureza" – aponta para uma transição mais profunda. O meio ambiente, que parece não ser mais que um parâmetro independente da existência humana, realmente é o seu oposto: a natureza completamente transfigurada pela intervenção humana. Só começamos a falar sobre o "meio ambiente" uma vez que a natureza, assim como a tradição, foi dissolvida. Hoje em dia, entre todos os outros términos, podemos falar – em um sentido real – do fim da natureza,[32] uma maneira de nos referirmos à sua completa socialização.

A socialização da natureza significa muito mais que apenas o fato de o mundo natural estar sendo cada vez mais marcado pela humanidade. A ação humana, como já foi mencionado, há muito deixou sua marca no ambiente físico. A própria invenção da agricultura significa limpar o ecossistema natural de forma a criar um hábitat onde os humanos possam plantar ou criar animais da maneira que quiserem. Muitas paisagens familiares que consideramos como "beleza natural", tais como algumas do Sul da Grécia, foram, na verdade, criadas pela erosão do solo após o cultivo da terra nos tempos antigos. Antes ainda, os sumérios, inventores da civilização agrária, destruíram a própria terra em que trabalharam para torná-la fértil.[33]

---

32. McKibben, *The End of Nature*, 1989.
33. Ponting, *A Green History of the World*, 1991, cap.5.

Até os tempos modernos, no entanto, a natureza permaneceu primordialmente um sistema externo que dominava a atividade humana, e não o contrário. Mesmo nas mais sofisticadas civilizações hidráulicas, as inundações ou secas eram comuns; uma colheita ruim podia produzir devastação. O risco aqui é do tipo antigo. Os desastres naturais obviamente ainda ocorrem, mas a socialização da natureza, nos dias de hoje, significa que muitos sistemas naturais primitivos são agora produtos da tomada de decisão humana. A preocupação com o aquecimento global provém do fato de que o clima da terra não segue mais uma ordem natural. Se realmente está ocorrendo o aquecimento global, ele é resultado das quantidades extras de "gases estufa" que foram adicionados à atmosfera durante um período não maior que duzentos anos. O consumo de energia aumentou cerca de trezentas vezes, apenas no século XX; o combustível queimado para proporcionar a energia libera dióxido de carbono para a atmosfera. Uma redução concomitante nos "esgotos" naturais do mundo, que podem absorver o dióxido de carbono, exacerbou este efeito. A consequência geral disso, ainda que a tese do aquecimento se mostre equivocada, é a criação de novos tipos de efeitos de realimentação e influências sistêmicas.

O Painel Internacional sobre a Mudança do Clima estabeleceu quatro "cenários" de emissões possíveis e tentou determinar as implicações de cada um deles.[34] No cenário dos "negócios de sempre", onde não há muita mudança em relação ao que parece ser a tendência do momento, a quantidade de dióxido de carbono presente na atmosfera deverá dobrar, em cerca de vinte anos, no início do próximo século. A introdução de restrições muito severas – cenário um – estabilizaria o nível; em cada um dos outros cenários, o nível de aumento seria geométrico. Trata-se apenas disso – cenários – que poderiam influenciar reflexivamente aquilo

---

34. Broome, *Counting the Cost of Global Warming*, 1992.

a que dizem respeito. Entretanto, nenhum deles prevê uma reversão. Ou seja, daí em diante, e no futuro previsível, apesar de todas as imponderabilidades, estaremos lidando com uma ordem mais humana que natural.

Alguns têm dito que a verdadeira história da natureza inanimada, tão importante para a perspectiva e tecnologia do Ocidente moderno, deve ser atualmente rejeitada. Por isso, Rupert Sheldrake sugeriu que "uma vez mais faz sentido pensar na natureza como ser vivente"; poderíamos pensar em "todo o cosmos" como "mais parecido com um organismo em desenvolvimento que com uma máquina externa".[35] Ele conecta este processo especificamente com o renascimento da tradição e do ritual, assim como com uma exploração da religião. "Vários ocidentais, inclusive eu, rejeitaram a religião cristã e, em lugar disso, exploraram as tradições religiosas do Oriente, particularmente o hinduísmo e o budismo; outros tentaram reviver aspectos do paganismo pré-cristão e da religião da deusa."[36] Quer essas ideias e inclinações se tornem ou não difundidas, um processo de seleção desse tipo não é um redespertar da tradição, mas algo novo. É a adoção da tradição como sendo em si uma decisão de estilo de vida; e nenhuma tentativa para reanimar a natureza vai reintroduzir a natureza como ela era anteriormente.

A "externalidade" da natureza nos tempos pré-modernos não incluía somente o ambiente físico. Também dizia respeito ao corpo e, em íntima conjunção com a tradição, a qualquer coisa que existisse como parte da "natureza humana". Todas as culturas têm tido sistemas de medicina e regimes de treinamento corporal. Mas na era moderna o corpo e seus processos fisiológicos têm sido muito mais profundamente invadidos que antes. Em parte

---

35. Sheldrake, *The Rebirth of Nature*, 1990, p.153.
36. Ibidem, p.154.

alguma isso é mais evidente que na esfera da reprodução. Aqui, da mesma forma que em muitas outras áreas, os efeitos da destradicionalização e da tecnologia misturam-se muito intimamente. A decisão de se ter apenas poucos filhos, por exemplo, uma modificação demográfica de grande importância nas sociedades modernas do século XIX e início do século XX, foi parte da dissolução dos sistemas familiares tradicionais, e não um resultado de mudanças nas tecnologias da contracepção.

As mudanças técnicas, no entanto, juntamente com outras inovações das tecnologias reprodutivas, fragmentaram radicalmente a "natureza externa". A fertilização *in vitro* e o transplante de embriões proporcionam bons exemplos. Não somente um indivíduo ou um casal podem ter uma criança sem ter relação sexual, tornando assim uma realidade a gravidez de uma virgem, mas várias novas possibilidades – e dilemas – se abrem em relação às categorias e identidades de parentesco estabelecidas.

A tradição contextual

A tradição é contextual no sentido de ser garantida por uma combinação de ritual e verdade formular. Separada deles, a tradição degenera em costume ou hábito. A tradição é impensável sem guardiães, porque estes têm um acesso privilegiado à verdade; a verdade não pode ser demonstrada, salvo na medida em que se manifesta nas interpretações e práticas dos guardiães. O sacerdote, ou xamã, pode reivindicar ser não mais que o porta--voz dos deuses, mas suas ações *de facto* definem o que as tradições realmente são. As tradições seculares consideram seus guardiães como aquelas pessoas relacionadas ao sagrado; os líderes políticos falam a linguagem da tradição quando reivindicam o mesmo tipo de acesso à verdade formular.

É também a conexão entre ritual e verdade formular o que confere às tradições suas qualidades de exclusão. A tradição sempre discrimina entre o "iniciado" e o "outro", porque a participação no ritual e a aceitação da verdade formular são condições para sua existência. O "outro" é todo e qualquer um que esteja de fora. Pode-se dizer que tradições praticamente exigem que se seja separado dos demais, uma vez que ser um iniciado é crucial para o seu caráter.

Por isso, a tradição é um meio de identidade. Seja pessoal ou coletiva, a identidade pressupõe significado; mas também pressupõe o processo constante de recapitulação e reinterpretação observado anteriormente. A identidade é a criação da constância através do tempo, a verdadeira união do passado com um futuro antecipado. Em todas as sociedades, a manutenção da identidade pessoal, e sua conexão com identidades sociais mais amplas, é um requisito primordial de segurança ontológica. Esta preocupação psicológica é uma das principais forças que permitem às tradições criarem ligações emocionais tão fortes por parte do "crente". As ameaças à integridade das tradições são, muito frequentemente, se não universalmente, experimentadas como ameaças à integridade do eu.

É óbvio que mesmo na mais tradicional das sociedades nem todas as coisas são tradicionais. Muitas habilidades e tarefas, particularmente aquelas mais afastadas das ocasiões rituais ou cerimoniais, são formas de "especialidade secular". Essas habilidades e tarefas podem muitas vezes ser informadas por reivindicações para se generalizar o conhecimento, considerado como possível revisão à luz de nova experiência ou de condições mutáveis de operação. Malinowski já mostrava isso muitos anos atrás. Mas a maioria das tarefas exige habilidades; elas são ensinadas pela aprendizagem e pelo exemplo, e os apelos ao conhecimento que elas incorporam são protegidos como arcanos e esotéricos. A mística exige iniciação por parte do recém-iniciado. Por isso, as pessoas dotadas de habilidades especiais são, na verdade, muitas vezes guardiães, mesmo que essas habilidades sejam mantidas relativamente separadas das aparições mais abertamente tradicionais da sociedade. Entre os !Kung, por exemplo, caçar é uma habilidade desenvolvida pela prática durante muitos anos, protegida mas não estruturada pelos ritos de iniciação. Um homem !Kung pode identificar qualquer espécie local através de suas pegadas na areia; com base nelas ele pode deduzir seu sexo, idade, a rapidez com que está se deslocando, se é ou não saudável e há quanto tempo passou por aquela área.[37]

A tradição implica uma visão privilegiada do tempo; mas também tende a exigir o mesmo do espaço. É o espaço privilegiado que mantém as diferenças das crenças e práticas tradicionais. A tradição é sempre, em algum sentido, enraizada nos contextos da origem ou dos locais centrais. As sociedades de caça e coleta podem não ter um local fixo de reunião, mas a área dentro da qual o grupo circula está, em geral, harmonizada com qualidades sagradas. No outro extremo, as "grandes tradições" criaram diásporas culturais que abarcam áreas muito extensas; o cristianismo pré-moderno ou o islamismo, por exemplo, cobriram enormes regiões geográficas. Mas essas diásporas permaneceram centralizadas, seja em um ponto isolado de origem – Roma, Meca – ou em uma série de locais sagrados.

As "religiões da salvação" conectavam o local privilegiado a limites culturais absolutamente impermeáveis entre os iniciados e os não iniciados. Ou se é crente ou se é pagão. Outras "grandes tradições", mais especialmente as "religiões exemplares" do Oriente, como o budismo ou o hinduísmo, tinham mais zonas indistintas de inclusão e exclusão. Mas a relação entre a tradição e a identidade sempre tornou as categorias de amigo e estranho (não necessariamente inimigo) extremas e distintas. Robert Michels, por exemplo,

---

37. Lee, The Dobe !Kung, p.47-8.

disse que o estranho é o representante do desconhecido. Embora possa parecer que a categoria do estranho dependa da segmentação territorial dos sistemas sociais pré-modernos, na verdade ela resulta mais do caráter privilegiado e separatista de identidades tradicionalmente conferidas. O desconhecido é aquele espaço culturalmente definido que demarca o exterior do mundo "familiar", estruturado pelas tradições com que a coletividade se identifica.

Desse modo, a tradição proporcionava uma âncora para aquela "confiança básica" tão fundamental para a continuidade da identidade; era também o mecanismo orientador de outras relações de confiança. A definição de Georg Simmel do estranho é um pouco diferente daquela de Michels; estranho é alguém "que vem hoje e permanece amanhã".[38] O estranho, em outras palavras, não é apenas alguém que pertence ao "mundo desconhecido fora daqui", mas uma pessoa que, por permanecer, obriga os habitantes locais a tomar uma posição. É preciso estabelecer se o estranho é ou não um "amigo", se ele ou ela não vai embora novamente – o que não é o mesmo que aceitar o estranho como alguém da comunidade, um processo que pode levar muitos anos, ou mesmo nunca acontecer. O estranho, como já se observou, é alguém que

> não pertencia ao mundo existencial "inicialmente", "originalmente", "desde o início", "desde tempos imemoriais", e por isso questiona a extemporalidade do mundo existencial, coloca em destaque a "mera historicidade" da existência. A memória do acontecimento da sua chegada torna sua própria presença um acontecimento na história, mais que um fato da natureza ... Embora protegida, a permanência do estranho é temporária – uma infração da divisão que deve ser mantida intacta e preservada em nome da existência protegida e metódica.[39]

---

38. Simmel, The Stranger, in: *On Individuality and Social Forms*, 1971, p.143. Sobre esta questão, ver também uma importante discussão em Bauman, *Modernity and Ambivalence*, 1991, p.56-61.
39. Bauman, *Modernity and Ambivalence*, p.60.

O problema é: em que circunstâncias se pode confiar no estranho? A tradição e os elementos estruturais nisso envolvidos (como os laços de parentesco) sustentam as redes de relações sociais enquanto a confiança vai se estabelecendo. A "familiaridade" é a tônica da confiança, que com frequência é mantida por seus próprios rituais. O ritual é importante para a confiança porque fornece a evidência da comunidade cultural compartilhada, e também porque a participação representa algo de um compromisso público que mais tarde é dificilmente revertido. Nas sociedades pré-modernas, a extensão da confiança para estranhos recentemente conhecidos em geral assume a forma de uma extensão do "familiar", ou mediante encontros rituais ou pela descoberta de relações de parentesco.[40] Pode-se confiar em uma pessoa, pelo menos provisoriamente, se algum tipo de relação de parentesco, ainda que muito remota, for identificada. Instituições como o anel do Kula mantêm a confiança entre as diferentes comunidades envolvidas através de rituais, mas o ritual é também apoiado pela criação mais ou menos deliberada de elos de parentesco.

Como Hans-Georg Gadamer muito corretamente enfatizou, a tradição está intimamente relacionada à autoridade. "Autoridade" tem um duplo sentido: é a autoridade que um indivíduo ou grupo tem sobre os outros, a capacidade de formular normas de vinculação; entretanto, significa também um ponto de referência do conhecimento. Às vezes, os dois acabam por se misturar, por uma questão de ideologia, ou como um meio de poder impessoal; dir-se-á de uma ordem oficial, "emitida pela autoridade". Por outro lado, quando um indivíduo, por qualquer razão, perde a aura que a autoridade confere, ele ou ela é tratado como charlatão. Por isso, os dois são inevitavelmente interdependentes. Uma pessoa que exerce uma autoridade efetiva mantém a aura da "autoridade" em

---

40. Weber, *Economy and Society*, 1978, v.I, p.226-7.

seu sentido mais impessoal; da mesma forma, é claro, a "autoridade" deve assumir as formas empíricas da apresentação de normas ou julgamentos por parte de indivíduos específicos.

Guardiães e especialistas

Em geral, podemos fazer uma distinção entre governantes ou funcionários (que dão as ordens) e guardiães (que fornecem as interpretações), embora as duas categorias estejam muito frequentemente misturadas na mesma pessoa. Max Weber estava muito preocupado com o papel da especialidade nas sociedades modernas, mas os contrastes que ele estabelece entre tradição e especialidade tinham a ver primordialmente com a legitimidade dos sistemas de autoridade. Estes sistemas, discutidos por ele através da categoria "autoridade tradicional", referem-se aos governantes mais do que aos guardiães, salvo no contexto de sua sociologia da religião. A autoridade tradicional está onde "os mestres são designados segundo regras tradicionais e obedecidos em razão do *status* tradicional". A confiança é gerada não somente por essas regras tradicionais, mas pela lealdade pessoal. O indivíduo que tem autoridade sobre outros é, nas palavras de Weber, um "mestre pessoal", e não um superior, razão pela qual a autoridade tradicional não pode ser compreendida nos termos dos "procedimentos formais". As regras tradicionais raras vezes são claramente especificadas e elas sempre permitem ao mestre uma área ampla de liberdade para fazer o que ele gosta; ele é livre para fazer favores a seus subordinados, em troca de presentes ou de obrigações. Funcionários domésticos e favoritos da família estão frequentemente ligados ao governante de uma maneira patrimonial, como escravos ou dependentes.

Nas culturas tradicionais, entretanto, a autoridade, em seu sentido mais genérico, é o território dos guardiães, e sobre isso

Weber fala pouco. Aqueles que detêm autoridade – ou efetivamente "são" autoridade – agem ou são dessa maneira em virtude do seu acesso especial aos poderes causais da verdade formular. "Sabedoria" é o termo característico a ser aqui aplicado. A pessoa detentora do saber ou sábia é o repositório da tradição, cujas qualidades especiais originam-se daquele longo aprendizado que cria habilidades e estados de graça. A autoridade, em seu significado genérico, é claramente um fenômeno produzido. Seja qual for o grau de confiança que possa decorrer da lealdade pessoal, a estabilidade da liderança tradicional depende de uma maneira muito mais integral do acesso a símbolos que perpetuam a "aura" necessária. Segundo Weber, os governantes podem depender dos seus sábios, os reis de seus sacerdotes, porque em alguma medida os mestres possuem um poder secular maior; mas se a influência dos guardiães da tradição fosse banida, o poder de um chefe ou de um príncipe rapidamente terminaria.

Como Weber dá muita ênfase à dominação, quando contrasta a autoridade tradicional com formas mais modernas de autoridade, concentra-se particularmente na autoridade "racional-legal". Em outras palavras, a dominação do especialista é, em grande parte, comparável à substituição do patrimonialismo pela burocracia. O protótipo do especialista é o funcionário burocrático, realizando os deveres especializados de sua função; a versão puritana da vocação é parte integrante nessa tradição. Esta interpretação dá origem ao pesadelo de Weber de um mundo aprisionado na "jaula de ferro" da dominação burocrática.

A autoridade racional-legal apoia-se em "uma crença na legalidade das normas em vigor e no direito daqueles que foram alçados à autoridade, sob essas normas, para formular as ordens".[41] A lealdade pessoal é minimizada quando comparada ao proces-

---

41. Ibidem, p.215.

so característico da lei ou do procedimento formal. A instituição fundamental da autoridade racional-legal é a organização burocrática; a disciplina e o controle são característicos da conduta do funcionário e da organização como um todo.

O contraste que Weber estabelece entre autoridade tradicional e autoridade racional-legal teve, com justiça, grande influência, como também, evidentemente, sua teoria da burocracia. Mas seu pesadelo burocrático não aconteceu e não é óbvio que o "funcionário" seja quer a figura dominante da época, quer o autocrata anônimo cujo poder difuso Weber temia. A compulsividade que Weber descobriu na ética puritana não está associada a uma "sociedade disciplinar" – nem à maneira de Weber nem à de Foucault – mas a algo diferente.

Aqui, precisamos separar o especialista do funcionário. Os funcionários são especialistas, em um sentido mais amplo do termo, mas a especialização, no contexto da ordem social moderna, é um fenômeno mais penetrante do que o do funcionalismo. Não devemos igualar especialistas e profissionais. Um especialista é qualquer indivíduo que pode utilizar com sucesso habilidades específicas ou tipos de conhecimento que o leigo não possui. "Especialista" e "leigo" têm de ser entendidos como termos contextualmente relativos. Há muitos tipos de especializações, e o que conta em qualquer situação em que o especialista e o leigo se confrontam é um desequilíbrio nas habilidades ou na informação que – para um determinado campo de ação – torna alguém uma "autoridade" em relação ao outro.

Quando comparamos tradição com especialização, encontramos diferenças importantes, como no caso da comparação entre guardiães e especialistas. Para os propósitos desta discussão, podemos resumi-los da seguinte maneira: primeiro, a especialização é desincorporadora; em contraste com a tradição, em um sentido fundamental não tem local determinado e é descentralizada. Segundo, a especialização não está ligada à verdade formular, mas a uma crença na possibilidade de correção do conhecimento, uma crença que depende de um ceticismo metódico. Terceiro, o acúmulo de conhecimento especializado envolve processos intrínsecos de especialização. Quarto, a confiança em sistemas abstratos, ou em especialistas, não pode ser imediatamente gerada por meio de sabedoria esotérica. Quinto, a especialização interage com a reflexividade institucional crescente, de tal forma que ocorrem processos regulares de perda e reapropriação de habilidades e conhecimento do dia a dia.

Pelo menos em seu aspecto moderno, a especialização está, em princípio, desprovida de vinculações locais. De uma maneira típica ideal, poderia ser dito que todas as formas de "conhecimento local" sob a regra da especialização tornam-se recombinações locais de conhecimento derivado de outros lugares. Obviamente, na prática as coisas são mais complicadas, em razão da importância continuada dos hábitos, costumes ou tradições locais. A natureza descentralizada da especialização deriva dos traços que Weber enfatiza, com exceção daqueles que não dizem respeito apenas aos procedimentos racionais-legais. Ou seja, a especialização é mutável, desincorporadora, porque se baseia em princípios impessoais, que podem ser determinados e desenvolvidos independentemente do contexto. Dizer isso não é minimizar a importância da arte ou do talento, mas essas são qualidades do especialista específico, e não do sistema de especialistas em si.

O caráter descentralizado da especialização não impede a existência de "centros de autoridade", como as associações de profissionais ou as corporações que conferem diplomas; mas sua relação com as reivindicações de conhecimento que elas buscam influenciar ou regular é muito diferente daquela dos centros de tradição com respeito à verdade formular. Embora isso nem sempre ocorra na prática, em princípio, seu papel é proteger a própria imparcialidade do conhecimento codificado. Por isso, a especialização pode, de várias maneiras, não corresponder à formação das hierarquias burocráticas que Weber tanto enfatizou. Tornou-se lugar-comum dizer o mesmo sobre o papel dos profissionais, cujas filiações globais não podem ser inseridas dentro da hierarquia de comando da organização. Entretanto, o fenômeno vai bem além deste exemplo. Em virtude de sua forma móvel, a especialização é tão destruidora das hierarquias de autoridade quanto uma influência estabilizadora. Na verdade, as regras burocráticas formais tendem a negar essa própria abertura à inovação, que é o selo de garantia da especialização; elas transformam *habilidades* em *deveres*.

Os mecanismos de desincorporação dependem de duas condições: o abandono do conteúdo tradicional, ou costumeiro dos contextos locais de ação, e a reorganização das relações sociais através de faixas de tempo e espaço. Os processos causais pelos quais ocorre a desincorporação são muitos, mas não é difícil entender por que a formação e a evolução dos sistemas de especialização são tão fundamentais para ela. Os sistemas de especialização descontextualizam-se como consequência intrínseca do caráter impessoal e contingente de suas regras de aquisição de conhecimento; como sistemas descentrados, "abrem-se" a qualquer pessoa que tenha tempo, recursos e talento para captá-los; eles podem, dessa forma, estar alocados em qualquer lugar. O local não é, de maneira alguma, uma qualidade relevante para a sua validade; e os próprios locais, como veremos adiante, assumem uma significação diferente dos locais tradicionais.[42]

Sabedoria e especialização

Nos contextos pré-modernos havia vários tipos de comunicação, mas também de disputa, entre os diversos guardiães da tra-

---

42. Agnew, *Place and Politics*, 1987.

dição. As disputas de interpretação eram extremamente comuns, e a maior parte dos símbolos e práticas tradicionais, mesmo nas culturas pequenas, tinha tendências fissíparas fortemente definidas. Entretanto, a diferença na interpretação de um dogma não equivale às disputas relacionadas ao conhecimento especializado (ou, como deve ser sempre enfatizado aqui, reivindicações de conhecimento). O "estado natural" da tradição é, por assim dizer, *deferência*. As tradições existem na medida em que são separadas de outras tradições, de modos de vida de comunidades separadas ou estranhas. O especialista provê o conhecimento universalizador. Frequentemente, os especialistas tendem a discordar, não somente porque podem ter sido instruídos em variadas escolas de pensamento, mas porque o desacordo ou a crítica é o *motor* do seu empreendimento.

Às vezes falamos – não sem razão – de "tradições de pensamento" no estudo acadêmico, na ciência e em outras áreas importantes para a distribuição do conhecimento especializado. Em sua percepção, Gadamer chegou a fazer da tradição a origem de todas as formas de compreensão linguística. O debate sobre as "pressuposições" e a importância de se trabalhar dentro de perspectivas relativamente fixas passou para a filosofia da ciência. Mas o uso da "tradição" para descrever essas perspectivas, embora bastante justificável à primeira vista, é claramente elíptico. A combinação de ceticismo e universalismo, que caracteriza os modos modernos de investigação, assegura que as tradições de pensamento são compreendidas, tanto pelo simpatizante quanto pelo crítico, como relativamente arbitrárias. Os especialistas instruídos em uma abordagem particular podem frequentemente ser críticos ou negligenciar os pontos de vista daqueles formados em outras; mas até a crítica das suposições mais básicas de uma perspectiva não é apenas estimulada, mas solicitada, esperada e respondida.

Na opinião de Popper, a questão não é apenas o fato de tudo estar aberto à dúvida, pois isso não é fundamental apenas na investigação intelectual, mas na vida cotidiana, em condições de modernidade. É a mistura de *ceticismo* e *universalismo* que proporciona às disputas dos especialistas sua característica peculiar. Os especialistas discordam, não apenas porque estão defendendo posições preestabelecidas diferentes, mas porque, na verdade, pretendem superar essas diferenças. Aqui, o pluralismo tem uma forma diferente da diversidade cultural dos sistemas pré-modernos e está claramente relacionado a princípios amplos de democratização. Os especialistas frequentemente discordam, mas, dentro dos interesses do universalismo, isso conduz a um discurso público. Esse discurso é ao mesmo tempo um meio e um produto da conjunção entre crítica e universalismo.

Tanto para o especialista como para o leigo, os desconfortos têm a mesma origem. Supõe-se que o conhecimento especializado e o acúmulo geral de especialização proporcionam uma certeza crescente em relação a como o mundo é, mas a verdadeira condição dessa certeza – sem querer ser muito exato – é duvidosa. Durante muito tempo, as tensões inerentes a essa situação foram mascaradas pelo *status* de distinção que a ciência, compreendida de uma maneira específica, desfrutou nas sociedades modernas – além da dominação mais ou menos inquestionada do Ocidente sobre o resto do mundo. Além disso, a própria persistência da tradição, especialmente nos contextos da vida cotidiana, obsta os processos de esvaziamento que atualmente se tornaram muito avançados. Enquanto as tradições e os costumes eram amplamente mantidos, os especialistas eram pessoas que podiam estar voltadas para certas conjunturas necessárias; e, pelo menos na visão do público, a ciência, na verdade, não era muito diferente da tradição – genericamente, uma fonte monolítica de "autoridade". As diferenças entre os guardiães e os especialistas eram muito menos óbvias do que vieram a se tornar a partir daí.

Uma cultura não tradicional dispensa as autoridades últimas, mas a importância disso para a vida cotidiana era, antes de tudo, silenciada pelos fatores acima descritos. Mesmo para aqueles que trabalham em disciplinas intelectuais, a "ciência" estava investida da autoridade de suprema corte. O que parece ser atualmente uma questão puramente intelectual – o fato de todas as reivindicações de conhecimento, despojadas da verdade formular, serem possíveis de correção (incluindo quaisquer metadeclarações feitas a respeito deles) – tornou-se uma condição existencial nas sociedades modernas. As consequências para o indivíduo leigo, assim como para a cultura como um todo, são ao mesmo tempo liberadoras e perturbadoras. Liberadoras, pois a obediência a uma única fonte de autoridade é opressiva; provocadora de ansiedade, porque o chão desaparece sob os pés do indivíduo. Segundo Popper, a ciência é construída sobre areia movediça; não tem nenhum fundamento estável. Entretanto, atualmente não é apenas à investigação científica que esta metáfora se aplica, mas, em maior ou menor grau, a toda a vida cotidiana.

Viver em um mundo de autoridades múltiplas, uma circunstância às vezes erroneamente referida como pós-modernidade, teve muitas consequências para todas as tentativas de confinar o risco à concepção estreita já mencionada, seja com respeito ao curso de vida do indivíduo, seja em relação às tentativas coletivas de colonizar o futuro. Como não há superespecialistas a quem recorrer, a margem de risco tem de incluir o risco de quais especialistas consultar, ou cuja autoridade deve ser considerada como unificadora. O debate sobre o aquecimento global é um entre uma variedade infinita de exemplos que poderiam ser citados. O próprio ceticismo, que é a força propulsora do conhecimento especializado, pode conduzir, em alguns contextos – ou em alguns grupos – a um desencantamento em relação a todos os especialistas; esta é uma das linhas de tensão entre especialidade e tradição (também entre hábito e compulsão).

A ciência perdeu boa parte da aura de autoridade que um dia possuiu. De certa forma, isso provavelmente é resultado da desilusão com os benefícios que, associados à tecnologia, ela alega ter trazido para a humanidade. Duas guerras mundiais, a invenção de armas de guerra terrivelmente destrutivas, a crise ecológica global e outros desenvolvimentos do presente século poderiam esfriar o ardor até dos mais otimistas defensores do progresso por meio da investigação científica desenfreada. Mas a ciência pode – e na verdade deve – ser encarada como problemática nos termos de suas próprias premissas. O princípio "nada é sagrado" é em si um princípio universalizado, que não isenta nem a aclamada autoridade da ciência.

Um equilíbrio entre ceticismo e compromisso é muito difícil de ser alcançado na filosofia da ciência, na qual ele é discutido o tempo todo; por isso, certamente não surpreende descobrir que esse equilíbrio é ilusório quando buscado em contextos práticos da vida cotidiana. Mais uma vez, isto é tão verdadeiro em relação aos esforços coletivos da humanidade no confronto com os problemas globais, quanto o é em relação ao indivíduo que busca colonizar um futuro pessoal. Como um leigo pode se manter atualizado – ou se reconciliar – com as diversas teorias sobre, por exemplo, a influência da dieta sobre a saúde a longo prazo? Algumas descobertas são, em determinadas épocas, muito bem estabelecidas e é sensato segui-las; por exemplo, deixar de fumar quase certamente reduz a chance de se contrair uma série específica de enfermidades sérias. Mas, apenas quarenta anos atrás, muitos médicos recomendavam o fumo como um meio de aumentar o relaxamento mental e corporal. Muitas formas de conhecimento científico, particularmente quando elas são consideradas em conjunto com tecnologias observáveis, são relativamente seguras; a areia movediça está nivelada com um pouco de concreto. Todavia, tudo deve ser, a princípio, considerado sujeito a questionamento e, a cada momento, um quebra-cabeça de solicitações rivais, teóricas e práticas pode ser encontrado nas áreas "movediças" do conhecimento.

Nas condições sociais modernas, todos os *experts* são especialistas. A especialização é intrínseca a um mundo de alta reflexividade, onde o conhecimento local é informação reincorporada, derivada de sistemas abstratos de um ou de outro tipo. Não há um movimento de uma só direção rumo à especialização; todos os tipos de generalismos se apoiam sobre a divisão do trabalho especializado. Um exemplo disso poderia ser o clínico geral no campo da medicina; ele é um não especialista em termos médicos, e seu papel é saber se um paciente precisa ou não de um especialista, e, se precisar, de que tipo. Mas um clínico "geral" evidentemente é um especialista se comparado às pessoas leigas.

É de fundamental importância reconhecer que todos os especialistas transformam-se em membros do público leigo quando confrontados com a vasta série de sistemas abstratos e com as diversas arenas de especialidade que atualmente afetam nossas vidas. Isto é mais do que uma simples expansão da divisão de trabalho em geral. Os guardiães da tradição tinham suas especialidades; as habilidades e a posição do artesão, por exemplo, eram geralmente bastante distintas daquelas do sacerdote. Entretanto, os guardiães especialistas nunca se tornavam simples "pessoas leigas". A posse da sua "sabedoria" dava-lhes um *status* distinto e generalizado na comunidade, como um todo. Em contraste com a sabedoria, a "competência" está especificamente ligada à especialização. A competência de uma pessoa como um especialista é contígua à sua especialidade. Consequentemente, embora algumas formas de especialização possam ter mais aceitação na opinião pública, o *status* de uma pessoa dentro de um sistema abstrato pode não servir para nada em outro sistema.

Esta situação influencia decisivamente a natureza das relações de confiança entre os especialistas e os indivíduos leigos, assim como a confiança nos sistemas abstratos, encabeçados pelos especialistas. A confiança não depende mais de um respeito pela "relação causal" que se acreditava vincular um guardião e a verdade formular. As habilidades ou o conhecimento possuído pelos especialistas só são esotéricos na medida em que expressam seu compromisso com o domínio de uma especialidade; o indivíduo que consulta um especialista poderia estar no lugar daquela pessoa se houvesse se concentrado no mesmo processo de aprendizagem. A confiança baseada apenas na suposição da competência técnica é *passível de revisão* por muitas das razões pelas quais também o é o conhecimento adquirido pelo ceticismo metódico; em princípio, ele pode ser retirado sem aviso prévio. Por isso, não surpreende que os detentores de especialidades frequentemente se sintam inclinados a determinar um preço especial para os serviços que têm para oferecer, ou a fazer esforços particulares para tranquilizar seus patronos. Por isso, os títulos e os diplomas pendurados na parede do consultório de um psicoterapeuta são mais que meramente informação; são um eco dos símbolos com os quais se cercam de figuras de autoridade tradicionais.

A natureza problemática da confiança nas condições sociais modernas é especialmente significativa quando consideramos os próprios sistemas abstratos, em vez de apenas seus "representantes". Em uma multiplicidade de sistemas abstratos, a confiança é uma parte necessária da vida cotidiana da atualidade, quer isto seja ou não conscientemente reconhecido pelos indivíduos em questão. Os sistemas de confiança tradicionais eram quase sempre baseados no "trabalho visível"; por ter acesso especial às qualidades esotéricas da tradição, o guardião era a tradição em forma de pessoa. As características desincorporadas dos sistemas abstratos significam uma constante interação com os "outros ausentes" – pessoas que nunca vimos ou encontramos, mas cujas ações afetam diretamente características da nossa própria vida. Dado o caráter dividido e contestado da especialização, a criação de sistemas abstratos estáveis é uma tentativa que vale a pena. Alguns tipos de sistema abstrato tornaram-se tão pertinentes às vidas das pessoas que, em um determinado momento do tempo, parecem ter uma solidez de pedra, semelhante à tradição estabelecida; mas são vulneráveis ao colapso da confiança generalizada.

No âmbito da vida cotidiana, embora a confiança possa assumir várias formas, algumas delas são inteiramente marginais à persistência dos próprios sistemas abstratos. Por exemplo, não causa muita surpresa que um pequeno número de pessoas opte, mais ou menos completamente, por partir para sistemas abstratos circundantes – estabelecendo, digamos assim, uma pequena comuna autossuficiente em uma área rural. O fato de os testemunhas de Jeová rejeitarem grande parte da tecnologia eletrônica da modernidade não tem impacto particular sobre a sociedade mais ampla. Alguns deslocamentos ou reincidências na confiança, no entanto, têm implicações muito mais amplas. Um movimento progressivo de desconfiança em um banco, ou em um governo, pode conduzir ao seu colapso; a economia mundial como um todo está sujeita a caprichos de confiança generalizada, como evidentemente as relações entre os Estados-nação na ordem política global.

O mais importante de tudo é que a confiança nos sistemas abstratos está ligada a padrões de estilo de vida coletivos, eles próprios sujeitos a mudança. Graças a seu caráter local e centralizado, as práticas tradicionais estão incorporadas: elas correspondem às qualidades normativas que sustentam as rotinas cotidianas. A noção de "estilo de vida" não tem significado quando aplicada aos contextos tradicionais de ação. Nas sociedades modernas, as escolhas de estilo de vida são ao mesmo tempo constitutivas da vida cotidiana e ligadas a sistemas abstratos. Há uma percepção fundamental em que o aparato institucional total da modernidade, uma vez afastada da tradição, depende de mecanismos potencialmente voláteis da confiança. O caráter compulsivo da modernidade permanece em grande parte oculto, enquanto o impulso prometeico é dominante, especialmente quando ele tem por base a autoridade preeminente da ciência. Entretanto, quando esses fatores são questionados, como está acontecendo atualmente, a coincidência dos padrões de estilo de vida e dos processos globais de reprodução social ficam sob pressão. Assim, as alterações nas práticas de estilo de vida podem se tornar profundamente subversivas dos sistemas abstratos centrais. Por exemplo, um afastamento geral do consumismo nas economias modernas teria maciças implicações para as instituições econômicas contemporâneas.

A *compulsividade*, quero argumentar, é a *confiança congelada*, o compromisso que não tem objeto, mas é autoperpetuador. Recapitulando, o vício é alguma coisa sobre a qual temos que mentir: é o anverso daquela integridade que a tradição outrora alimentou e que todas as formas de verdade também pressupõem. Um mundo de sistemas abstratos e escolhas de estilo de vida potencialmente abertas, por razões já explicadas, exige envolvimento ativo. Sendo assim, a confiança existe à luz da seleção de alternativas. Quando essas alternativas tornam-se filtradas por compromissos inexplicados – compulsões –, a confiança transforma-se em simples urgência repetitiva. A confiança congelada bloqueia o reengajamento com os sistemas abstratos que vieram a dominar o conteúdo da vida cotidiana.

As áreas externas da repetição compulsiva, a dialética da perda e da reapropriação apresentam contrastes claros com ordens sociais mais tradicionais. A qualidade esotérica das tradições não é comunicável por parte dos guardiães às outras pessoas; é seu próprio acesso à verdade formular que os situa longe do resto da população. Muito raramente os indivíduos leigos compartilham desta qualidade – como nas cerimônias religiosas, em que eles podem temporariamente ter um acesso direto ao domínio do sagrado.

Esta situação é alterada de uma forma básica quando a especialização substitui amplamente a tradição. O conhecimento especializado está aberto à reapropriação a qualquer pessoa com tempo e recursos necessários para ser instruída; e a prevalência da reflexividade institucional significa que há uma contínua triagem de teorias, conceitos e achados especializados em relação à população leiga. A reapropriação do conhecimento especializado, em que os padrões de comportamento compulsivos não se aplicam, é a verdadeira condição da "autenticidade" da vida cotidiana. Os hábitos e as expectativas tendem a ser reformados em termos da triagem profunda da informação de uma maneira mais ou menos automática. Entretanto, as formas mais deliberadas e concentradas de reengajamento são comuns. Como já se enfatizou, estas podem ser individuais ou coletivas; podem cobrir os elementos idiossincráticos da vida cotidiana de uma pessoa ou ser globais em seu caráter.

Tradição na modernidade

A modernidade destrói a tradição. Entretanto (e isto é muito importante) uma *colaboração entre modernidade e tradição* foi crucial às primeiras fases do desenvolvimento social moderno – período em que o risco era calculável em relação às influências externas. Esta fase é concluída com a emergência da alta modernidade ou daquilo que Beck chama de modernização reflexiva. Daí em diante, a tradição assume um caráter diferente. Mesmo a mais avançada das civilizações pré-modernas permanece firmemente tradicional. Vale a pena tecer alguns breves comentários sobre o caráter dessas civilizações, antes de se abordar diretamente a questão da "tradição na modernidade".

Nas civilizações pré-modernas, as atividades do centro político nunca penetraram inteiramente na vida cotidiana da comunidade local.[43] As civilizações tradicionais eram segmentárias e dualistas. A grande maioria da população vivia em comunidades locais e agrárias constituindo-se, como disse Marx, "um saco de batatas". As tradições participaram deste dualismo e o expressaram. As "grandes tradições" foram, acima de tudo, associadas à racionalização da religião, processo que dependia da existência de escrituras. Neste caso, a racionalização não foi hostil à tradição; ao contrário, embora não haja evidências, podemos suspeitar que ela tenha possibilitado a existência prolongada de formas tradicionais específicas bem além daquelas que têm por base culturas puramente orais. Pela primeira vez, uma tradição poderia saber de sua existência "desde tempos imemoriais". As grandes tradições foram "monumentais" – em um sentido material, uma vez que produziram grandes edifícios, mas também de uma forma não física, no sentido de que seus textos clássicos foram um testemunho do seu poder.

Entretanto, graças ao caráter estrutural dessas civilizações, as grandes tradições só se comunicaram de maneira imperfeita com a comunidade local, sobre a qual sua influência foi incerta. Seja como for, as comunidades locais permaneceram sociedades orais. Criaram uma variedade de tradições que permaneceram distantes da triagem dos sistemas mais racionalizados – ou a contestaram ativamente. Por isso, em seus estudos das "religiões do mundo", Weber mostrou que a racionalização da "tradição escrita" se recontextualizou dentro da comunidade; a magia, a feitiçaria e outras práticas locais dispersaram a influência unificadora da ordem simbólica centralizada.

Sendo assim, uma parte muito grande da tradição permaneceu no âmbito da comunidade local. Essas "pequenas tradições" foram frequentemente influenciadas pelos guardiães das religiões racionalizadas (sacerdotes, funcionários), mas também respon-

---

43. Cf. Giddens, *The Nation-State and Violence*, 1985.

diam a várias condições locais. Muitas vezes havia diferenças linguísticas, assim como outros cismas culturais, entre as comunidades locais e as elites centrais.

Como resultado da associação que se desenvolveu entre capitalismo e o Estado-nação, as sociedades modernas diferem de todas as formas de civilização preexistentes. O Estado-nação e a empresa capitalista eram ambos depositários de poder, nos quais o desenvolvimento dos novos mecanismos de vigilância assegurava muito maior integração social através do tempo e do espaço do que havia sido previamente possível.[44] No Estado moderno nascente, os processos de vigilância continuaram a extrair as fontes tradicionais de legitimação, como o direito divino do soberano – e de sua família – de governar. Talvez até mais importante – certamente para esta minha análise –, o sistema de poder do Estado moderno nascente continuou a pressupor a segmentação da comunidade local. Somente com a consolidação do Estado-nação e a generalização da democracia nos séculos XIX e XX, a comunidade local efetivamente começou a se fragmentar. Antes deste período, os mecanismos de vigilância eram primariamente "de cima para baixo"; eram meios de controle cada vez mais centralizados sobre um espectro de "indivíduos" não mobilizados. Assim, na época do desenvolvimento acelerado do Estado-nação, a população em geral tornou-se mais intimamente ligada aos sistemas de integração que perpassavam o âmbito da comunidade local. A reflexividade institucional tornou-se o principal inimigo da tradição; o abandono dos contextos locais de ação aconteceu passo a passo com o crescente distanciamento no tempo e espaço (desincorporação).

Mas este foi um processo complexo. As primeiras instituições modernas não somente dependiam das tradições preexistentes, mas também *criaram algumas novas*. A verdade formular – e os ri-

---

44. Ibidem.

tuais associados – foi posta em ação em outras áreas – a mais importante sendo o domínio simbólico da "nação". Eric Hobsbawm, entre outros, chamou a atenção para o fenômeno. Ele observa que "as 'tradições' dos séculos XIX e XX, que parecem ou reivindicam ser antigas, são muito frequentemente recentes em sua origem e às vezes inventadas".[45] As "tradições inventadas" não são necessariamente construídas de uma maneira deliberada, embora isto às vezes aconteça. Assim, por exemplo, muitos edifícios do século XIX na Grã-Bretanha foram construídos ou reconstruídos em estilo gótico. Segundo Hobsbawm, na tradição inventada – em contraste com as "tradições genuínas" – o contato reivindicado com o passado é "muito factício". Em sua opinião, as tradições inventadas proliferam no contexto das primeiras instituições modernas. Os "materiais antigos" são usados para fins modernos – mais especificamente para criar legitimidade para os sistemas de poder emergentes.

A tese substantiva de Hobsbawm pode ser correta, mas seus conceitos estão mais sujeitos ao questionamento. A "tradição inventada", que à primeira vista parece quase uma contradição nos termos, e se destina a ser provocativa, submete-se a exame e se transforma em uma espécie de tautologia. Pode-se dizer que *todas* as tradições são tradições inventadas. Como disse anteriormente, o que proporciona à tradição seu "caráter genuíno", sua autenticidade, não é o fato de ela ter sido estabelecida há milhões de anos; nem tem nada a ver com até que ponto ela retém com exatidão os acontecimentos passados. Nas mais "tradicionais" de todas as sociedades, as culturas orais, o "passado real" – se é que essas palavras têm algum significado, é efetivamente desconhecido. A tradição é o verdadeiro *medium* da "realidade" do passado. É claro que, nas sociedades que têm uma história registrada, pode ser es-

---

45. Hobsbawm, Introduction: inventing traditions, in Hobsbawm; Ranger, *The Invention of Tradition*, 1983.

tabelecida uma "continuidade com um passado apropriado" – e esta pode ser dissecada pelo historiador com um olho crítico. Mas até que ponto é sempre "genuína" essa continuidade, no sentido enfocado por Hobsbawm, é algo problemático e, repetindo, nada tem a ver com uma autenticidade da tradição, que depende da conexão da prática ritual com a verdade formular.

As interconexões entre o início da modernidade e a tradição podem ser brevemente descritas da seguinte maneira:

Primeiro, o fato de as tradições, antigas e novas, terem permanecido fundamentais no desenvolvimento da modernidade indica mais uma vez as limitações do "modelo disciplinar" da sociedade moderna. Os mecanismos de vigilância não dependiam, de forma alguma, de sua eficácia sobre a internalização do controle emocional ou da *consciência*. Em vez disso, o eixo emocional emergente foi aquilo que vinculou compulsividade a ansiedade *envergonhada*.

Segundo, o papel legitimador da ciência, em geral compreendido de uma maneira positivista, perpetuava ideias de verdade que, em qualquer proporção na cultura popular, mantinha fortes laços com a verdade formular. As lutas entre "ciência e religião" ocultavam o caráter contraditório dos seus apelos à "autoridade" inquestionada. Por isso, muitos especialistas eram, na verdade, guardiães e configuraram formas adequadas de deferência.

Terceiro, a natureza compulsiva da modernidade não foi algo que permaneceu completamente oculto ou sem enfrentamento. Segundo Christie Davies, uma maneira de indicar esse fato é tomar como referência as formas comuns de humor e anedota. Aqueles locais onde o calvinismo, a "forma mais pura" do espírito capitalista, era mais forte (por exemplo, Escócia, Suíça, Holanda) também se tornaram o alvo de um certo tipo de anedota. As piadas sobre os escoceses, por exemplo, de certo modo pertencem a uma categoria mais ampla de anedota étnica; mas essas piadas frequentemente concentram toda a sua atenção na ética protestante. Um escocês sentou-se à beira da cama de um amigo doente. "Você parece mais animado, John." "Ah, cara, pensei que fosse morrer, mas o médico salvou minha vida. Isso vai me custar cem libras." "Puxa, que terrível extravagância. Você acha que vale isso?"

Sobre o que versam essas piadas senão sobre a compulsividade, uma rejeição da estupidez submissa, característica de todo comportamento compulsivo? Como diz Davies, os personagens centrais dessas anedotas representam uma caricatura da ética protestante – mas indicam claramente que as atitudes alternativas estão vivas e bem conservadas.[46]

Quarto, a compulsividade da modernidade foi, desde suas origens, dividida por gênero. A compulsividade documentada por Weber em *A ética protestante* é aquela de um domínio público masculino. Nesses contextos institucionais, em que o espírito capitalista era dominante, as mulheres ficavam efetivamente com as cargas emocionais produzidas por um "instrumentalismo esforçado". As mulheres iniciaram modos de experimentação que, subsequentemente, deveriam ter um grande impacto.[47] Mas os modos tradicionais da diferença de gênero – e da dominação de gênero – foram ao mesmo tempo ativamente reforçados pelo desenvolvimento de tradições mais recentes, incluindo a emergência de um *ethos* de "domesticidade" feminina.

Quinto, a tradição foi reivindicada particularmente com respeito à geração – ou regeneração – da identidade pessoal e coletiva. A sustentação da identidade é apresentada como um problema fundamental devido à maturação das instituições da modernidade, mas – de maneira tensa e contraditória – este problema foi "resolvido" pela invocação da autoridade da tradição. O "sentido de comu-

---

46. Davies, The Protestant Ethic and the comic spirit of capitalism, *British Journal of Sociology*, v.43, 1992.
47. Giddens, *The Transformation of Intimacy*.

nidade" dos bairros de classe trabalhadora, por exemplo, de certo modo assumiu a forma de uma reconstrução da tradição; do mesmo modo que ocorreu com o nacionalismo no âmbito do Estado.

Globalização e abandono da tradição

A fase da "modernização reflexiva", marcada pelos processos concomitantes da globalização e da busca de contextos de ação mais tradicionais, altera o equilíbrio entre tradição e modernidade. À primeira vista, a globalização parece um fenômeno "externo", o desenvolvimento de relações sociais de um tipo global bem afastado das preocupações da vida cotidiana. Por isso, para os sociólogos, ela poderia parecer simplesmente outro "campo" de estudo, uma especialidade entre outras especialidades. O estudo da globalização seria a análise dos sistemas do mundo, os modos de interconexão que operam na estratosfera global. Enquanto os modos de vida tradicionais, e especialmente a "comunidade localmente situada", persistirem, essa visão não estará muito distante da verdade. Atualmente, contudo, quando o abandono dos contextos locais torna-se muito avançado, ela é bastante imprecisa. A globalização é uma questão do "aqui", que afeta até os aspectos mais íntimos de nossas vidas – ou, preferivelmente, está relacionada com elas de uma forma dialética. Na verdade, o que hoje em dia chamamos de intimidade – e sua importância nas relações pessoais – foi criado em grande parte por influências globalizadoras.

O que liga globalização a processos das buscas dos contextos de ação tradicionais? A conexão são as consequências desincorporadoras resultantes dos sistemas abstratos. Neste caso, as influências causais são complexas e estão ligadas ao caráter multidimensional da modernidade.[48] Não vou analisar isso diretamente neste contexto, mas sim expressar as relações estruturais relacionadas. Tradição diz respeito à organização de tempo e, portanto, também de espaço: é o que ocorre também com a globalização, exceto pelo fato de que uma corre em sentido contrário à outra. Enquanto a tradição controla o espaço mediante seu controle de tempo, com a globalização o que acontece é outra coisa. A globalização é, essencialmente, a "ação à distância"; a ausência predomina sobre a presença, não na sedimentação do tempo, mas graças à reestruturação do espaço.

Hoje em dia, os processos de globalização, de certa forma, ainda seguem alguns padrões estabelecidos durante a fase inicial do desenvolvimento social moderno. A empresa capitalista, por exemplo, é um mecanismo desincorporador *par excellence*, e está forçando o seu caminho em meio a partes do mundo antes resistentes, de uma maneira mais completa do que nunca. Paradoxalmente, o socialismo de Estado, considerado a primeira força revolucionária da história, provou ser muito mais acomodado que o capitalismo em relação à tradição.

A primeira fase de globalização foi claramente dirigida, em princípio, pela expansão do Ocidente e pelas instituições que tiveram sua origem no Ocidente. Nenhuma outra civilização causou um impacto tão invasivo sobre o mundo – ou o moldou tanto à sua própria imagem. Contudo, ao contrário de outras formas de conquista cultural ou militar, a desincorporação mediante sistemas abstratos é intrinsecamente descentralizada, pois corta a conexão orgânica com o lugar de onde a tradição dependia. Embora ainda dominada pelo poder ocidental, hoje em dia a globalização não pode mais ser qualificada como uma questão de imperialismo unilateral. A ação à distância foi sempre um processo bilateral; agora, entretanto, cada vez mais não há qualquer "direção" óbvia

---

48. Para uma discussão, ver Giddens, *The Consequences of Modernity*.

para a globalização, e suas ramificações estão sempre mais ou menos presentes. Em consequência disso, a fase atual da globalização não deve ser confundida com a fase precedente, cujas estruturas ela atua no sentido de cada vez mais subverter.

Por isso, a sociedade pós-tradicional é a primeira *sociedade global*. Até uma época relativamente recente, grande parte do mundo permaneceu em um estado quase segmentário, em que ainda persistiam numerosos grandes enclaves do tradicionalismo. Nessas áreas – e também em algumas regiões e contextos dos países mais industrialmente desenvolvidos –, a comunidade local continuou a ser forte. Nas últimas décadas, particularmente influenciadas pelo desenvolvimento da comunicação eletrônica global instantânea, estas circunstâncias se alteraram de maneira radical. Um mundo em que ninguém é "forasteiro" é um mundo em que as tradições preexistentes não podem evitar o contato, não somente com outros – mas também com muitos – modos de vida alternativos. Justamente por isso, é um mundo em que o "outro" não pode mais ser tratado como inerte. A questão não é somente que o outro "responda", mas que a interrogação mútua seja possível.

As "interrogações" que o Ocidente transportou de outras culturas foram durante muito tempo unilaterais – uma série de investigações sobre um críptico outro que se assemelhava a nada, tanto quanto as investigações que os homens empreenderam sobre as mulheres. (Na verdade, pode muito bem ter havido conexões bastante íntimas entre esses dois tipos de interrogação.[49]) No que diz respeito às culturas não ocidentais, o desenvolvimento da Antropologia – um processo que conduz à sua efetiva dissolução atualmente – dá uma indicação grosseira do fenômeno.

A Antropologia passou por três fases gerais. A primeira foi uma fase de taxonomia do estranho; a Etnografia primitiva era uma es-

---

49. Ver Hyam, *Empire and Sexuality*, 1990.

pécie de viagem coletiva do *Beagle*, circunavegando o mundo em busca da classificação de espécies exóticas. A antropologia taxonômica foi frequentemente evolucionista. O evolucionismo conseguiu muito sucesso como meio de categorização do outro como, se não inerte, não mais do que um "objeto" de investigação. Não que a investigação fosse casual ou particularmente confortável. O caráter estranho das outras tradições foi uma fonte constante de interesse forçado, confusão e ansiedade generalizada; qualquer ameaça à dominação ocidental era, no entanto, aniquilada pelo efeito neutralizador e distante da "estranheza naturalizada" (*naturalized alienness*). Poderia ser dito que a estranheza das tradições não ocidentais era uma verdadeira contrapartida da forma "dada" da natureza, um ambiente externo de expansionismo ocidental devendo ser "compreendido" e provavelmente deixado para trás da mesma maneira.

Uma nova fase foi iniciada quando a Antropologia descobriu o que poderia ser chamado de *inteligência* essencial das outras culturas ou tradições. O outro é descoberto como aquilo que pode ser reconhecido como "nós", embora vivendo, é claro, em circunstâncias diferentes. A compreensão dessa capacidade, e, portanto, dos apelos implícitos à igualdade do outro, convergiram com a invenção do funcionalismo na Antropologia. O funcionalismo reconhece a autenticidade das outras tradições, mas relaciona essa autenticidade apenas à sua coesão interna, como totalidades culturais situadas. Assim, a integridade das tradições torna-se reconhecida, mas a relação "dialógica" estabelecida é o elemento que pressupõe a separação do estrangeiro. A "inteligência" é inteiramente contextual; cada cultura é adaptada ao meio em que ela é "descoberta". A monografia antropológica pode ser depositada na biblioteca ocidental, onde ela se situa ao lado de uma série indefinida de outros estudos. Em termos sociais ou materiais, a justaposição do registro e as consequências reais permanecem cruéis: o antropólogo, como observou com tristeza Lévi-Strauss, é o cronista – e até em alguns locais o agente causal – de um mundo em desaparecimento. A monografia antropológica preserva, de maneira semelhante ao que ocorre com a relíquia protegida, um testamento para um modo de vida que não pode mais dar diretamente o seu testemunho.

Comparemos as viagens de um antropólogo itinerante na época atual. Nigel Barley realizou pesquisa antropológica na Indonésia.[50] O trabalho de Barley, tanto em estilo quanto em conteúdo, é diferente da Antropologia ortodoxa. É loquaz, espirituoso e informal; registra seus próprios sentimentos, confusões e erros em seus encontros com os indivíduos cujas vidas ele foi estudar. Fala dos incidentes – engraçados e perigosos – que aconteceram durante seu tempo "no campo" e de seus "objetos" como pessoas de carne e osso, e não apenas cifras de uma coletividade maior. É interessante notar que seus livros parecem mais romances que textos acadêmicos – a presença do autor cria um estilo biográfico e também uma forma narrativa vigorosa. *Ele é o ingenu*, e não aqueles que ele vai "investigar"; ele é como um Lucky Jim do mundo antropológico. Como um aparte, mas um aparte muito importante, pode ser observado nesse contexto que a recuperação de um estilo narrativo se distingue frontalmente do estruturalismo. A "ausência do autor" na maior parte dos estudos antropológicos preexistentes não é um reflexo do fato de que os textos falam por si; mas, sem dúvida, que o autor está ausente porque esses estudos não são engajamentos plenamente dialógicos com "outras culturas".

Uma característica do estilo de Barley é que o mundo cotidiano do qual ele é originário é retratado como tão desconcertante e problemático quanto aquele em que ele penetra na Indonésia. Suas tentativas para comprar passagens aéreas baratas em Lon-

---

50. Barley, *Not a Hazardous Sport*, 1989.

dres são um desastre; o único mapa detalhado que consegue encontrar da região que está indo visitar data da década de 1940 e os nomes dos lugares estão em holandês; os conselhos que recebe dos antropólogos que trabalharam anteriormente na região são contraditórios. Sua ingenuidade e curiosidade confusa sobre os detalhes da vida cotidiana, na verdade, podem ser comparados muito de perto com a perspectiva do herói de *The Mezzanine*. A cultura estranha não está mais ou menos carente de interpretação do que sua cultura de origem; ao mesmo tempo, até as formas mais exóticas de comportamento, quando examinadas de uma determinada maneira, demonstram possuir elementos de fácil familiaridade. O embaraço e uma certa ansiedade difusa, ocasionalmente acrescidos de uma consciência do perigo, emergem como os primeiros aspectos negativos do encontro antropológico; no lado positivo, juntamente com a autoiluminação, há humor e os prazeres de se descobrir uma humanidade comum.

Onde quer que ele vá, incluindo as regiões mais aparentemente isoladas, nunca está completamente fora dos roteiros dos turistas, e às vezes até cruza com antropólogos. Os costumes locais permanecem lado a lado com imagens e informações que provêm tanto da sociedade nacional como do mundo mais amplo. O próprio Barley é apresentado para o grupo que ele foi estudar como um "famoso turista holandês", vindo para "honrar a comunidade e seus antigos costumes".[51] Um homem que o antropólogo encontrou ofereceu-lhe hospitalidade em uma encantadora casa tradicional na aldeia; ele aparentemente resistia às invasões do mundo moderno. É claro que veio à tona que ele era graduado em comunicações por satélite pelo Instituto de Tecnologia de Massachusetts e, na verdade, morava a maior parte do tempo na cidade, onde tinha uma casa moderna:

---

51. Ibidem, p.138.

Sua vinculação com o mundo tradicional era como a de alguém de fora, da mesma forma que a minha... Ele me deixou aflito em razão de sua autoconsciência implacável: "Veja, eu só aprendi a valorizar os antigos costumes quando fui para o estrangeiro. Se tivesse ficado sentado na minha aldeia, teria pensado na América como o Reino dos Céus. Por isso, volto para os festivais".[52]

A viagem antropológica de Barley não foi apenas uma viagem de ida; um grupo de seus "objetos" voltou com ele para Londres. Barley organizou a visita arranjando com o Museum of Mankind que eles construíssem um celeiro de arroz tradicional para uma exposição. Ao contrário do indivíduo sofisticado já referido, seus companheiros nunca haviam se afastado antes de sua aldeia natal. Eles provavelmente não escreveram livros ao retornar, mas conseguimos pelo menos alguma noção de suas reações ao próprio modo de vida de Barley e ao seu ambiente cultural mais amplo. Eles tinham seus próprios quebra-cabeças, sua própria parcela de incidentes e reações; e, naturalmente, só às vezes estes seguiam os rumos que o "antropólogo" esperava. Mas suas atividades em Londres aumentaram ainda mais a percepção de Barley de sua cultura indígena; o processo de construção do celeiro de arroz permitiu-lhe documentar totalmente seus métodos de produção e reunir informações que seriam muito difíceis de obter no "campo".

As "visitas de retorno" não são, de modo algum, desconhecidas na antropologia. Franz Boas, por exemplo, quando cuidava de alguns Kwakiutl nas proximidades de Nova York (eles eram aparentemente bastante indiferentes à grande dimensão da cidade). Os antropólogos têm às vezes contado histórias ingênuas de seu trabalho de campo, embora com muita frequência essas tenham se originado como diários particulares, mantidas separadas de seus registros etnográficos. Assim, os diários das experiências de Mali-

---

52. Ibidem, p.142.

nowski em seu trabalho de campo em Trobriands (e na Inglaterra) permaneceram inéditos até algum tempo após sua morte. Hoje em dia, no entanto, a antropologia está diretamente envolvida na reflexividade institucional da modernidade, e por isso se tornou indistinguível da sociologia. Na Columbia Britânica, os Kwakiutl atuais estão ocupados em reconstruir sua cultura tradicional usando as monografias de Boas como guia, enquanto os aborígines australianos e outros grupos pelo mundo estão reivindicando os direitos à terra, tendo como base estudos antropológicos semelhantes.

Em uma ordem pós-tradicional, na frase memorável de Richard Rorty, vemos a formação – mais como uma possibilidade que como uma realidade plenamente habilitada – de uma conversa cosmopolita do gênero humano. É uma ordem social em que o papel permanente da tradição, por razões que vou mencionar a seguir, é, no entanto, cercado de um potencial de violência.

Destradicionalização

Na ordem pós-tradicional, mesmo na mais modernizada das sociedades atuais, as tradições não desaparecem totalmente; na verdade, em alguns aspectos, e em alguns contextos, elas florescem. Entretanto, em que sentido – ou em que aspectos – as tradições persistem no mundo moderno tardio? Em um plano esquemático, a resposta pode ser dada da seguinte maneira. No mundo moderno, as tradições, quer sejam antigas ou novas, existem em uma dentre duas estruturas.

As tradições podem ser discursivamente articuladas e defendidas – em outras palavras, justificadas como tendo valor em um universo de valores competitivos plurais. As tradições podem ser defendidas em seus próprios termos, ou em contraposição a um contexto mais dialógico; neste quadro, a reflexividade pode ter muitos níveis, tal como aquelas defesas da religião que apontam para as dificuldades de se viver em um mundo de dúvida radical.

Uma defesa discursiva da tradição necessariamente não compromete a verdade formular, para a qual a maior consequência é ter de se preparar para entrar no diálogo, suspendendo ao mesmo tempo a ameaça da violência.

Do contrário, a tradição se transforma em *fundamentalismo*. Não há nada de misterioso no surgimento do fundamentalismo no mundo moderno tardio. O "fundamentalismo" só assume este aspecto em contraposição a um contexto de prevalência de dúvida radical; não é nada além da "tradição em seu sentido tradicional", embora atualmente mais defensiva que ascendente. O fundamentalismo pode ser compreendido como uma asserção da verdade formular sem levar em conta as consequências.

Na conclusão, retornarei a uma discussão das implicações dessas observações. Neste momento, novamente de uma forma mais esquemática, deixe-me indicar algumas das relações entre a tradição e os traços quase-tradicionais da sociedade pós-tradicional. Espero que o leitor aceite que esta descrição sumária passa por cima de uma grande discussão que, em outro contexto, precisaria ser desenvolvida — especialmente em confronto direto com algumas reivindicações do pós-modernismo.

Nos dias de hoje, nos países desenvolvidos, a destruição da comunidade local atingiu seu apogeu. Pequenas tradições que sobreviveram ou foram ativamente criadas durante as fases anteriores do desenvolvimento social moderno têm sucumbido cada vez mais às forças do esvaziamento cultural. A divisão entre tradições grandes e pequenas, que em algumas civilizações pré-modernas sobreviveram durante milhares de anos, atualmente está quase desaparecida. É claro que as distinções entre "alta e baixa cultura" ainda existem, e estão associadas à persistência de um certo classicismo na primeira, quando comparada à segunda; mas isso só tem conexões marginais com a tradição do modo como a defini.

A dissolução da comunidade local – tal como costumava acontecer – não é a mesma coisa que o desaparecimento da vida local ou das práticas locais. Entretanto, o lugar torna-se cada vez mais remodelado em razão das influências remotas trazidas para a área local. Por isso, os costumes locais que continuam a existir tendem a desenvolver significados alterados. Tornam-se *relíquias* ou *hábitos*.

Os hábitos podem ser formas puramente pessoais de rotinização. Muitos dos itens listados nas páginas 116 e 117, por exemplo, atualmente têm probabilidade de ser questões de hábito. São rotinas individuais, de um tipo ou de outro, que têm um certo grau de força unificadora, simplesmente em virtude da repetição regular. O significado psicológico dessas rotinas não deve ser subestimado. São de importância básica para a segurança ontológica, porque proporcionam um meio estruturador para a continuidade da vida através de contextos diferentes de ação. Em uma ordem pós-tradicional, os hábitos são regularmente infundidos por informações extraídas de sistemas abstratos, com que também tendem frequentemente a entrar em conflito. Por exemplo, uma pessoa pode resolutamente aderir a um certo tipo de dieta, mesmo que uma boa parcela da opinião médica a condene. Entretanto, pode realmente ser forçada a mudá-la – como no caso da bandeja dos cubos de gelo –, fabricando ou planejando a mudança dos processos.

Muitos hábitos pessoais tornam-se efetivamente coletivos quando são conformados pela difusão, ou como resultado de influências generalizáveis de reflexividade institucional. Os costumes locais são mais genuinamente hábitos coletivos quando são criados por influências internas a uma área ou comunidade; mas é provável que aqueles que são remanescentes de práticas mais tradicionais se desenvolvam em itens que alguns têm chamado de *museu vivo*. Se os traços pessoais estiverem mais intimamente conectados com os costumes sociais, os hábitos perderam todos os laços com a verdade formular da tradição. Seu caráter frágil é indicado pelo limite indistinto que os separa do comportamento compulsivo; sua força de impulsão pode se transferir para um ritual compulsivo, em momentos específicos nas neuroses obsessivas que Freud foi um dos primeiros a descrever e tentar relatar.

Os artefatos – outrora associados às pequenas e grandes tradições da ordem pós-tradicional – tendem a se tornar relíquias, embora a "relíquia" deva ser estendida para incluir mais do que apenas objetos físicos. Uma relíquia – como eu uso a palavra aqui – cobre qualquer item em um museu vivo. As relíquias não são simplesmente objetos ou práticas que vivem como um resíduo de tradições que se tornaram enfraquecidas ou perdidas; estão revestidas de significado como exemplares de um passado transcendente. Consideremos a história do cais Wigan. *The Road to Wigan Pier*, de George Orwell, publicado pela primeira vez em 1937, descrevia Wigan como uma área dilapidada que testemunhou os males do industrialismo. A estrada para o cais Wigan foi uma viagem pessoal, mas também descrevia uma trajetória descendente da civilização moderna. O relato de Orwell sobre a cidade foi tão severo que, na verdade, despertou muito ressentimento local.

Orwell ficou desapontado ao descobrir que o cais Wigan não mais existia quando ele chegou à cidade. O cais, na verdade, não era uma calçada, e menos ainda ficava situado em um lugar próximo do mar; o termo referia-se a uma estrutura de ferro empregada para transferir carvão para grandes barcos ao longo de um canal. Foi sucateado muitos anos antes de Orwell ali chegar. Entretanto, na década de 1980, o cais foi reconstruído. A doca e os armazéns adjacentes foram limpos e readaptados, plantaram-se árvores e a área foi designada "patrimônio público". O centro não faz relembrar a década de 1930, mas o ano de 1900; uma exposição, que recria uma mina e chalés de mineiros, ocupa parte dela. Convida o visitante a vivenciar "a maneira como éramos". Ironicamente,

Orwell foi inserido ali como parte do próprio "patrimônio" que ele achou tão desagradável: os visitantes podem tomar um drinque no *pub* Orwell.[53] As relíquias são significantes de um passado que não se desenvolveu, ou pelo menos cujas conexões causais com o presente não são parte daquilo que lhes confere identidade. São itens exibidos em um mostruário, e, neste aspecto, o cais Wigan não é diferente dos "verdadeiros monumentos", tais como ruínas ou palácios preservados, castelos e casas de campo restaurados. Uma relíquia material poderia parecer algo que literalmente "permanece em seu lugar" – que se mantém intocado pelas ondas de mudança que o cercam. Seria mais correto dizer o oposto. Uma relíquia não tem conexão efetiva com a área em que ela existe, mas é produzida como um ícone para a observação de qualquer pessoa que deseje visitá-la. Como outras peças de museu, pode estar no lugar em que foi originada, mas este fato tem pouca importância para a sua natureza, que é como de um significante da diferença. Uma relíquia é como um vestígio da memória despojado de suas estruturas coletivas.

Um museu vivo é uma colagem desses "vestígios da memória" apresentada à exibição pública. Na medida em que não se transformam em hábitos, os costumes podem recair nesta categoria. Atualmente, a questão das relíquias é que somente sua associação com um passado prescrito lhes proporciona alguma importância. As relíquias eram (e ainda são) comuns nas tradições religiosas, mas lá elas possuíam uma importância completamente diferente; sua importância derivou não apenas da simples conexão com o passado, mas do fato de haverem participado do domínio do sagrado. Como disse Durkheim, o sagrado é indivisível; um pedacinho do manto de Cristo é tão sagrado quanto qualquer outro objeto ou prática religiosa aparentemente mais impressionante.

---

53. Hewison, *The Heritage Industry*, 1987.

O advento da modernidade certamente não significa o desaparecimento do ritual coletivo. Às vezes, proclama-se que esse ritual remonta a séculos ou até milênios; o mais comum é uma invenção relativamente recente à moda de Hobsbawm. Max Gluckman faz uma distinção interessante entre "ritualismo" e "ritualização das relações sociais", que tem relevância aqui.[54] O "ritualismo" existe onde as atividades rituais estão ligadas a "noções místicas" ou ao que eu chamaria de verdade formular. A "ritualização das relações sociais" existe onde a interação social tem uma forma padronizada adotada como modo de definição dos papéis que as pessoas representam em ocasiões cerimoniais. O ritualismo persiste, ou se torna passível de revisão em alguns contextos, mas, na maior parte dos exemplos, tem sido substituído pela ritualização (ambos podem entrar em conflito quando, digamos, uma pessoa que nunca frequenta a igreja deseja realizar um casamento religioso). O ritualismo – e por isso a tradição – continua a existir e até florescer onde a verdade formular forma um meio de construir interpretações do tempo passado.

Mais ou menos na mesma data em que foi publicado *The Road to Wigan Pier*, cerca de 100 mil pessoas se reuniram nos arredores de Pretória, na África do Sul, para comemorar o lançamento da pedra fundamental do monumento a Voortrekker. Homens e mulheres vestiram-se com roupas da época de Voortrekker, acenderam fogueiras e cantaram o *Die Stem*, o hino religioso africânder. O monumento foi construído para homenagear o aniversário da Grande Jornada realizada pelos bôeres, cem anos antes, bem como a vitória dos carroções cobertos sobre as forças maciças do exército zulu. O ritual – e a construção do monumento – não eram apenas continuações de tradições preexistentes; eles realmente ajudaram a criar uma nova versão do nacionalismo africânder.

---

54. Gluckman, *Custom and Conflict in Africa*, 1970.

Esses exemplos demonstram que a tradição não diz respeito apenas à celebração de um passado inalterável ou à defesa do *status quo*. Nesse momento, a África do Sul ainda estava sob o controle colonial dos britânicos; os africânderes olhavam para o futuro, pensando em quando governariam um país independente. Nas palavras de um líder político africânder: "A Grande Jornada deu ao nosso povo a sua alma. Foi o berço da nossa nacionalidade. Vai sempre nos indicar o caminho e servir como farol em nossa noite".[55]

É claro que a tradição está diretamente ligada ao poder; também protege contra as eventualidades. Alguns têm declarado que o sagrado é o âmago da tradição, porque investe o passado de uma presença divina; deste ponto de vista, pode-se considerar a verdade formular como a propriedade que liga o sagrado à tradição. É a verdade formular que torna os aspectos centrais da tradição "intocáveis" e confere integridade ao presente em relação ao passado. Os monumentos transformam-se em relíquias quando as verdades formulares são discutidas ou descartadas, e o tradicional volta a ser o meramente costumeiro ou habitual.

Tradição, discurso, violência

A tradição é efetivamente uma maneira de evitar choques entre diferentes valores e modos de vida. Ruth Benedict expressou isso de uma maneira que se tornou famosa, quando propôs que as culturas fizessem uma seleção a partir do "arco dos valores possíveis" e das perspectivas do mundo.[56] Entretanto, uma vez isso feito, e não obstante as mudanças que podem ocorrer, as tradições resultantes formam um prisma; outros modos de vida são

---
55. Kerzer, *Ritual, Politics and Power*, 1988, p.37.
56. Benedict, *Patterns of Culture*, 1954.

diferentes, têm uma qualidade diversa e seus próprios centros. A tradição incorpora as relações de poder e tende a naturalizá-las.

O mundo da "sociedade tradicional" é um mundo de *sociedades* tradicionais, nas quais o pluralismo cultural assume a forma de uma extraordinária diversidade de tradições e costumes – cada um deles, entretanto, existindo em um espaço privilegiado.

A sociedade pós-tradicional é bastante diferente. É inerentemente globalizadora, mas também reflete a intensificação da globalização. Na ordem pós-tradicional, o pluralismo cultural, quer isto envolva tradições criadas ou persistentes, não pode mais assumir a forma de centros distintos de poder enraizado.

Considerando analiticamente, há apenas quatro maneiras, em qualquer contexto social ou sociedade, pelas quais os choques de valores entre indivíduos ou coletividades podem ser resolvidos. Estas são: o *enraizamento da tradição*; o *alheamento* hostil do outro; o *discurso* ou diálogo; e a *coerção* ou *violência*. Todas as quatro são encontradas na maior parte dos ambientes de ação, em todas as culturas, pelo menos como possibilidades imanentes. Entretanto, é possível conferir pesos diferentes a estes fatores. Nas sociedades em que a tradição é uma influência dominante, as crenças e práticas tradicionais – filtradas pelas atividades dos guardiães – ficam, em grande parte, "fora do jogo". O poder enraizado está bastante *escondido* e a acomodação cultural toma, acima de tudo, a forma de segmentação geográfica. Neste caso, o desengajamento não é tanto um processo ativo como um resultado da organização espaçotemporal dos sistemas pré-modernos, associado a barreiras interpostas que obstaculizam a comunicação não local.

Entretanto, com a emergência da modernidade, e particularmente com a intensificação dos processos globalizadores, estas circunstâncias são, em maior ou menor grau, completamente enfraquecidas. As tradições são chamadas para se "explicar" e se justificar de uma maneira já comentada. Em geral, *as tradições só persistem na medida em que se tornam passíveis de justificação discursiva* e se preparam para entrar em um diálogo aberto, não somente com as outras tradições, mas com modos alternativos de fazer as coisas. O desengajamento é possível de algumas maneiras e em alguns contextos, mas estes tendem a ser cada vez mais limitados.

O monumento do Voortrekker, posteriormente, no período pós-guerra, tornou-se um símbolo da ideologia dominante na África do Sul. Era possível ver a doutrina do *Apartheid* estimulada por essa ideologia como uma deliberada "recusa ao diálogo", tendo como base a segregação geográfica e cultural forçada. Desde 1993, é fundamental para a possibilidade de um futuro democrático na África do Sul a questão de se é viável um engajamento dialógico entre o nacionalismo africânder e outros grupos culturais e interesses de poder no país. Em um período de revitalização étnica – e nacionalismo ressurgente em várias regiões do mundo –, o limite entre o diálogo e a violência potencial é bastante claro.

Tomemos como outro exemplo o caso do masculino e do feminino como tradição. Até o limiar da modernidade – e bem além dele –, as diferenças entre os gêneros estavam profundamente incorporadas na tradição e consoantes ao poder estabelecido. A própria ausência de mulheres do domínio público suprimiu qualquer possibilidade de a masculinidade e a feminilidade poderem se abrir ao exame discursivo. Hoje em dia, no entanto, como resultado de profundas mudanças estruturais associadas durante muitas décadas às lutas dos movimentos feministas, as divisões entre os homens e as mulheres, incluindo as mais íntimas conexões entre gênero, sexualidade e autoidentidade, estão sendo publicamente questionadas.

Questioná-las significa solicitar sua justificação discursiva. Na verdade, uma pessoa não pode mais dizer "Sou um homem e é assim que os homens são", "Recuso-me a continuar a discutir isso" – declarações que estão, em geral, mais incorporadas nas ações do que proferidas em palavras. O comportamento e as atitudes têm de ser justificados quando se é chamado a fazê-lo, o que significa que as razões devem ser apresentadas; e quando se tem de apresentar razões, o poder diferencial começa a se dissolver, ou, ao contrário, o poder começa a se transformar em autoridade. As relações pessoais pós-tradicionais, o relacionamento puro, não podem sobreviver se esse espaço discursivo não for criado e mantido. Mas em muitos casos ele não é mantido. O que acontece? Uma possibilidade, é claro, é o descomprometimento: hoje em dia vivemos na sociedade da separação e do divórcio. Uma pessoa pode se mover e olhar para qualquer lugar. Até grupos de pessoas podem fazer isso. Onde o descomprometimento não ocorre – e as relações tradicionais são estabelecidas –, entramos no domínio da violência potencial ou real. Onde a conversa deixa de existir, a violência tende a se iniciar. Atualmente, a violência dos homens para com as mulheres, tanto no contexto dos relacionamentos como na arena pública mais ampla, poderia ser assim interpretada.[57]

O que se aplica à área das relações pessoais e à vida cotidiana aplica-se também à ordem global e em todos os níveis que há entre eles. O que acabei de descrever poderia ser visto como uma teoria clausewitziana masculina da vida pessoal: recorre-se à força ou à violência quando deixa de existir uma troca "diplomática" de opiniões. Na época atual, o teorema de Clausewitz ainda tem seus defensores, assim como seus contextos de aplicação prática, nas relações entre os Estados. Os choques culturais na arena global podem gerar violência; ou podem gerar diálogo. Em geral, a "democracia dialógica" – o reconhecimento da autenticidade do outro, cujas opiniões e ideias estamos preparados para ouvir e debater, como um processo mútuo – é a única alternativa para a violência nas muitas áreas da ordem social em que o descomprometimento não é mais uma opção factível. Há uma simetria real e clara entre a

---

57. Giddens, *The Transformation of Intimacy*.

possibilidade de uma "democracia das emoções" no âmbito da vida pessoal e o potencial para a democracia no âmbito da ordem global.

A sociedade pós-tradicional é um ponto final; mas é também um início, um universo social de ação e experiência verdadeiramente novo. Que tipo de ordem social ela é ou pode se tornar? Como eu já disse, é uma sociedade global, não no sentido de uma sociedade mundial, mas de uma sociedade de "espaço indefinido". É uma sociedade em que os elos sociais têm efetivamente de ser *feitos*, e não herdados do passado – nos âmbitos pessoal e coletivo este é um empreendimento pesado e difícil, mas também um empreendimento que contém a promessa de grandes recompensas. É descentralizado em termos de *autoridades*, mas recentralizado em termos de oportunidades e dilemas, porque está concentrado em novas formas de interdependência. Considerar o *narcisismo* – ou até o *individualismo* – como o âmago da ordem pós-tradicional é um erro – certamente em termos dos potenciais que ele contém para o futuro. No domínio da vida interpessoal, estar aberto para o outro é a condição da solidariedade social; em uma escala mais ampla, a oferta da "mão da amizade" em uma ordem cosmopolita global está eticamente implícita na nova agenda esboçada bem no início desta discussão.

Desnecessário dizer que potencialidade e realidade são duas coisas muito diferentes. A dúvida radical estimula a ansiedade, as incertezas socialmente criadas são muito grandes; barreiras imensas separam o rico e o pobre tanto no plano local quanto no mais global. Mas podemos discernir perspectivas claras para uma renovação do engajamento político, embora ao longo de linhas de ação diferentes daquelas até agora dominantes. Rompendo as aporias do pós-modernismo, podemos enxergar possibilidades de "democracia dialógica" estendendo-se desde uma "democracia das emoções" na vida pessoal até os limites externos da ordem global. Como humanidade coletiva, não estamos condenados à irreparável fragmentação nem, por outro lado, estamos confinados à jaula de ferro da imaginação de Max Weber. Além da compulsividade está a oportunidade de se desenvolverem formas autênticas de vida humana que pouco devem às verdades formulares da tradição, mas nas quais a defesa da tradição também tem um papel importante.

III
A reflexividade e seus duplos: estrutura, estética, comunidade[1]

Scott Lash

Com quê, na verdade, pode se parecer uma teoria crítica na ordem mundial atual, informacionalizada, porém mais que nunca capitalista? Se o marxismo funcionava especialmente como uma *arma de crítica* em uma sociedade industrial anterior, estruturada em classes e nacionalmente confinada, o que poderia substituir o marxismo em uma época em que os princípios fundamentais de classe, nação e indústria ostensivamente produziram princípios de novas identidades, uma ordenação global e a produção, circulação e consumo de comunicações? Durante vários anos, analistas de vários países fizeram essa pergunta e propuseram como o sucessor crítico atual do marxismo, por um lado, a ética da raciona-

---

1. Esta contribuição tem um débito especial para com várias discussões ocorridas em pontos cruciais durante sua concepção – discussões com Alistair Black, Dede Boden, Mick Dillon, Celia Lury, Shane O'Neill, Hermann Schwengel, Nick Smith e os participantes dos meus seminários de mestrado e doutorado no Departamento de Sociologia, da Universidade de Lancaster. Sou particularmente grato a Diane Faichney e Karen Gammon, que, no contexto de uma crise de computadores, heroicamente datilografaram e organizaram o manuscrito, enquanto ao mesmo tempo cuidavam de grande parte da organização do enorme e complicado programa dos Estudos de Graduação de Lancaster.

lidade comunicativa derivada da obra de Jürgen Habermas, e, por outro, a analítica do poder discursivo instituída nos escritos de Michel Foucault.

Em vez disso, gostaria de discutir nas páginas que se seguem que os elementos cruciais dessa teoria crítica da virada para o século XXI podem ser encontrados na estrutura da "modernidade reflexiva", que foi implícita, quando não explicitamente, prenunciada nas duas primeiras partes deste livro. Mas gostaria de reafirmar que essa teoria da modernidade reflexiva só pode assumir este tipo de poder crítico quando ela é compreendida em contraposição radical à sua própria natureza. Ou seja, a teoria da modernidade reflexiva pode funcionar melhor como crítica apenas quando entendida fundamentalmente nos termos do seu próprio outro não articulado; quando é interpretada em contraposição a seus próprios propósitos estabelecidos, como alternativa ao contexto de suas suposições não expressas. Há três maneiras pelas quais eu posso desenvolver a teoria da modernidade reflexiva nos termos de seus "duplos", nos termos de sua própria alteridade radical. Estas correspondem às três partes deste capítulo. Primeiro, a modernização reflexiva é uma teoria dos poderes sempre crescentes dos atores sociais – ou "atividade social" – em relação à estrutura. Em vez disso, quero defender um novo conjunto de condições estruturais da reflexividade. Vou argumentar que, embora na verdade haja um certo retrocesso nas estruturas *sociais*, o que permite um maior escopo à atividade, há novas condições estruturais dessa atividade "livre" e bem informada. Vou argumentar que as estruturas sociais que estão regredindo neste contexto estão sendo, em grande parte, substituídas pelas *estruturas de informação e comunicação*.

Segundo, a teoria, do modo como foi formulada por Beck e Giddens, pressupõe que a reflexividade é essencialmente "cognitiva" em sua natureza. Isso, na tradição do Iluminismo de Kant, passando por Durkheim e Habermas, pressupõe a crítica do particular (condições sociais existentes) pelo universal (atividade bem informada). Em vez disso, gostaria de chamar a atenção, não para a dimensão cognitiva, mas para a dimensão *estética* da reflexividade. Isso está situado na tradição – de Baudelaire, passando por Walter Benjamin e chegando até Adorno – em que a crítica, por sua vez, é *da* totalidade infeliz da alta modernidade, dos universais da alta modernidade *através* do particular. Aqui o particular é compreendido como a estética e envolve não apenas a "arte elevada", mas também a cultura popular e a estética da vida cotidiana.

Terceiro, a teoria da modernização reflexiva é um "programa forte" de individualização. O estado de coisas que ela descreve é cada vez mais apresentado como o "eu sou eu" de Beck, em que o "eu" está cada vez mais livre dos laços comunitários e é capaz de construir suas próprias narrativas biográficas (Giddens). Mas o processo mais desdobrado da modernização ainda não produziu a convergência do fim-da-história prevista por Fukuyama (especialmente no Leste Europeu) em direção ao "eu" da democracia de mercado. Em vez disso, temos testemunhado ao mesmo tempo – e talvez mais que nunca – uma vingança do "nós" reprimido da purificação étnica, dos *skinheads* neonazistas da Alemanha Oriental e da fragmentação nacionalista da ex-União Soviética. A terceira parte deste capítulo transforma o conceito de reflexividade estética em uma direção mais hermenêutica, em uma tentativa de lançar alguma luz nas bases ontológicas em mutação deste fenômeno recorrente da *comunidade* na modernidade tardia.

Por que modernidade "reflexiva"?

Antes de passar a uma reconstrução hermenêutica da teoria da modernidade reflexiva, vamos examinar algumas de suas virtudes como teoria crítica. Quero observar primeiro como, em aspectos importantes, este é um ponto de partida criativo das discussões – aparentemente infinitas – entre os modernistas e os pós-modernistas. Além disso, gostaria de mostrar como, em contraste com a alta abstração das versões modernistas e pós-modernistas da teoria crítica, ela possui uma aplicabilidade imediata à análise social, que constitui uma volta a uma *zeitdiagnostische Soziologie*. Neste contexto, desejo também obter alguma aquisição analítica nas características cruciais da teoria.

A teoria social modernista tem sido criticada por pressupor uma "metanarrativa" utópica da mudança social. Em relação a esta, analistas pós-modernos, como Foucault, contrapuseram-se ao que parece ser um evolucionismo distópico. A ideia de modernidade reflexiva parece abrir um terceiro espaço, um cenário completamente diferente e mais abrangente. A ideia pode ser melhor compreendida em um contexto sugerido pela *Dialética do esclarecimento*, de Horkheimer e Adorno, em que a razão ou modernização, inicialmente emancipatória da ordem estática pré-moderna do *Ancien Régime* – na abertura de possibilidades para a livre expressão, para a democracia popular e para os mercados livres do capitalismo – voltou-se em seguida sobre si mesma. Em vez disso, na era do capitalismo *organizado*, Iluminismo ou modernização transformou-se em uma assombração que é seu próprio duplo – como a esfera pública desenvolvida pela troca de mercado transformou-se no seu outro monopólio hierarquicamente estruturado da empresa capitalista; como o individualismo democrático da vida política transformou-se na impessoalidade automática da burocracia legal-racional; como o impulso criativo das *avant-gardes* estéticas e modernistas transformou-se nos estados-prisão de enormes blocos residenciais e projetos de habitação da década de 1960; como o potencial emancipatório anticlerical da física clássica transformou-se na ciência destruidora da natureza do final do século XX.

Entretanto, a teoria da modernização reflexiva abre outra possibilidade para esta transformação da modernização, em que os avanços do "sistema" parecem destruir inexoravelmente o "mundo da vida". Em vez disso, aponta para a possibilidade de uma nova mudança para a dialética do esclarecimento. Analistas como Beck e Giddens perguntam o que acontece quando a modernidade começa a refletir sobre si mesma. O que acontece quando a modernização, compreendendo seus próprios excessos e espirais viciosas da subjugação destrutiva (de natureza interior, exterior e social), começa a se assumir como objeto de reflexão? Nessa visão, esta nova autorreflexividade da modernidade seria muito mais que a adiada vitória da "vontade livre" sobre as forças do "destino" ou do "determinismo". Em vez disso, seria um desenvolvimento imanente do próprio processo de modernização. Em determinado ponto histórico, seria uma condição do desenvolvimento de pré-requisitos funcionais para mais modernização. No final do século XX, se for possível a modernização como crescimento econômico, a mão de obra deve adquirir habilidades substanciais de processamento de informação e, por isso, deve ter alto nível de instrução. A estrutura da resolução de problemas, do questionamento e de coisas similares envolvidas neste processo de educação é também uma condição de aquisição do tipo de conhecimento que pode ser transformado em crítica racional sobre o próprio "sistema". Se modernização pressupõe aumento de individualização, estes indivíduos – menos controlados pela tradição e pela convenção – serão cada vez mais livres também para estar em oposição heterodoxa às consequências distópicas da modernização.

E, na verdade, este é o tipo de distinção que a modernização reflexiva faz em relação à modernização "simples". Se a modernização simples nos proporciona a empresa mesoeconômica vertical e horizontalmente integrada, funcionalmente departamentalizada, então a nova reflexividade sobre as regras e os recursos desta última produz desintegração flexível nos distritos em rede de empresas de conhecimento intensivo, pequenas e relativamente autônomas. Se a inversão totalizadora da modernização simples dos direitos sociais do projeto do Iluminismo é a impessoalidade do Estado burocrático de bem-estar social, então sua contrapartida reflexiva compreende que os serviços de bem-estar são uma coprodução centrada no cliente e defende um conjunto alternativo descentralizado de disposições de bem-estar social que capacitam o cidadão. Se, por um lado, a política da modernidade simples serve ao "marxismo padrão" do passado do Leste Europeu, e, por outro, à combinação ocidental da burocracia do Estado capitalista com o parlamentarismo de procedimento abstrato, então a modernidade reflexiva profere uma política de democracia radical, plural, enraizada no localismo e nos interesses pós-materiais dos novos movimentos sociais. Em resumo, se modernização simples significa subjugação, então modernização reflexiva envolve a capacitação dos indivíduos. Se modernização simples nos fornece o cenário de atomização, normalização e individuação de Foucault, então a contrapartida reflexiva abre uma individualização genuína, abre possibilidades de subjetividade autônoma em relação a seus ambientes naturais, sociais e psíquicos. Entretanto, como adverte Giddens, até a modernidade reflexiva é uma "devoção cega", pois as consequências da reflexividade podem desavisadamente resultar em novas inseguranças, em novas formas de subjugação.

    Não está mais em questão aqui a justaposição direta e dicotômica da tradição e da modernidade, cara aos papas da teoria sociológica clássica – Weber, Durkheim, Simmel e Tönnies. Em vez disso, está em questão uma concepção de três estágios da mudança social – da tradição para a (simples) modernidade e desta à modernidade reflexiva. Nesta visão, as sociedades simplesmente modernas não são plenamente modernas. Neste contexto, a modernidade reflexiva vem *depois* da modernidade simples. Colocado de outra maneira, a sociedade tradicional corresponde aqui à *Gemeinschaft*; a modernidade simples à *Gesellschaft*; e sua sucessora a uma *Gesellschaft* que se tornou inteiramente reflexiva. Neste processo, o motor da mudança social é a individualização. Neste contexto, a *Gesellschaft* ou modernidade simples é moderna no sentido de que a individualização quebrou as antigas estruturas tradicionais – grupo familiar amplo, Igreja, comunidade da aldeia – da *Gemeinschaft*. Mas não é inteiramente moderna porque o processo de individualização foi parcial e um novo conjunto de estruturas *gesellschaftlich* – sindicatos, *welfare state*, burocracia de governo, regras básicas tayloristas formalizadas, a classe em si como uma estrutura – assumiu o lugar de estruturas tradicionais. A modernização plena só acontece quando uma maior individualização também liberta a ação até dessas estruturas sociais (simplesmente) modernas.

É necessário chamar a atenção para a natureza bastante diferente das estruturas sociais tradicionais e das simplesmente modernas. Embora ambas pressuponham uma individualização não plenamente desenvolvida, o tipo de estruturas que elas pressupõem é bastante diferente. Ou seja, onde as sociedades tradicionais pressupõem estruturas *comunitárias* (e eu quero compreender "estrutura" no sentido das "regras e recursos" de Giddens), as sociedades simplesmente modernas pressupõem estruturas *coletivas*. Estas estruturas coletivas pressupõem que os laços comunitários já estejam rompidos e que o "nós" tornou-se um conjunto de indivíduos abstratos e atomizados. Assim, a classe social, como Tönnies enfatizou, não era *gemeinschaftlich*, mas *gesellschaftlich*. Era uma coletividade que já pressupunha a anonimidade, já pressupunha a impessoalidade das relações sociais. Enquanto as comunidades supõem *significados* compartilhados, as coletividades supõem apenas *interesses* compartilhados. O próprio Marx não entendia a classe (em si) enfaticamente como uma questão de significados compartilhados. Na verdade, a formação de classes no capitalismo implicava que os trabalhadores fossem libertados do anterior *Gemeinschaften* camponês, como prestadores individualizados de força de trabalho, que só formariam uma coletividade se as condições comuns aos trabalhadores fossem entendidas como interesses compartilhados. Entender a classe trabalhadora como *Gemeinschaft* é, em muitos aspectos, um fenômeno tipicamente britânico, em virtude da modernização desigual da sociedade britânica e do fato de que os britânicos – em termos de classe social – realizaram diretamente a transição da tradição para a modernidade reflexiva, pulando, por assim dizer, o estágio da modernidade simples. Em comparação, *la classe sociale*, na França, como observa Touraine, tem sido compreendida não em termos de comunidade, mas com relação à luta de classe como *la raison*.[2] Na Alemanha, canonicamente, a classe trabalhadora também não foi concebida como comunidade, mas, como está exemplificado na política social democrata, como uma coletividade *gesellschaftlich*, que se constituía, ao mesmo tempo, como a base e também a camada excluída da sociedade civil. Por isso, críticos sociais, tais como Nietzsche, foram capazes de praguejar, tanto contra o capital utilitário como contra a força de trabalho organizada e igualmente utilitária.

Não são apenas as estruturas de classe da modernidade simples que são abstratas e impessoais: igualmente abstratos e impessoais são, por exemplo, os fenômenos de nação e nacionalismo, que Benedict Anderson demonstrou estarem enraizados na política atomizada, no espaço homogêneo abstrato e no tempo da narrativa.[3] Na verdade, a noção de "sociedade" como um todo na modernidade é abstrata, caracterizada não somente pelos relacionamentos concretos e particulares da *Gemeinschaft*, mas por

---

2. Touraine, *L'après-socialisme*, 1980.
3. Anderson, *Imagined Communities*, 2.ed., 1991, p.32-3.

relacionamentos abstratos, como impessoalidade, realização e universalismo, que, para Talcott Parsons, constituíam as normas institucionais do seu *Sistema social*. Durkheim e seus companheiros "positivistas" foram atacados pela tradição humanista clássica na França, essencialmente pelo mesmo tipo de visão abstrata do social. Na verdade, o "expressionismo sociológico" de Georg Simmel era, de certa forma, uma tentativa explícita de contrapor a "força da vida" do eu interior às normas abstratas gerais e impessoais do social.[4]

Neste contexto, a questão é que este estágio "simples" e inicial da modernidade não é apenas moderno *pela* metade, mas pela metade *moderno*, e até sua coletividade é fundamentada na atomização e na individuação. É essa individualização maior na segunda fase – a fase reflexiva – da modernidade que libertou os indivíduos também dessas estruturas coletivas e abstratas, tais como classe, nação, família nuclear e crença incondicional na validade da ciência. Assim, só se atinge a modernidade reflexiva com a crise da família nuclear e a concomitante auto-organização das narrativas de vida; com o declínio da influência das estruturas de classe sobre os agentes – na escolha do comportamento, nos padrões de consumo e na participação nos sindicatos; com o deslocamento da produção limitada por regras pela flexibilidade no trabalho com a nova desconfiança ecológica e crítica à ciência institucionalizada.

Isso dito, o que, na verdade, poderia ser considerado "reflexividade"? Duas respostas precisam ser dadas a esta pergunta. Primeiro, há a reflexividade *estrutural*, em que a ação, libertada das restrições da estrutura social, reflete as "regras" e os "recursos" dessa estrutura; reflete-se nas condições sociais da existência. Segundo, há uma *auto*rreflexividade em que a ação reflete-se a si

---

4. Landmann; Simmel; George, in Dahme ; Rammstedt (Ed.), *Georg Simmel und die Moderne*, 1984, p.147-52.

mesma. Na autorreflexividade anterior, o controle heterônomo dos agentes é substituído pelo autocontrole. *Risk Society*, de Beck, e *As consequências da modernidade*, de Giddens, referem-se principalmente à reflexividade *estrutural*. Beck colocou em primeiro plano a reflexividade sobre as instituições de ciência, na estrutura da crítica ecológica, enquanto o foco de Giddens na reflexividade é mais geral e diz respeito às regras e aos recursos da sociedade. *Das Ganz Normale Chaos der Liebe*, de Beck e Beck, e *Modernity and Self-Identity* e *A transformação da intimidade*, de Giddens, versam em grande parte sobre a *auto*rreflexividade, sobre a transformação das narrativas de vida e dos relacionamentos amorosos em direção ao monitoramento autônomo.[5]

Cada tipo de reflexividade, por sua vez, pode ocorrer: por um lado, através da mediação dos "sistemas especialistas"; ou, por outro, contra a natureza desses sistemas especialistas. É aqui que termina a notável convergência das teorias de Anthony Giddens e Ulrich Beck. Para Giddens, a reflexividade na modernidade ocorre por intermédio de uma "hermenêutica dupla", em que (embora o primeiro meio de interpretação seja o agente social) o segundo meio de interpretação é o sistema especialista. Assim, para ele, como na virada do século XX para Durkheim, a própria sociologia é um sistema especialista fundamental na reflexividade estrutural. Ou seja, na modernidade tardia, uma proporção crescente da população tem acesso – de uma forma mais ou menos diluída – a conceitos sociológicos como um meio hermenêutico de reflexão – e potencialmente como um ímpeto para a mudança social – nas regras e nos recursos da estrutura social. Para Giddens, a *auto*rreflexividade, ou a auto-organização das narrativas de vida, ocorre em contradistinção, por intermédio de sistemas especialistas,

---

5. Beck; Beck-Gernsheim, *Das Ganz Normale Chaos der Liebe*, 1990, p.11-2; Giddens, *Modernity and Self-Identity*, 1991, p.7-8.

como a psicologia e a psicanálise. Para Giddens, a reflexividade na modernidade envolve uma mudança nas relações de confiança, de tal forma que a confiança não é mais uma questão de envolvimento face a face, mas, em vez disso, uma questão de confiança nos sistemas especialistas. Para Beck, em marcante contraposição, a reflexividade na modernidade implica uma liberdade crescente dos sistemas especialistas e uma crítica a eles. Assim sendo, a reflexividade estrutural envolve uma liberdade em relação aos sistemas especialistas da ciência dominante. A autorreflexividade envolve uma liberdade – e uma crítica – das várias psicoterapias. A reflexividade não é baseada na confiança, mas na ausência de confiança nos sistemas especialistas.[6]

O problema da "insegurança" aparece de maneira importante nas estruturas conceituais de ambos os autores. Isto é notável, porque, como já declarei alhures, a preocupação de Giddens – como aquela de sociólogos clássicos como Durkheim – é com o problema da ordem, enquanto a de Beck – como a tradição que vai de Marx até Habermas – é com a mudança.[7] Para ambos, a reflexividade tem como objetivo atingir a minimização da insegurança. Em *Risk Society*, de Beck, que tem como tema a mudança social, a reflexividade – possibilitada pela individualização – significa provocar a mudança social mediante a minimização das ameaças ambientais. Esta é apenas uma das formas da mudança social significativa que a ação reflexiva pode alcançar na sociedade de risco. O que está tematizado no caso de Giddens é a "insegurança ontológica". Embora Beck tenha conseguido fama pelo conceito de sociedade de risco, a insegurança é muito mais básica à *problémati-*

---

6. Beck; W. Bonss, Verwissenschaftlichung ohne Aufklärung?, in Beck; Bonss (Ed.), *Weder Sozialtechnologie noch Aufklärung?*, 1989, p.7-45 (p.19).
7. Lash, Reflexive Modernization: the Aesthetic Dimension, *Theory, Culture and Society*, v.10, n.1, 1993, p.1-24.

que de Giddens. Para Giddens, o problema da ordem é formulado na base dessa insegurança ontológica. O problema é precisamente como podemos enfrentar não tanto as ameaças ambientais, mas os psíquicos e os sociais, e manter níveis razoáveis de ordem e estabilidade em nossas personalidades e na sociedade. Sua resposta é através da mediação dos sistemas especialistas.[8]

Giddens conta muito com a etnometodologia para sua ideia de reflexividade mediada pela hermenêutica. Somente que, enquanto a etnometodologia pergunta como *rotineiramente* chegamos ao *significado*, Giddens, na verdade, pergunta como *conscientemente* chegamos à *segurança ontológica*. Visto que a etnometodologia poderia parecer querer disputar com os sistemas especialistas (e em particular a versão durkheimiana e outras versões da sociologia positivista) e, alternativamente, parece olhar por detrás deles, para seus "hábitos" e atividades rotineiras, Giddens deseja declarar que essa insegurança é apenas – ou pelo menos, melhor – enfrentada por meio do uso dos sistemas especialistas. O conceito de "insegurança ontológica" é extraído do trabalho de R. D. Laing sobre a psicologia existencial.[9] O teor do termo é heideggeriano e poderia parecer evocar uma "hermenêutica de apropriação" através da qual se poderia – por meio da interpretação hermenêutica – obter acesso às bases ontológicas de nossos mundos sociais e psíquicos. Isto poderia parecer a maneira aparente de se obter uma base em algum tipo de segurança ontológica. Isso implicaria a interpretação hermenêutica, a abertura (*Auslegung*) e o desmantelamento hermenêutico do pensamento sujeito-objeto dos sistemas especialistas, no sentido de mostrar seus fundamentos nas formas de ser, nos modos de vida.[10] Giddens, assim como Laing, evita este

---

8. Giddens, *The Consequences of Modernity*, 1990, p.112-3, 131-2.
9. Laing, *The Divided Self*, 1960.
10. Dreyfus, *Being-in-the-World*, 1991, p.228-30.

tipo de interpretação hermenêutica e, em vez disso, encontra sua dupla hermenêutica e a solução para a insegurança ontológica nos próprios sistemas especialistas.

Entretanto, o que está em questão no momento é que enquanto Beck considera os sistemas especialistas também como obstáculos à obtenção de segurança, Giddens os considera instrumentos que justamente nos ajudam a obter essa segurança. E embora se possa desejar discutir as implicações normativas da teoria de Giddens, seu apoio na realidade empírica da modernidade tardia é considerável. Embora os sistemas especialistas, muito positivamente valorizados por Giddens, pareçam ser muito parecidos com os "discursos" de Foucault (valorizados de maneira completamente negativa), eles são, na verdade, um conceito muito mais amplo. Enquanto os discursos foucaultianos são estruturas que regulam a ocorrência sistemática de atos de fala sérios, os sistemas especialistas têm um escopo muito mais extenso. Eles se referem ao mesmo tempo às práticas dos chamados profissionais e de outros especialistas; têm um forte aspecto institucional; podem também se referir à especialização objetivada em máquinas, como aeroplanos e computadores, ou em outros sistemas objetivos, como os mecanismos monetários.[11]

E é precisamente este apoio amplo, embora com aplicabilidade empírica imediata, à virtude das teorias da modernidade reflexiva tanto de Beck como de Giddens. O que elas representam é o desenvolvimento do que é conhecido na Alemanha como uma *zeitdiagnostische Soziologie*. Após duas décadas de dominação do panorama social-teórico alemão pela interminável luta entre a ação comunicativa de Habermas e a teoria dos sistemas autopoéticos de Niklas Luhmann, o impacto da *Risikogesellschaft* de Beck foi, quintessencialmente, aquele da teoria social que finalmente vol-

---

11. Giddens, *The Consequences of Modernity*, p.83-4.

ta à terra. Isto foi verdade em termos da possibilidade de acesso tanto das ideias quanto da apresentação – *Risk Society* e *Das Ganz Normale Chaos der Liebe* são dois dos livros de ciência social mais vendidos na história da Europa continental – e são amplamente lidos pelo público leigo instruído. Isso também foi verdade, pois Beck se referiu ao quanto a mudança social, em suas linhas mais amplas, era também a mudança das vidas cotidianas. A publicação de *As consequências da modernidade*, seguida por *Modernity and Self--Identity* e *A transformação da intimidade*, representou também uma virada *zeitdiagnostisch* na história intelectual de Anthony Giddens. Anteriormente, lia-se Giddens para aprender sobre Giddens e sua teoria social – seus conceitos de distanciamento tempo-espaço, a teoria da estruturação. Agora, todo um novo público foi introduzido à nova obra mais acessível de Giddens. Agora, as pessoas que queriam ler sobre confiança, risco, relacionamentos, a crise da modernidade, o papel dos sistemas especialistas começaram a consultar sua obra. Tem havido um novo interesse por Giddens entre os membros do Partido Trabalhista britânico; e a ampla "esquerda" britânica, que anteriormente via sua obra como algo muito elitista, agora a consulta, juntamente com *eminences grises* como Stuart Hall, como uma das análises mais penetrantes da mudança social. Com o declínio do marxismo acadêmico no final da década de 1970, a Sociologia também perdeu seu lugar no centro do palco do que estava em curso no mundo da teoria. Após mais de uma década, em que os críticos literários, escritores e filósofos de arte e arquitetura dominaram o "cenário da teoria" – e se pensava estar escutando o dobrar dos sinos pela Sociologia, em prol dos "estudos culturais", muito mais em moda –, é gratificante que a Sociologia possa se referir aos mesmos problemas importantes da época contemporânea com tal apoio político e poder analítico.

    Isso é suficiente à guisa de introdução e elogios. Vamos agora ao cerne da questão. Vamos voltar à teoria da modernidade reflexiva. Vamos ao mesmo tempo nos voltar para a destruição criativa desta teoria da ação, ao cognitivo e ao individualismo e à sua concomitante reconstrução como uma teoria também da estrutura, da estética e da comunidade.

Ação ou estrutura?

A tese da modernização reflexiva tem como suposição básica a *Freisetzung* ou libertação progressiva da ação em relação à estrutura. Para o crescimento econômico, isso talvez seja mais poderosamente evidenciado na mudança social na vida econômica e, em particular, no desenvolvimento de uma nova estrutura do que poderia ser chamado de "acumulação reflexiva". Isso ocorre pela libertação da ação em relação à estrutura. Ou, então, a estrutura efetivamente obriga a ação a ser livre, no sentido de que a acumulação estrutural do capital só é possível conquanto a ação consiga se libertar das estruturas "fordistas" limitadas por regras. Este processo tem sido comumente compreendido nos termos da "especialização flexível", em que o consumo cada vez mais especializado envolve maneiras mais flexíveis de produção. Neste contexto, o consumo especializado estimula as empresas, por um lado, a produzir quantidades menores de um determinado produto, e, por outro, a ampliar a série de produtos apresentados. Para que isso seja possível, as empresas e os trabalhadores das empresas devem *inovar* muito mais rapidamente. E essa inovação sempre mais rápida é uma questão muito maior do que apenas "flexibilidade". A inovação mais rápida implica uma quantidade muito maior de trabalho a ser deslocada, proporcionalmente, para o projeto de novos produtos. Isso implica que uma proporção muito maior do processo de produção do que aquela existente até agora é constituída por um "processo de projeto" de conhecimento intensivo e em uma proporção menor pelo "processo de trabalho" material. A intensidade do conhecimento envolve necessariamente a *reflexividade*. E envolve a autorreflexividade, pois o monitoramento heterônomo dos trabalhadores por regras é substituído pelo automonitoramento. Isso envolve (e implica) a "reflexividade estrutural", pois o fato de as regras e os recursos (estes últimos incluindo os meios de produção) do chão de fábrica (*shopfloor*) não mais controlarem os trabalhadores torna-se o objeto de reflexão da ação. Isto é, os agentes podem reformular e usar essas regras e recursos em uma variedade de combinações para, cronicamente, inovar.

Até aí, tudo bem. A tese *Freisetzung* da teoria da modernidade reflexiva (em que a ação é libertada da estrutura) tem, portanto, um potencial explicativo considerável em relação à flexibilização da produção. Mas vamos fazer uma pausa. Vamos dar um passo atrás e fazer a pergunta que Beck e Giddens não fizeram com a devida atenção: por que, poderíamos perguntar, encontramos a reflexividade em alguns locais e não em outros? Por que em alguns setores econômicos e não em outros? Há certamente um aumento maciço no número de produtores reflexivos no setor de *softwares* (sistemas e aplicações operacionais), na produção de computadores e de semicondutores, nos serviços empresariais, na construção de máquinas, por exemplo, na Alemanha. Mas, e quanto à criação pós-fordista de milhões de "subempregos", de empregos fabris de nível inferior, como, por exemplo, no setor de utensílios domésticos nos últimos quinze anos; e quanto à criação do maciço "proletariado McDonald's" no setor de serviços; a criação sistemática de grandes exércitos de desempregados, especialmente entre os jovens do sexo masculino? E quanto a todas essas posições do novo mercado de mão de obra, que foi "rebaixado" a uma posição inferior àquela da classe trabalhadora clássica (fordista)? Há, de fato, ao longo dos já mencionados "vencedores da reflexividade", batalhões inteiros de *"perdedores* da reflexividade" das sociedades atuais de classes cada vez mais polarizadas, embora com informação e consciência de classe cada vez menores? Além disso, fora da esfera da produção imediata, como é possível uma mãe solteira, que vive em um gueto urbano, ser "reflexiva"? Ulrich Beck e Anthony Giddens escrevem com profundidade sobre a autoconstrução das narrativas de vida. Mas, partindo da "necessidade" da "estrutura" e da pobreza estrutural, quanta liberdade esta mãe do gueto possui para autoconstruir sua própria "narrativa de vida"?[12]

Para contabilizar essas desigualdades sistemáticas em nosso capitalismo informacional globalizado, assim como as desigualdades sistemáticas entre as nações centrais e as periféricas, devemos, acredito eu, considerar as *condições estruturais da reflexividade*. Mas o que essas condições estruturais podem ser se a reflexividade, como está acima delineada, desenvolveu-se apenas por meio da falência, do retrocesso das estruturas sociais? Se, por definição, a reflexividade envolve a *Freisetzung* da ação em relação à estrutura, como a desigualdade na modernidade tardia pode realmente possuir uma explicação estrutural? A resposta pareceria estar no fato de que a reflexividade e a desigualdade das "oportunidades reflexivas" devem ter por condição de existência um conjunto interarticulado de estruturas *não* sociais. Portanto, o que, na verdade, sustenta a reflexividade não são nem as estruturas sociais (econômicas, políticas e ideológicas) do marxismo nem as estruturas sociais (normativamente regulamentadas e institucionais) do funcionalismo parsonsiano, mas, ao contrário, um entrelaçamento articulado de redes globais e locais de *estruturas de informação e comunicação*. Seria possível compreender melhor este novo contexto em contraste com o capitalismo industrial, em que as "oportunidades de vida" e a desigualdade de classe dependem do lugar do agente dentro dele e do acesso ao modo de produção. Na

---

12. Lash; Urry, *Economies of Signs and Space*, 1993, cap.6.

modernidade reflexiva, as oportunidades de vida – o resultado de quais devem ser os vencedores da reflexividade e quais os perdedores da reflexividade – dependem, em vez disso, do seu lugar no "modo de informação".[13] Na modernidade reflexiva, as oportunidades de vida são uma questão de acesso, não ao capital produtivo ou às estruturas da produção, mas, em vez disso, do acesso e do lugar nas novas estruturas de informação e comunicação.

Produção reflexiva: a elevação da classe trabalhadora

A ideia de "estruturas de informação" foi introduzida no trabalho do sociólogo industrial japonês Kazuo Koike no contexto de uma comparação entre as empresas japonesas e as norte-americanas. Koike analisou os mercados de trabalho internos em grandes empresas dos dois países e descobriu que os padrões de incentivo à promoção no Japão estavam estreitamente vinculados à aquisição de conhecimento ou de informação, enquanto nos EUA a promoção era, em geral, independente da aquisição de conhecimento. O conceito foi subsequentemente ampliado pelo economista institucional Masahiko Aoki, para abranger também os *fluxos* de informação. Neste caso, os fluxos de informação das empresas japonesas são otimizados por meio das relações de confiança existentes entre a empresa e seus trabalhadores e subempreiteiros, e entre as empresas e os financiadores. Isto está em contraste com o bloqueio dos fluxos de informação nas empresas de baixa confiança, orientadas para o mercado, tanto nos EUA quanto no Reino Unido.[14] Sendo assim, as estruturas de informação consistem em: primeiro, canais estruturados em que a

---

13. Poster, *The Mode of Information*, 1990.
14. Koike, *Understanding Industrial Relations in Modern Japan*, 1988, p.182-8; Aoki, *Information, Incentives and Bargaining in the Japanese Economy*, 1988, p.7-13.

informação flui; segundo, espaços em que ocorre a aquisição das habilidades de processar a informação.

Neste contexto, a produção reflexiva possivelmente só ocorre na presença de níveis ótimos de fluxo de informação e aquisição de conhecimento (ou processamento da informação). E alguns modos de controle institucional das estruturas de informação são favoráveis à produção reflexiva, enquanto outros não o são. Por exemplo, o controle "corporativista" japonês das estruturas de informação conduz mais à produção reflexiva que o controle do mercado nos EUA e no Reino Unido. O crucial aqui é a extensão em que as estruturas de informação se sobrepõem aos sistemas de produção em um determinado setor ou em um determinado país. O crucial em um sistema de produção é quem está incluído e quem está excluído das estruturas de informação. Assim, Aoki baseou-se na justaposição de Ronald Dore dos "contratos relacionais" com os "contratos à distância", controlados pelo mercado anglo-americano. Nas subcontratações japonesas, a frequente troca de pessoal, permanente ou temporária, entre a subempreiteira e a empresa matriz, os programas conjuntos de desenvolvimento do produto e a identidade compartilhada entre os trabalhadores na subempreiteira e na matriz otimizam o fluxo de informação. Nos EUA e no Reino Unido o fluxo de informação não somente é impedido pela ausência dessas trocas materiais e simbólicas, pela ausência desses relacionamentos de confiança, mas as subempreiteiras estão também excluídas da estrutura de informação do sistema de produção das matrizes.[15] Tanto nos sistemas de produção japoneses quanto nos alemães, o contrato financeiro ocorre, caracteristicamente, muito mais por intermédio de bancos do que no mundo anglo-americano. Durante algum tempo, os economistas institucionais queixaram-se da

---
15. Dore, *Taking Japan Seriously*, 1987, p.173-91.

incapacidade dos bancos dos EUA e do Reino Unido para agir racionalmente e pôr um fim a seus maus hábitos de empréstimos a curto prazo com taxas de juros bastante elevadas. Mas talvez as suposições de escolha racional do mercado não sejam a solução, e sim o problema. Em vez disso, talvez seja a propensão das instituições anglo-saxônicas para o pensamento custo-benefício, neoclássico, do cauteloso ator racional, que as predispôs ao fracasso desta abordagem a curto prazo. Esta escolha racional, neoclássica, está no polo oposto do contrato relacional dos bancos japoneses e alemães, o fato de seu relacionamento com a indústria ser mais um relacionamento de *status* que de "contrato", e o fato de as relações de confiança corporativistas (distintas das neoclássicas) permitirem também um fluxo dos símbolos entre os contratantes financeiros e industriais. É o "mundo" compartilhado dos dois, os significados compartilhados, que explica a tendência dos bancos no Japão e na Alemanha a realizarem empréstimos a longo prazo e a juros mais baixos. E, em troca, eles são incluídos nas estruturas de informação da empresa industrial. O contrato financeiro por intermédio de participações acionárias é, certamente, cada vez mais comum no Japão e na Alemanha. Mas no Japão, mais uma vez, as ações são a prazo mais longo e os dividendos são muito mais baixos que no modelo anglo-americano. Embora se obtenha resultado nos ganhos de capital, o motivo para os acionistas japoneses se envolverem nesse "risco compartilhado" com as empresas industriais é, mais uma vez, o contexto de confiança do seu relacionamento.[16] O resultado é a inclusão nas estruturas de informação do sistema de produção da empresa. Os contratantes financeiros anglo-saxões, que utilizam o cur-

---

16. Sako, Neither markets nor hierarchies: a comparative study of the printed circuit board industry in Britain and Japan, in *Comparing Capitalist Economies*: the Governance of Economic Sectors, May 1988. (Paper).

to prazo, frequentemente nem sequer demonstram interesse em ser incluídos nessas estruturas de informação.

Finalmente, a contratação de empregos no Japão – em comparação com o mundo anglo-saxônico – é também mais relacional que a distância, e o nexo direto do dinheiro é complementado pela troca simbólica da identidade compartilhada. Esta não é uma necessidade absolutamente "primitiva"; na verdade, muitos de nós, como professores universitários ou, digamos, alunos de pós--graduação, temos relacionamentos com nossos departamentos que estão fortemente entrelaçados em termos de troca simbólica e de identidade compartilhada. Neste contexto, os trabalhadores japoneses vão dizer que trabalham "na empresa", enquanto os colegas britânicos ou norte-americanos trabalham "para a empresa". O que isto envolve é uma parcela de risco compartilhado entre os trabalhadores japoneses – que, por exemplo, vão trabalhar por salários muito baixos nos primeiros anos de suas carreiras. Mas também envolve a inclusão do trabalhador japonês em uma estrutura de informação da empresa. Nisto está envolvido um certo *quid pro quo* informacional. O trabalhador contribui para o fluxo da informação dando voz ao conhecimento tácito em, por exemplo, círculos de qualidade. Em troca, tem acesso a muito mais informações relativas ao modo como transcorre o processo de produção. Neste caso, o fluxo de informação está intrincadamente interligado à aquisição de conhecimento. Além disso, os trabalhadores japoneses, como consumidores, participam efetivamente do risco compartilhado com a indústria. Sua propensão para manter níveis elevados de poupança a juros baixos compõe-se, na verdade, de empréstimos à indústria.[17]

---

17. Aoki, The participatory generation of information rents and the theory of the firm, in Aoki; Gustaffson; Williamson (Ed.), *The Firm as a Nexus of Treaties*, 1990, p.26-52 (p.28-9).

Na Alemanha, também, o controle corporativista dos sistemas de produção possibilita estruturas de informação inclusivas e uma produção extremamente reflexiva. Este controle institucional tradicionalista permite uma produção muito moderna, embora o controle de mercado aparentemente moderno do mundo anglo-saxônico realmente iniba a modernização dos processos de produção. Há na Alemanha, por assim dizer, três pilares desse controle corporativista: o sistema de curso técnico, a estrutura de negociação coletiva e a aprendizagem.

Os cursos técnicos (*technische Fachhochschulen*) são a base para os bem-sucedidos distritos industriais extremamente interligados em, por exemplo, Baden-Württemberg e Nordrhein-Westphalia. Estes são cursos de educação superior, mas não faculdades de engenharia nem escolas técnicas de elite. Seus correlatos mais próximos podem ser as politécnicas inglesas, que foram as primeiras, e, nos EUA, as faculdades de engenharia estaduais ou municipais. Entretanto, o conhecimento oferecido nos cursos técnicos é muito mais concreto, baseado no comércio e prático do que o aprendizado teórico e comparativamente abstrato de seus correlatos anglo-americanos. A estrutura departamental típica de um curso desse tipo não será, digamos, um departamento de Física e de Físico-química, mas sim departamentos de construção naval, engenharia de máquinas pesadas, cerâmica e coisas semelhantes. Os cursos técnicos são o pilar das estruturas de informação nos distritos industriais alemães. Eles atuam nas instituições por intermédio de professores universitários que atuam em escritórios de consultoria e serviços de transferência de tecnologia para as empresas, e pela circulação de pessoal entre escolas e empresas.[18]

---

18. Hoffmann, Innovationsforderung in Berlin und Baden-Württemberg – zum regionalen Eigenleben technologie-politischer Konzepte, in Jürgens; Krumbein (Ed.), *Industriepolitische Strategien*, 1991, p.64-97 (p.75-6).

Os cursos técnicos não são particularmente eficientes em distritos dominados por empresas maiores, que financiam internamente grande parte do seu próprio P&D e treinamento. Também não são eficientes quando as empresas são pequenas e não muito inovadoras. Há incentivo suficiente para os professores das universidades enviarem seus alunos e também para passarem alguns anos de sua vida profissional apenas em empresas inovadoras. Com a circulação de pessoal, no decorrer de suas carreiras, entre cursos técnicos e empresas, ocorre um fluxo de informação considerável e a aquisição de capacidades de processamento de informação. Não é de modo algum atípico que um rapaz, já tendo feito seu aprendizado e após vários anos trabalhando em uma empresa, frequente um curso técnico durante dois anos para adquirir credenciais para se tornar um técnico, e depois disso volte ao trabalho na mesma empresa ou se incorpore a outra empresa de porte médio no mesmo distrito industrial. Após mais alguns anos de trabalho, este homem pode retornar ao curso técnico para realizar cursos complementares e se tornar engenheiro. Depois disso, ele pode trabalhar como engenheiro para outra empresa do distrito. Talvez aos quarenta anos ele consiga um emprego de professor em uma das escolas locais e envie seus alunos para projetos de até um ano de trabalho nas empresas do distrito. Ao mesmo tempo, poderia passar dois dias por semana dirigindo um escritório de transferência de tecnologia, proporcionando serviços de consultoria para as empresas locais.[19]

Na circulação de pessoal entre empresas e escolas, não há apenas fluxo de informação e aquisição de conhecimento, mas a facilitação adicional de cada um pelo igualitarismo comparativo da estrutura ocupacional industrial alemã. Há significativa-

---

19. Bernschneider; Schindler; Schüller, Industriepolitik in Baden-Württemberg und Bayern, in ibid., p.57-73.

mente mais mobilidade profissional do trabalhador especializado para o técnico e deste para o engenheiro do que em outros países.

Além disso, as diferenças de *status* entre o engenheiro, o técnico e o trabalhador especializado são muito menos pronunciadas do que em qualquer outro lugar. Isto conduz a um universo ocupacional concentrado em torno da "massa média". Neste contexto, os engenheiros são considerados não tanto como o topo da hierarquia, mas como profissionais, colegas profissionais com apenas um *Beruf* (ofício, habilidade ou profissão) especializado diferente, que podem trabalhar lado a lado com trabalhadores habilitados.[20] Tanto a mobilidade quanto a igualdade de *status* facilitam o livre intercâmbio de ideias e, assim, o fluxo de informações e também a aquisição de conhecimento.

O segundo pilar são as estruturas de representação corporativa dos conselhos de trabalho e da codeterminação, e as estruturas de negociação coletiva neocorporativa e setorial. Estas já foram exaustivamente descritas alhures.[21] A questão é que cada uma delas aumenta as relações de confiança. Estas não correspondem às relações de confiança mais particularizadas e personalizadas da empresa japonesa. São relações de confiança mais abstratas e institucionalizadas, que conduzem à renúncia ao oportunismo, entre os sindicatos e a gerência. Tudo isso facilita o fluxo de informações, especialmente através dos conselhos de trabalho, mas também políticas positivas de treinamento, que em si são o terceiro pilar do *deutsche Modell*.

---

20. Lutz; Veltz, Maschinenbauer versus Informatiker – gesellschaftliche Einflüsse auf die fertigungstechnische Entwicklung: Deutschland und Frankreich, in Duell; Lutz (Ed.), *Technikentwicklung und Arbeitsteilung im Internationaler Vergleich*, 1989, p.215-72 (p.261).
21. Streeck, Organizational consequences on neo-corporatist cooperation in West German labour unions, in Lehmbruch; Schmitter (Ed.), *Patterns of Corporatist Policy-Making*, 1982, p.29-82.

Wolfgang Streeck declarou que é irracional para qualquer capitalista investir pesadamente no treinamento dos trabalhadores, embora seja eminentemente racional para os capitalistas, como classe, investir nesse treinamento.[22] Isso ocorre porque qualquer capitalista que tenha investido em treinamento muito provavelmente perdeu seus trabalhadores treinados – via mercados de mão de obra externos – para outro capitalista. Neste caso, o primeiro empregador não recuperaria os custos investidos no treinamento, enquanto o segundo seria um "oportunista" à custa do primeiro. Aqui, a afirmação de Streeck não é inteiramente precisa. É racional para qualquer capitalista investir em treinamento quando – como frequentemente acontece no Japão – ele sabe que há probabilidade de os trabalhadores treinados permanecerem a carreira toda em sua empresa. Mas o princípio que Streeck defende diz que: o caso dos japoneses não é um caso neoclássico de controle de treinamento pelo mercado, mas de controle institucional pelo "corporativismo empresarial". E o treinamento regulamentado pelo mercado é a pior solução possível para as estruturas de informação da produção reflexiva.

Parece haver duas soluções para a regulamentação do treinamento pelos capitalistas como classe, proposta por Streeck. Por um lado, há a educação dos trabalhadores, regulamentada pelo Estado, até a idade de 18 anos aproximadamente, comum na França e no Japão. Por outro, há os aprendizados corporativamente regulamentados na Alemanha e na Áustria, e estes formam nosso terceiro "pilar". São regulamentados em um nível local – por meio de câmaras do comércio, sindicatos, associações de empregados e representantes estaduais dos departamentos de educação. Nos locais em que os capitalistas organizam coletivamente esse trei-

---

22. Streeck; Hilbert; Kevelaer; Maier; Weber, *Steuerung und Regulierung der Beruflichen Bildung*, Berlin: Stigma, 1987.

namento pelo Estado, a educação tende a ser baseada na escola; a aprendizagem é teórica, de competências numéricas e verbais abstratas. Nos locais em que eles organizam coletivamente o treinamento, pelo "corporativismo local" do mundo de língua alemã, a educação é baseada no local de trabalho; a aprendizagem é mais prática e voltada para a realidade.[23] No mundo anglo-saxão, infelizmente, não temos nem uma nem outra. Tanto no Reino Unido quanto nos EUA, as estruturas da aprendizagem são essencialmente uma coisa do passado. Como acontece com as escolas secundárias organizadas pelo Estado, os jovens ou saem cedo (Reino Unido) ou aprendem muito pouco enquanto estão lá (EUA).

Em contraste com o *zoon politikon* de Aristóteles e com o Homem Racional do Iluminismo, o aprendizado alemão parece assumir posturas do *homo faber* marxiano. Ou seja, ficar sem uma habilidade é, de algum modo, estar além dos limites em termos do que torna humanos os seres humanos. Se há 720 mil pessoas saindo da escola em um determinado ano e apenas 715 mil postos de aprendizado, isso é um escândalo nacional. Os rapazes de 22 anos que vendem videocassetes, *walkmans* e aparelhos de CD em uma loja de aparelhos eletrônicos na rua principal do comércio ou nos *shopping centers* terão realizado um aprendizado e conhecerão os detalhes dos aparelhos que estão nos vendendo. A jovem da mesma idade que trabalha em uma padaria terá conhecimento detalhado similar de todos os tipos de pão que ela faz e vende para os fregueses. O aprendizado ainda se baseia em um *Meistermodell*, reminiscência das associações medievais, em que os trabalhadores progridem de aprendizes para artífices e daí para mestres. Os mecânicos especializados em empresas fabricantes de grandes máquinas, que são líderes de equipe de trabalho aos 35 anos de idade, frequentemente serão ao mesmo tempo artífices exímios.

---

23. Lutz; Veltz, Maschinenbauer versus Informatiker, p.226-8.

Na Alemanha, a lealdade e a comunidade (que no Japão estão conectadas com a empresa) estão no contexto do *Beruf*, no ofício ou na comunidade profissional. É isso que está evidenciado nos níveis salariais inferiores dos aprendizes alemães, que no Reino Unido e em outros lugares geralmente ganham cerca de 75% dos salários dos adultos.[24] O *quid pro quo* em relação a esse sacrifício monetário é a aquisição de conhecimento pelos aprendizes. Também no Japão (em forte contraste com o Reino Unido, a Itália e a França), os salários daqueles que deixam a escola e entram nas empresas são da ordem de 50% daqueles dos trabalhadores adultos.

O que está em questão aqui é um processo não de modernização reflexiva, mas de *"tradicionalização reflexiva"*. Isto é tradicionalização no sentido que Robert Bellah dá a uma ética do compromisso e da obrigação, não em relação a si mesmo (que realmente vemos nos sistemas de produção anglo-americanos), mas a uma *comunidade*, esta comunidade sendo a empresa, no caso japonês, e o *Beruf*, no caso alemão.[25] Isto se reflete na renúncia dos salários dos adultos pelos trabalhadores muito jovens. Esta tradicionalização reflexiva não é uma questão de individualização, mas uma questão de *comunidades* reflexivas, com práticas motivadas por e orientadas para um conjunto de "bens substantivos". Esses bens substantivos são, do ponto de vista de Alistair MacIntyre, "bens internos" – ou seja, não são bens externos às práticas, como a recompensa monetária, o poder ou o prestígio, mas bens internos às práticas – a habilidade ou o bem da empresa. Segundo Charles Taylor, estes bens substantivos também se distinguem dos "bens procedurais".[26] Em contraste

---

24. Casey, Recent developments in the German apprenticeship system, *British Journal of Industrial Relations*, v.29, 1991, p.205-22.
25. Bellah; Madsen; Sullivan; Swidler; Tipton, *Habits of the Heart*, 1985, p.48.
26. MacIntyre, *Whose Justice? Which Rationality?*, 1988, p.124-30; Taylor, The diversity of goods, em seu *Philosophy and the Human Sciences*, 1985, p.230-47. (Philosophical Papers, 2).

com a ética de procedimento das disputas por demarcação no chão de fábrica e de um foco primário na "formação da vontade discursiva" da democracia fabril, uma ética fabril substantiva ficará enraizada na *Sittlichkeit* (a vida ética das práticas particulares, compartilhadas e costumeiras) do trabalho ou da comunidade da empresa e vai destinar uma atenção primária à habilidade e à fabricação de um produto de alta qualidade.

Esta tradicionalização e esta comunidade são *reflexivas*, pois medeiam as relações de poder abstratas, onde os sindicatos e a democracia estão bem instituídos, como na Alemanha, e onde essas estruturas de poder são hierárquicas e paternalistas, como no Japão. Embora frequentemente seja dito (e é verdade em alguns aspectos) que a globalização está obrigando a Alemanha e o Japão a se moverem em direção à regulamentação do mercado anglo--americano, estas estruturas tradicionais são reflexivas de outra maneira. E assim é que são as pequenas e superadas empresas do Japão e da Alemanha que realmente se aproximam muito da regulamentação das relações de trabalho do mercado, enquanto as empresas mais modernas, de mais alta tecnologia, de ambos os países, aproximam-se mais dos modelos tradicionalista e comunitário. Finalmente, esta tradicionalização é reflexiva no sentido de que um grande número de empresas, tanto no mundo anglo--saxão como em outros lugares, que anteriormente utilizavam formas individualizadas de regulamentação econômica, agora escolhe tentar instituir precisamente essas estruturas de não mercado.

Vencedores da reflexividade e perdedores da reflexividade:
(novas) novas classe média e classe baixa

Como acabamos de ver, as formas de regulação pré-modernas e comunitárias-tradicionais podem conduzir ao fluxo e à aquisição de informações que são as condições estruturais da produção reflexiva. O treinamento e o acesso ao fluxo de informações, que isso pressupõe, envolvem um progresso da nova classe trabalhadora "reflexiva" em relação ao proletariado clássico, "fordista". Estes tipos de estrutura de informação são uma condição da existência *tout court* da classe trabalhadora contemporânea, pois onde eles estão ausentes os produtos não são internacionalmente competitivos e os empregos da classe trabalhadora desaparecem. Por isso, a proporção dos trabalhadores industriais, que participam do total da força de trabalho atual, é da ordem de 50% a 75% mais elevada na Alemanha do que no mundo anglo-americano.

Se a regulamentação comunal é mais favorável para o escopo e o poder das estruturas de informação e comunicação nos sistemas de produção, então a regulação individualizada (e de mercado) lhes é mais favorável nos sistemas de *consumo*. Os fluxos, não apenas da informação e das comunicações, mas também do dinheiro, articulam-se fundamentalmente, não com a produção, mas com os sistemas de consumo das economias sociais anglo-americanas orientadas para o mercado. Neste contexto, os contratantes financeiros das empresas tendem a atuar mais no interesse das necessidades do seu próprio consumo do que no interesse da empresa, com um resultante imediatismo sobre o estoque de propriedades. Daí o fenômeno do alto índice de participação acionária. Daí a proporção imensamente mais elevada, no mundo anglo-americano, de empréstimos para o consumo direto (cartões de crédito bancários, compra em prestações, saques a descoberto, uso de cartão de crédito em lojas) e de hipotecas para os compradores de casas do que no Japão, na Alemanha e em outros lugares. O consumo é também maciçamente mais *individualizado* nos países anglo-saxões, voltados para o mercado. Todos os tipos de áreas em que, na Alemanha e no Japão, as decisões do consumidor são tomadas pela "estrutura", nos EUA e no Reino Unido são deixadas à decisão individual. E este consumo mais reflexivo é efetuado com a ajuda dos sistemas especialistas. No Reino Unido ou nos EUA, um indivíduo de classe média (ou mesmo da classe trabalhadora) está apto a comprar e vender quatro casas enquanto ele viver, enfrentando assim quatro conjuntos de transações financeiras com avaliadores, arquitetos, advogados, agentes imobiliários e sociedades de construção. Seus correlatos alemães ou japoneses, em sua maior parte, vão morar de aluguel a sua vida toda ou, se comprarem uma casa, o farão apenas uma vez e não enfrentarão nenhuma dessas transações econômicas com sistemas especialistas. O indivíduo anglo-americano tem muito maior probabilidade de ser divorciado, ou de se divorciar mais de uma vez, o que envolve mais advogados, mais aquisições de residências etc.; possuir um contador particular, utilizar um conselheiro financeiro particular, contratar, em certas circunstâncias da sua vida, especialistas em treinamento físico, fisioterapeutas e psicoterapeutas. Nas economias voltadas para o mercado, este indivíduo, frequentemente envolvido em transações econômicas, tem muito mais probabilidade de ser uma mulher do que nos países corporativos. Seu modo de consumo vai abrir cada vez mais atividades e vagas de trabalho nos serviços avançados ao consumidor. Isso corresponde ao preenchimento dessas vagas de trabalho com grande número (e recentemente ainda maiores) de pessoas do sexo feminino, como está indicado no censo dos EUA de 1990. Uma mulher anglo-americana estará tipicamente envolvida em mais transações econômicas pouco comuns com estes especialistas em consumo do que as alemãs ou japonesas. Por isso, estas vagas de trabalho – e a classe média em geral – são muito maiores nos EUA e no Reino Unido do que na Alemanha e no Japão. A proporção da força de trabalho ativa nos serviços avançados (que são sistemas especialistas) é aproximadamente o dobro nos países anglo-saxões que naqueles corporativos. Muito mais da metade daqueles empregados nesses postos de serviço avançado no mundo anglo-americano atua nos serviços ao consumidor, enquanto a preponderância nos países corporatistas está nos serviços ao produtor.[27]

No início do fim do capitalismo organizado, a classe trabalhadora reflexiva está paradigmaticamente vinculada, de três maneiras, às estruturas de informação e comunicação (I&C): como consumidores recentemente individualizados; como usuários dos meios informatizados de produção (por exemplo, em instrumentos numericamente controlados por computador) e como produtores de bens de consumo e de produção (por exemplo, televisores, aparelhos de fax, cabos de fibra óptica) que funcionam como meios de produção e de consumo dentro das estruturas de I&C. Na modernidade reflexiva, a classe média expandida *trabalha dentro* das estruturas de I&C. Faz isso em grande parte como os "especialistas" dentro dos sistemas especialistas, que são em si "nódulos" de informações acumuladas e habilidades de processamento de informações acumuladas, armazenadas, digamos assim, em vários locais dentro das estruturas de I&C. Há uma distinção fundamental da nova classe média, na modernidade reflexiva, em relação à da modernidade simples. As novas classes médias da modernidade simples cresceram em proporção como adjuntos da acumulação de capital industrial. Suas atividades econômicas características eram a de engenheiros especializados, especialistas em marketing na esfera da circulação, vendas, finanças e outros serviços como parte e parcela dos – e a serviço de – amplos circuitos de acumulação de capital industrial. Na modernidade simples, houve um desenvolvimento considerável desses serviços, em que trabalhava a grande maioria da nova classe média ou a "classe de

---

27. Jong; Machielse; Ruitjer, Producer services and flexible networks in the Netherlands, in Ernste; Meier (Ed.), *Regional Developments and Contemporary Industrial Response*, 1992, p.147-62; Sassen, *The Global City*, 1991.

serviços". Este desenvolvimento resultou da "rotatividade", cada vez maior, na produção dos bens fabricados.[28] Na modernidade reflexiva, as coisas são diferentes. A classe trabalhadora e a produção de bens fabricados transformam-se em um momento crucial, ainda que subordinados à rotatividade da produção dos bens *informacionais*. À medida que a produção de bens informacionais vai se tornando o novo princípio fundamental do acúmulo de capital, é criada a (nova) nova classe média. Esta nova classe abrange os cargos ocupacionais que se desenvolveram a partir do novo princípio da acumulação. Mas agora a classe média não é mais uma "classe de serviços", isto é, uma classe a serviço das necessidades de reprodução do capital industrial. Em sua forma expandida, torna-se mais uma classe "servida" que uma classe de serviço, pois seu trabalho – especialmente processamento de informações – não está mais subsumido às necessidades da acumulação industrial. Na modernidade reflexiva, a acumulação de capital é ao mesmo tempo (cada vez mais) a acumulação de informação.[29] Assim, os meios de produção, como capital constante fixo (*hardware*) e capital constante circulante (*software*), são informacionalizados. Ao mesmo tempo, o capital variável, tal como o poder de trabalho e as mercadorias produzidas (tanto os bens do consumidor quanto os bens do produtor), assume uma proporção cada vez mais elevada e predominante de conteúdo informacional. A questão é que a acumulação de informação (e do capital) nas estruturas I&C torna-se a força orientadora da modernidade reflexiva, assim como a acumulação do capital industrial e suas estruturas sociais associadas haviam sido no início da modernidade. E a classe trabalhadora aumentada (e reduzida) da modernidade

---

28. Walker, Is there a service economy? The changing capitalist division of labor, *Science and Society*, v.49, 1985, p.42-83.
29. Malsch, Arbeit und Kommunikation im Informatisierten Produktionsprozess, International Institute of Comparative Social Research/Labour Policy, 1987.

reflexiva, assim como sua classe média expandida, encontra sua base neste deslocamento informacional do "motor da história".

Se a classe média transformada trabalha *nas* estruturas de informação e comunicação, e a classe trabalhadora reflexiva *para* e *com* essas estruturas, então há uma terceira classe paradigmática na modernidade reflexiva que está fundamentalmente *excluída* do acesso às estruturas da I&C. Se a classe média pós-industrial (especialmente) e a classe trabalhadora aumentada (marginalmente) são os "vencedores da reflexividade" da ordem capitalista informacionalizada atual, então esta terceira classe rebaixada do proletariado clássico da modernidade simples são os "perdedores da reflexividade", o terço inferior e em grande parte excluído das "sociedades de dois terços" da nossa virada do século XXI. Uma grande porção desta nova classe baixa está fundamentalmente na posição do que faz sentido chamar de "subclasse". A tese da subclasse de William J. Wilson tem sido uma intervenção ética poderosa e positiva, chamando a atenção (de políticos, planejadores de política e cientistas sociais) – pela primeira vez em um longo tempo – para a má situação dos guetos urbanos e também para o aumento da polarização de classes das sociedades pós-industriais. Em primeira instância, a tese de Wilson não é sobre raça, mas sobre *classe* social. É de maneira bem direta que, na mudança da produção industrial para a informacional, é criada uma nova classe que é estruturalmente inferior à classe trabalhadora. Em termos das relações com as estruturas I&C, veremos que esta subclasse inclui os "pobres do gueto", mas também incorpora grande parte do "terço excluído" da sociedade de informação.[30]

A acomodação das estruturas sociais na modernidade reflexiva é especialmente sentida pela subclasse. No gueto há um esvaziamento geral das estruturas sociais, das instituições de regulamenta-

---

30. Wilson, *The Truly Disadvantaged*, 1987.

ção socioeconômica e cultural. Assim, as grandes fábricas fordistas dos EUA e de outros locais fecharam suas portas ou se transferiram para regiões e locais suburbanos e ex-urbanos que estão geograficamente fora do alcance da população negra. Juntamente com os mercados de mão de obra, os mercados de venda ao consumidor transformam-se em *shopping centers* e centros de compras instalados em locais onde os negros têm de percorrer grandes distâncias para comprar e raramente são contratados para ali trabalhar. Outras instituições estruturais de regulamentação também saíram do que está se tornando o "gueto impactado" – os grandes sindicatos industriais, agências do *welfare state* vítimas de cortes nos gastos públicos, a Igreja, a respeitável classe média negra e a classe trabalhadora – e, muito efetivamente, a família.[31] O resultado disso não é a individualização, mas a anomia e um déficit de regulamentação. O resultado são as gangues de rapazes e a violência racial. Evidentemente, isto não se aplica apenas aos guetos minoritários urbanos, mas também aos guetos de brancos dos conjuntos habitacionais da Grã-Bretanha, em Liverpool, Glasgow e Newcastle, onde os pais da classe trabalhadora criam filhos que pertencem à subclasse. Onde os pais que trabalhavam nas minas, nas docas, nas usinas de aço, nas grandes fábricas de produtos químicos e na construção de máquinas têm filhos que abandonam a escola aos 16 anos sem um ofício, e invariavelmente têm poucas oportunidades de obter um emprego seguro até 25 anos. De filhos que, quando empregados, são incapazes de encontrar trabalho na indústria a qual eles foram criados para ter, e terminam atrás de um balcão na Dixons, como faxineiros do aeroporto ou porteiros da faculdade local.

O mesmo acontece – talvez sobretudo – no Leste Europeu, na Alemanha Oriental ou na Polônia, onde os empregos fabris

---

31. Hughes, Formation of the impacted ghetto: evidence from large metropolitan areas 1970-1980, *Urban Geography*, v.11, 1990, p.265-84.

com os quais os pais podiam contar desapareceram para seus filhos; onde outros exemplos de regulamentação socioeconômica, como os sindicatos (dirigidos pelo Estado) ou a polícia, caíram ou foram completamente deslegitimados; onde o grupo populacional formado pelos jovens mais capazes esvaziou-se para procurar trabalho na Alemanha Ocidental. Neste caso, o "controle" socioeconômico realizado previamente, por meio de corporações e redes regulamentadas pelo Estado, era para ser substituído pela regulamentação do mercado. Mas os mercados também são instituições, com precondições sociais, legais e morais específicas. E, em um grau perturbador, os modos de controle institucional anteriormente existentes não foram substituídos por nenhum controle de mercado, mas, em vez disso, por um déficit de controle, um déficit de regulamentação socioeconômica. Da mesma forma que, na América negra, uma geração de jovens foi criada "aprendendo a trabalhar", uma geração de garotos da classe trabalhadora do Leste Europeu cresceu apenas para encontrar esta época em que não há empregos para a classe trabalhadora.[32] "Aprendendo a trabalhar", como descreveu Paul Willis, é também e talvez principalmente a aquisição de um tipo específico de hábito *masculino*. Sem ter chance nos empregos da classe trabalhadora, a alternativa é a formação de gangues, as quadras (de futebol) e a violência racial ou racista. Ou seja, o monitoramento heterônomo da modernidade simples não foi substituído pelo automonitoramento da modernidade reflexiva. Em vez disso, na ausência do deslocamento das estruturas sociais pelas estruturas de I&C, o resultado não é o monitoramento heterônomo nem o autônomo, mas um monitoramento mínimo.

---

32. Bourgois, In search of respect: the new service economy and the crack alternative in Spanish Harlem, in: *Working Conference on Poverty, Immigration and Urban Marginality*, 10-11 May 1991.

Na modernidade reflexiva, a acomodação das estruturas sociais e o aumento da liberdade para a ação são experimentados por todas as classes sociais. Somente no caso da subclasse essas estruturas sociais não são deslocadas pelas estruturas de informação e comunicação. O processo de mão de obra, por exemplo, desta nova classe baixa é substancialmente menos informacional e substancialmente mais material em seu conteúdo do que aquele da classe média e da classe trabalhadora. Os meios de produção de, por exemplo, uma nova classe baixa do "proletariado McDonald's", um trabalhador do setor de vestuário, um empregado doméstico, um funcionário de *shopping center* são substancialmente menos informacionais em seu conteúdo do que, digamos, os instrumentos CNC (computadores numericamente controlados) da classe trabalhadora reflexiva. Sendo assim, caracteristicamente, o que é manufaturado é o conteúdo do produto. Todos os empregos, como observa Ganssmann, contêm componentes de processamento de informação e de processamento de material. Um indicador da proporção de cada um deles é a duração do ciclo emprego-tarefa.[33] Este pode variar desde as tarefas de emprego de ciclo longo, incomuns, como, digamos, o advogado corporativo que trabalha durante seis meses em uma determinada fusão ou aquisição de empresas, ou o professor universitário que trabalha durante três anos em um importante projeto de pesquisa, até as três a quatro horas necessárias para um mecânico especializado consertar uma máquina. Quanto mais o trabalho tem um projeto intensivo, maior a inovação intensiva e maiores as tarefas de ciclo longo. Mas estes ciclos são significativamente mais curtos nos empregos da nova classe baixa, desde os faxineiros subcontratados das escolas estaduais até os caixas de supermercados.

---

33. Ganssmann, Ein Versuch über Arbeit, inédito, 1990.

A exclusão das estruturas de informação e comunicação não ocorre apenas no emprego, mas também na nova classe baixa. Suas residências também são afetadas. Os mapas dos geógrafos das comunicações expõem graficamente as localizações das máquinas de fax, grandes receptores e emissores de sinais de satélites, cabos de fibra óptica, redes de computador internacionais e coisas semelhantes. Nestes, a pessoa é atingida pela densidade informacional e comunicacional aumentada nos distritos do centro das cidades principais, com suas concentrações de escritórios, serviços financeiros e empresariais; por níveis intermediários de densidade nos subúrbios, onde se localizam as fábricas e muitos serviços avançados ao consumidor; e a dispersão ocorre no gueto e nas áreas da classe muito baixa. O que se vê é uma colcha de retalhos dessas "zonas vivas" ou "zonas domesticadas" dos distritos empresariais centrais urbanos e das "zonas mortas" ou "zonas selvagens" dos guetos.[34] E à medida que a sociedade civil – a própria esfera pública – se torna cada vez mais presente nas estruturas I&C, a exclusão em relação a elas transforma-se em exclusão da cidadania, na verdade a exclusão política e cultural da sociedade civil. Ou seja, se na modernidade simples as obrigações da cidadania eram especialmente em relação ao Estado-nação; na modernidade reflexiva, em vez disso, estão relacionadas ao indivíduo, ao automonitoramento responsável. Os direitos de cidadania na modernidade simples, com seus traços de igualdade diante da lei, direitos políticos e sociais do *welfare state*, foram transformados nos direitos de acesso da modernidade reflexiva às estruturas de informação e comunicação. A nova classe baixa da modernidade reflexiva, que, cada vez mais e em muitos aspectos, é efetivamente uma classe

---

34. Luke, New world order or neo-world orders: power, politics and ideology in the informationalizing global order, in *Theory, Culture and Society*, 16-19 ago. 1992.

baixa, está privada das obrigações e dos direitos do que hoje não é mais cidadania social, mas predominantemente cultural.

Há três modos de formação, na "instituição" desta nova classe baixa, que na verdade "é uma classe não na sociedade civil, mas da sociedade civil". Primeiro, há uma modalidade descendente a partir da classe trabalhadora, como é evidente no gueto dos negros norte-americanos e nos conjuntos habitacionais britânicos. Segundo, há um grande número de imigrantes iniciando negócios e trabalhando no setor informal da economia, na indústria de aparelhos, como, por exemplo, os asiáticos, que dirigem grande parte das pequenas lojas das grandes cidades ocidentais. Terceiro, há a exclusão sistêmica das mulheres das estruturas I&C. Em países como a Alemanha, esta exclusão das mulheres (e das minorias) é exacerbada pelas instituições corporativas de aprendizagem, pelo *welfare state* e pelo sistema educacional, nos quais as mulheres realizam serviços assistenciais, não em empresas que operam no mercado, não trabalhando em empregos relacionados à área do bem-estar social, mas (como estão excluídas dos mercados de trabalho) dentro de casa. Daí a proporção muito pequena das mulheres na força de trabalho da Alemanha e da Áustria.[35] Mesmo na ausência de uma crescente exclusão corporativista, em um mercado de trabalho neoliberal, as mulheres são desviadas do objetivo de informação intensiva da força de trabalho e, desproporcionalmente, dirigem-se para posições da nova classe baixa. Além disso, fora da vida de trabalho, a linha que separa as "zonas vivas" das "zonas mortas", que separa as vizinhanças de classe média dos guetos, também percorre o centro da esfera privada da família. Neste caso, é característico os homens terem acesso ao equipamento mais moderno em conteúdo informacional, como as câmaras de vídeo portáteis, os controles remotos da televisão

---

35. Esping-Andersen, *The Three Worlds of Welfare Capitalism*, 1990.

e de programação de horários no vídeo, enquanto as mulheres – com menos acesso a este tipo de produtos – tendem a concentrar seu uso nos "produtos da linha branca", como refrigerador, fogão, aspirador de pó, lavadora e secadora, em que há uma proporção mais elevada de componentes mecânicos em relação aos eletrônicos. Isto vale até para os garotos, e não para as garotas, que têm um acesso privilegiado aos jogos eletrônicos Sega e Nintendo, aos computadores domésticos e às guitarras elétricas.

Embora a nova classe baixa ou subclasse seja definitivamente uma categoria de classe, definida pelo acesso, não ao modo de produção, mas ao modo de informação, as pessoas que se enquadram nessas posições de classe são tipicamente determinadas por características mais particularistas, "prescritas" – por raça, país de origem e sexo e, em alguns países como a Grã-Bretanha, onde a classe sempre teve uma dimensão do tipo casta, por grande número de homens brancos e jovens da (ex-)classe trabalhadora. Neste caso também a nova classe baixa vem a se assemelhar à subclasse, não apenas como foi delineada com precisão científico-social no trabalho de Wilson, mas também em sua tradução metafórica apresentada no *Unterwelt* da ópera wagneriana e no filme *Metropolis*, de Fritz Lang. Como os (lúmpen-)proletários de Lang, a subclasse é reconhecível pelas características prescritas, frequentemente físicas. A subclasse de Lang também era decifrável, não como uma classe de serviços, mas como uma classe servil. E a atividade cada vez maior da nova classe baixa em empregos domésticos literalmente servis (como garçonetes, motoristas de táxi etc.) e no lazer público dos escalões mais altos da classe média nos distritos empresariais centrais, assim como a contínua atividade servil de grande número de mulheres nos lares em relação a seus maridos e filhos, parece qualificá-la para isso. Finalmente, o *Unterwelt* de Lang foi metafórico em relação à classe trabalhadora da Alemanha da sua época, que sofreu exclusão de casta por parte da sociedade civil, embora a própria sociedade civil tenha sido construída à custa do seu trabalho. Mais ou menos a mesma coisa pode ser dita com referência à nova classe baixa atual.

Mais importantes poderiam ser as maneiras particulares em que os guetos e as mulheres *não* são excluídos das estruturas de I&C. Isto ocorre, em primeiro lugar, por meio do acesso comparativamente aberto ao sistema educacional. Desse modo, sabe-se bem que as mulheres estão ingressando nas escolas profissionalizantes e nas universidades em uma escala sem precedentes. E os negros dos EUA, por exemplo, aumentaram enormemente seu nível de educação relativo e absoluto, apenas para acabar descobrindo que os postos de trabalho para os quais tinham se preparado haviam desaparecido. Em segundo lugar, por meio da televisão, incluindo via satélite e a cabo, o rádio, os aparelhos de vídeo e coisas semelhantes, a nova classe baixa pode não estar no limite da *manipulação* da informação, mas muito certamente está nas comunicações, e especialmente na comunicação por símbolos e imagens, na *recepção* das estruturas de I&C. Esta disparidade – entre a aquisição das habilidades de processamento dos símbolos e o acesso ao fluxo dos símbolos nas estruturas I&C, entre o acesso ao envio dos símbolos e a sua recepção – tem sido e continuará sendo cada vez mais uma mistura poderosa para a crítica política e cultural heterodoxa por parte dos negros, das mulheres, de outras minorias étnicas – das próprias "zonas selvagens".

Reflexividade: cognitiva ou estética?

Mas não apenas o conhecimento flui por estas estruturas de informação e comunicação, não somente os símbolos conceituais funcionam como condições estruturais da reflexividade na modernidade, mas também ocorre uma outra economia completamente diferente de signos no espaço. Esta outra organização semiótica se caracteriza não por símbolos conceituais, mas miméticos. É uma economia que abre possibilidades, não para a reflexividade cognitiva, mas para a reflexividade estética na modernidade tardia. Os símbolos conceituais, os fluxos de informação através das estruturas de informação e comunicação, certamente, tomam dois atalhos. Por um lado, representam um novo fórum para a dominação capitalista. Neste caso, o poder não está mais fundamentalmente localizado no capital como meio de produção material. Em vez disso, está baseado no complexo poder/conhecimento – agora bastante vinculado a empresas supranacionais – do modo da informação.[36] Por outro lado, como extensivamente já delineado, estes fluxos e acumulações dos símbolos conceituais constituem condições de reflexividade. O mesmo acontece em relação aos símbolos "miméticos", às imagens, sons e narrativas que compõem o outro lado da nossa organização de sinais. Por um lado, do mesmo modo que a propriedade intelectual, de tipo mercantil, dos setores culturais, eles pertencem à *montagem* caracteristicamente pós-industrial do poder.[37] Por outro, eles abrem espaços virtuais e reais para a popularização da crítica estética desse mesmo complexo poder/conhecimento.

Este segundo momento, não cognitivo, mas estético, da reflexividade é por natureza fundamentalmente mimético, e como tal se insere muito na tradição, não do Iluminismo da alta modernidade, mas do modernismo nas artes. Em parte no contexto da etnicidade e na questão do "neotribalismo", ele foi se transformando em uma base para uma nova ética, ao mesmo tempo situada e contingente. Esta dimensão estética da reflexividade finalmente é o princípio básico do "individualismo expressivo" na vida cotidiana do capitalismo de consumo contemporâneo.[38]

---

36. Luke, New world order.
37. Jameson, *Late Marxism:* Adorno, or the Persistence of the Dialectic, 1990.
38. Schulze, *Die Erlebnisgesellschaft:* Kultursoziologie der Gegenwart, 1992.

O conceitual e o mimético

A reflexividade, por *definição*, poderia parecer cognitiva em sua natureza. Em face disso, a "reflexividade estética" pareceria ser uma contradição nos termos. Assim, deve-se perguntar como pode a estética, um "momento" estético ou uma "fonte" estética, de *per si* ser "reflexivos"? Inicialmente, vamos tentar abordar esta questão nos concentrando no *objeto* sobre o qual a arte, ou nossas sensibilidades estéticas, pode ser reflexiva. Neste caso, pode haver reflexividade, por um lado, nos mundos sociais e psíquicos naturais da vida cotidiana; e, por outro, pode haver reflexividade sobre o "sistema", sobre os modos da mercantilização, burocratização e outras operações pelas quais o "sistema" coloniza qualquer e todos esses mundos da vida. Na vida cotidiana, a reflexividade estética ocorre através de um modo de mediação não conceitual, mas *mimético*. Assim, pensadores como Nietzsche e Adorno colocam em suas mentes a hierarquia platônica do conceitual e do mimético. Nietzsche, num dos seus primeiros ensaios, "Über Lüge und Wahrheit", afirma que a mimese proporciona um maior acesso à verdade que o pensamento conceitual. Ele proclama que os conceitos teóricos são pouco melhores que as versões dissecadas das metáforas miméticas, e que em sua fixidez abstrata e estéril eles carecem da flexibilidade necessária à verdade. Ele sustenta que o conceito, em particular, não pode ter acesso aos processos de "vir-a-ser" – seu exemplo é o desabrochar de uma flor – em processos naturais e culturais.[39]

Adorno também recorre às noções do mimético em sua ideia de uma estética crítica. Na tradição iluminista da teoria crítica – de Kant a Marx e a Habermas –, a crítica é do particular pelo univer-

---

39. Nietzsche, Über Warheit und Lüge im aussermoralischen Sinne, in Nachgelassene Schriften, 1870-3, *Nietzsche Werke*, III, 2, 1973, p.367-84. Neste ponto, devo muito a Alistair Black.

sal (seja este universal um imperativo categórico, o proletariado ou a racionalidade comunicativa). Em contraposição a isso, para Adorno, assim como para Nietzsche, a crítica é do universal pelo particular; ou crítica do "sujeito" do ponto de vista do "objeto". Em várias considerações, a noção de reflexividade estética que estou defendendo aqui está mais próxima de Adorno que àquela de Nietzsche. Primeiro, gostaria de considerar seriamente o processo de *mediação* que Adorno, e não Nietzsche, enuncia.[40] Para Adorno, se a reflexão conceitual platônica e cartesiana envolve um grau elevado de mediação abstrata, a reflexão estética envolve uma mediação "aproximativa", não final. Na estética de Nietzsche, o mimético tem um abrupto caráter imediato, que não é de qualidade diferente nem de um "mundo" diferente da vida cotidiana. Parece-me que, na ausência de mediação, é problemático falar-se de reflexividade.

Segundo, a reflexividade, como está desenvolvida neste livro – em uma dialética complexa de estrutura e ação –, é implicitamente hegeliana, e Adorno, embora completamente heterodoxo, certamente é um hegeliano. O próprio Hegel, devemos lembrar, possuía uma noção de reflexividade estética com fortes inflexões. Em seus *Escritos estéticos* e na *Enciclopédia*, ele concebe a arte como pertencente ao reino da razão absoluta, como a esfera mais "finita" deste domínio, menos mediada que a religião e a filosofia.[41] O Hegel de Adorno é, evidentemente, somente aquele da "dialética negativa", de uma crítica persistente, não *através* do universal, ou através da totalidade, mas *do* universal e *da* totalidade. Aqui, a comparação com Herbert Marcuse é instrutiva. Marcuse

---
40. Bürger, Das Vermittlungsproblem in der Kunstsoziologie Adornos, in Lindner; Lüdke (Ed.), *Materialien zur ästhetischen Theorie*: Theodor W. Adornos Konstruktion der Moderne, 1980, p.169-85 (p.177).
41. Hegel, *Philosophy of Mind*, 1971, p.293.

também privilegiou a dimensão estético-sensual – mas só poderia imaginar o triunfo da totalidade infeliz da razão cognitiva onde Eros fosse anulado em uma dessublimação repressiva totalizadora e qualquer esperança de resistência estética estivesse afastada do que se tornaria o "homem unidimensional". Adorno, embora ainda profundamente pessimista, em contraste com a unidimensionalidade marcusiana, vê espaço para a negação determinada precisamente na dimensão estética. Ainda, ao contrário dos neonietzschianos desconstrutores do sujeito pelo "objeto", Adorno, embora compreendendo a estética na posição do particular, ainda preserva "momentos" do sujeito no objeto.[42]

Esta compreensão de Adorno, influente no mundo de língua alemã no início da década de 1980, mostra como foi enormemente imprecisa a sua recepção pela corrente principal dos estudos culturais e da teoria sociológica anglo-americana.[43] Nela Adorno foi identificado com a "estética da produção", com o alto modernismo e com o sujeito transcendental de uma racionalidade estética abstrata. Mas, como acabamos de ver, a utopia estética de Adorno foi uma afirmação do particular radical em contraposição ao universal, do objeto (estético) não idêntico – que em sua diferença intrínseca e heterogeneidade –, nunca pode ser subsumido pelo sujeito abstrato do pensamento de identidade. Assim, quando Adorno compreende a arte como o trabalho por meio das possibilidades do material estético, ele está se referindo a uma noção de material muito prática e "tectônica". Quando ele elogia a música dodecafônica de Schoenberg, não o faz como "música conceitual" disposta em sequência estrutural, mas por sua própria textura,

---

42. Kliche, Kunst gegen Verdinglichung: Berührungspunkte im Gegensatz von Adorno und Lukács, in Lindner; Lüdke (Ed.), *Materialien zur ästhetischen Theorie*, p.219-60.
43. Lindner; Lüdke, Kritische Theorie und aesthetisches Interesse, in Lindner; Lüdke (Ed.), *Materialien zur ästhetischen Theorie*, p.11-39.

pelo próprio núcleo da tonalidade. Seu desagrado com o pastiche na pintura não se deve a um purismo abstrato de, por exemplo, *combinatoires* estruturais de planos facetados no cubismo. Isto está particularmente tematizado em uma de suas últimas conferências – na Hochschule für Gestaltung, em Ulm, em alguns aspectos os herdeiros do pós-guerra da Alemanha Ocidental – incluindo Alexander Kluge –, da tradição de *design* da Bauhaus.[44] Historiadores de arquitetura observaram uma tradição material e "tectônica" no modernismo, com antecedentes na construção de pontes e na engenharia, e cujo expoente mais importante é Mies van der Rohe. A isso eles contrapuseram uma tradição mais conceitualista, com raízes na arte abstrata, e cuja evidência prototípica é Le Corbusier. Na estrutura desta justaposição, o materialismo mimético de Adorno está claramente do lado de Mies e dos engenheiros.

Este materialismo mimético foi recentemente trazido à tona em um livro sobre Adorno, de autoria de Fredric Jameson. Jameson, também bastante influenciado por Hegel, estende esse "materialismo estético" adorniano para sugerir uma dialética negativa da cultura *popular*. Isso lhe proporciona um efetivo "pós-modernismo de resistência", em contradistinção ao pós-modernismo da dominação, enunciado nas primeiras obras de Jameson.[45] Neste sentido, Jameson está sugerindo que a lógica cultural do capitalismo tardio, embora aparentemente unidimensional, embora ostensivamente baseada na identidade, cria – em um movimento dialético imanente – sua própria crítica não idêntica. Isso também é reflexividade estética, mas o que está em questão não são os sujeitos reflexivos, e sim os *objetos* já reflexivos produzidos pelas indústrias culturais e em circulação nas estruturas de informação e comunicação globais. Estes objetos já são pelo menos tripla-

---
44. Eder; Kluge, *Ulmer Dramaturgien: Reibungsverluste*, 1981.
45. Jameson, *Late Marxism*, p.145-6.

mente reflexivos – como propriedade intelectual simbolicamente intensiva, como mercadoria e como propaganda. São ao mesmo tempo miméticos, de uma forma mais radical que aquela proposta por Nietzsche ou Adorno. Ou seja, os filósofos frequentemente vão contrapor o mimético (como estético) ao conceitual (como teoria). Mas, no espaço da estética, podemos fazer uma distinção, mais típica dos linguistas, entre "semiose" e "mimese". Na semiose, o significado é de preferência produzido em um modelo saussuriano, por meio de diferenças, valências e identidades entre os elementos de uma *língua*. A mimese, ao contrário, significa "iconicamente", por meio de semelhança.[46]

Neste contexto, é fundamental que os objetos das indústrias culturais sejam diferentemente reflexivos do que eram os objetos culturais na era inicial do capitalismo liberal. Ou seja, são reflexivos, são miméticos de uma maneira bem menos mediada. Se a narrativa realista do século XIX, como objeto cultural, é reflexiva por extrema semiose mediada, então o cinema capitalista ideal e tipicamente organizado – em sua visualidade diacrônica, tonal – é um objeto cultural reflexivo por representação icônica menos mediada.[47] Para os modos de significação serem menos altamente mediados (pelo sujeito) é, ao mesmo tempo, serem mais altamente *motivados* pelo fenômeno representado. A forma mais proximamente mediada e mais altamente motivada da significação é evidentemente o "sinal". E as indústrias culturais, especialmente a televisão, significam cada vez mais como sinal – nos programas esportivos, nos noticiários, nos programas de crime e divórcio "ao vivo", em programas de entrevistas, em programas

---

46. Lash, Discourse or figure?: Postmodernism as a regime of signification, in Lash, *Sociology of Postmodernism*, 1990; Lury, *Cultural Rights*, 1993. Sobre estes pontos devo muito às discussões com Celia Lury.
47. Eco, *A Theory of Semiotics*, 1976.

em que o público participa na hora do desfecho, como *Donahue* e *Oprah Winfrey*. Na verdade, a maior parte da informação que flui nas estruturas de informação e comunicação significa como sinal. Quais são as implicações disso para a reflexividade estética? Para a crítica estética? Neste contexto, vamos talvez olhar mais uma vez pelos olhos de Adorno. Precisamos compreender Adorno, apesar da sua recepção pela corrente principal dos estudos culturais. Esta leitura equivocada tem menosprezado Adorno em virtude de sua rejeição à vulgaridade da cultura popular. Ela preza que – e isso é interminavelmente repetido – a cultura popular pode servir, na verdade, não à dominação, mas à "resistência". Entretanto, o ceticismo de Adorno em relação às indústrias culturais não se deveu ao fato de seus produtos serem muito parecidos com a baixa cultura, mas, ao contrário, porque eles eram muito mais parecidos com a cultura *elevada*. Ou seja, ele não os rejeitou porque exemplificavam a mediação aproximativa da "mimese", mas porque exemplificavam a mediação *final* do "conceito". Estar sob o signo da mercadoria é compartilhar a abstração – de que Marx estava bem consciente em sua noção de valor de troca –, do conceito, da reificação identitária. Por isso, na verdade, a mimese adorniana defende a "cultura baixa" em contraposição à cultura elevada. A crítica poderia chegar via cultura popular, mas somente quando ela fosse desconstruída (de maneira absolutamente literal, no sentido de Derrida) sob o signo da mercadoria.

Em um caminho similar, a noção de Walter Benjamin de "alegoria" promulgava uma versão da mimese – como *die Sprache der Dingen*, literalmente, como os sons da cidade –, mas esta é bem menos mediada que até mesmo a mimese adorniana.[48] Em contraste com as suposições hegelianas de Adorno, Benjamin nem

---

48. Sonnemann, Geschichte gegen den Strich Gebürstet, in Bulthaup (Ed.), *Materialien zu Benjamins Thesen "Über den Begriff der Geschichte"*, 1975, p.231-53.

sequer falava a linguagem da mediação. Sua mimese alegórica compartilha propriedades com o sinal, sendo, como uma representação surrealista, extremamente motivada. Mas, é claro, nem mesmo Adorno ou Benjamin consideraram os modos mais aproximativos da mimese como meras cópias. Ambos enxergavam uma lacuna intransponível entre a "fala" e o "fenômeno". A mimese fortemente aproximativa das indústrias culturais foi captada por Adorno sob a noção de "escrita hieróglifa".[49] Como os hieróglifos, a cultura popular parece significar não abstratamente pela semiose, mas mais imediatamente pela semelhança. Mas para nós, do Ocidente moderno, os hieróglifos também empregam níveis indecifráveis de abstração. Isso também pode ser feito pelas indústrias culturais, que podem tomar o caráter imediato da experiência da cultura popular e metamorfoseá-lo em abstração utilitária e infeliz da mercadoria.

Estético, ético, étnico

Esta teoria da modernidade reflexiva ou qualquer teoria da reflexividade é reflexiva na medida em que diz respeito à mediação da experiência do cotidiano – seja esta mediação conceitual ou mimética. Uma teoria da reflexividade só se torna uma teoria *crítica* quando afasta sua reflexão da experiência da vida cotidiana e dirige-se para o "sistema". A reflexividade estética – seja das formas culturais ou da experimentação dos indivíduos – não é conceitual, mas mimética. É reflexiva na medida em que opera mimeticamente na experiência do cotidiano; torna-se *crítica* apenas quando seu ponto de referência mimética se transforma em "sistema" de mercadorias, burocracia ou reificação das formas de vida. O mesmo é

---

49. Hansen, Mass culture as hieroglyphic writing: Adorno, Derrida, Kracauer, *New German Critique*, n.56, 1992, p.43-75.

verdadeiro em relação à reflexividade cognitiva, na qual a mediação é conceitual. Entre os teóricos da reflexividade cognitiva, a teoria de Habermas, por exemplo, é fundamentalmente uma teoria *crítica*, na qual as verdades transcendentais, intersubjetivas e discursivas da racionalidade comunicativa são explicitamente dirigidas à crítica do sistema, de modo a ganhar espaço para o mundo da vida. Neste sentido, tanto em Beck quanto em Giddens, a reflexividade cognitiva *não* é fundamentalmente crítica, não é fundamentalmente dirigida à lógica da mercadoria e da burocracia, mas, sim – como aquelas primeiras teorias da modernização simples, como a de Durkheim –, dirigida à transformação da tradição.

De uma maneira muito importante, a teoria da modernidade reflexiva, com sua ênfase unilateral na dimensão cognitiva, ou "conceitual", parece se misturar à identidade infeliz que integra o processo de modernização simples. Estou falando da noção do "risco", que tanto Beck quanto Giddens estabeleceram em contraposição a um problema central, de fato uma ontologia central, da insegurança. Agora, os riscos podem ser compreendidos como perigos, mas, na medida em que se presume que a sociedade atual aumenta a individualização, os riscos são especialmente coisas que os indivíduos assumem. Se eu quero inovar no trabalho, preciso não somente assumir responsabilidades, mas riscos. Os novos produtos implicam sempre uma questão de assumir riscos. O jogador astuto precisa assumir riscos. Se quero ser um bom jogador de pôquer, preciso assumir responsabilidades – ou seja, saber quanto posso me permitir perder –, mas também riscos. Como jogador de pôquer, quando assumo riscos, preciso agir "probabilisticamente". Sei que grande parte do resultado de uma "mão" é inexplicável, e uma questão de contingência (*fortuna*),[50] mas grande parte do restante é passível de ser conhecido pelo cálculo pro-

---

50. Sou grato a Mick Dillon pelas discussões sobre Maquiavel e a *fortuna*.

babilístico baseado nas cartas já mostradas, na memória das cartas descartadas, das cartas viradas pelos outros jogadores e pelos padrões de aposta dos outros jogadores. Neste sentido, a vida social atual provavelmente tem mais a ver com o risco que com a insegurança, mais a ver com a maneira como o "sujeito transcendental" da alta modernidade entrou em declínio e, no máximo, pode se constituir apenas um sujeito do cálculo probabilístico. Desse modo, a "ciência especializada", embora frequentemente imbricada em um discurso formal da certeza, precisa atuar probabilisticamente *vis-à-vis* o ambiente natural. Mesmo quando os especialistas são o objeto da crítica, através da reflexividade do público leigo, o que está em discussão é, em parte, o discurso da certeza do especialista.[51] Entretanto, isto não significa que as respostas de um *público* crítico – elas mesmas frequentemente dependentes do conselho de outros especialistas – sejam menos probabilísticas. Assim sendo, a sociedade de risco não tem tanto a ver com a distribuição dos "males" ou dos perigos como com um modo de conduta centralizado no risco. Isto se verifica não apenas no relacionamento com o ambiente, ou com o trabalho, ou com o jogo de pôquer. Fica evidente na autoconstrução das narrativas de vida descritas por Beck e Giddens, em que, no modo narrativo do curso da vida, revela-se um modo de regulação por cálculo probabilístico. Através desse cálculo probabilístico dos riscos assumidos, frequentemente nos encontramos em situações de "vergonha", ou seja, sendo expostos em nossas autobiografias contraditórias e fragmentadas. Da mesma maneira, calculamos, "hedonisticamente", nosso tempo de lazer.[52] Conduzimos nossas vidas sexuais nesse cálculo probabilístico, em encontros de risco

---

51. Ver, em geral, os artigos reunidos em Beck; Bonss (Ed.), *Weder Sozialtechnologie nach Aufklärung*.
52. Featherstone, *Consumer Culture and Postmodernism*, 1991, cap.6.

com a insegurança ontológica da Aids. Mesmo a sociologia quantitativa tornou-se parte da sociedade de risco, pois a metafísica do coeficiente de correlação probabilística de Karl Pearson substituiu a segurança da explicação de um positivismo anterior. No positivismo mais recente e talvez mais modesto, a contingência (insegurança) é representada como uma "variância inexplicada".[53]

Será que a sociedade de risco é uma última tentativa por parte do sujeito modernista de agora controlar apenas probabilisticamente a insegurança cada vez mais desmedida e fora de controle e o "excesso" de uma pós-modernidade triunfante? Será que os sistemas especialistas da modernização reflexiva colonizam um número cada vez maior de regiões do mundo da vida? Talvez seja possível manter um agnosticismo precário sobre esta questão e, ao mesmo tempo, concordar com Zygmunt Bauman em que a resposta poderia ser evitar totalmente a metafísica de risco e, em vez disso, viver com a contingência, até mesmo afirmar a ambivalência.[54] Parece-me que o que Bauman está sugerindo é um tipo de pôquer completamente diferente. Neste caso, o jogador é menos aquele que corre o risco probabilístico e mais o viciado, às vezes imprudente, que joga a noite toda, o jogador audacioso que aposta mais do que pode se permitir perder. Este jogador de pôquer, como o "aventureiro" de Georg Simmel, não está buscando assumir riscos, mas sim buscando uma zona de incerteza em um espaço social cada vez mais saturado por sistemas especialistas e cada vez mais invasivos.[55]

Ao contrário de Beck e Giddens, Bauman não conseguia enxergar "outra modernidade" – como uma época nova e reflexiva – sucedendo a uma modernidade antiga e "simples". Em vez disso,

---

53. Willer; Willer, *Systematic Empiricism*, 1973.
54. Bauman, *Modernity and Ambivalence*, 1991.
55. Lawrence, *Georg Simmel*, 1976, p.21.

sua outra modernidade, uma modernidade mais próxima do modernismo estético, correria *paralela* à sua contrapartida cartesiana e utilitarista. A cultura da alteridade de Bauman é, por um lado, a crítica mimética da alta modernidade do Iluminismo. Ao mesmo tempo, é o lado escuro do Iluminismo. Como o *id*, ele situa-se em contraposição ao *ego*; como a insegurança, ele encontra o sujeito calculador; como a *fortuna*, ele suporta o *cogito*. Bauman, no entanto, proporciona a esta outra modernidade uma guinada étnica. No lugar da estética, no lugar da insegurança como mimese destruidora, no lugar da *fortuna* ou da ambivalência, para ele, está o judeu. Por isso, o judeu, como o "estrangeiro" de Simmel, é o visitante que "vem hoje e fica amanhã". Como escreveu Susan Sontag sobre Proust – que pertencia aos dois grupos –, o modernismo estético seria impensável na ausência dessas duas "confrarias": de homossexuais e de judeus. Desse ponto de vista, o homossexual e o judeu não são nem o mesmo nem, claramente, o outro; em vez disso, são a ruptura das classificações; eles incorporam a ambivalência.

O projeto de Bauman é, fundamentalmente, ético. É um projeto que talvez ele articule melhor, mas que compartilha com pensadores, como Lyotard, Rorty, Derrida, Levinas e Adorno. A ideia é construir uma ética estetizada e compreendê-la em termos da etnicidade. Nela, o holocausto é entendido como o triunfo final do "conceito", a vitória da modernidade cartesiana e identitária. Sua implicação é que nenhum movimento crítico totalizante, como o marxismo, nenhuma ética transcendental, como o imperativo kantiano, é possível após o holocausto. Tudo o que é possível é determinar a negação ou a crítica estética, na qual até a ética só pode ser uma *ética estética*, ou uma ética de não identidade.[56] Habermas, no *Discurso filosófico da modernidade*, caracteriza este tipo de pensamento, em contraste com o "símbolo", como *alegoria*. Ele

---

56. Bauman, *Modernity and the Holocaust*, 1989.

observa que se o "símbolo" é de alguma maneira protestante em sua promoção da totalidade, a "alegoria" talvez seja judia em seu imperativo (por isso a *écriture* derridaiana sempre posterga o sentido do significante) de que o nome de Deus não deve ser falado.[57]

Para estes filósofos da alegoria, o texto essencial, evidentemente, é a *Crítica do juízo*, de Kant. Para Kant, "o juízo em geral é a faculdade de pensar o particular subsumido ao universal".[58] Em suas *Crítica da razão pura* e *Crítica da razão prática*, sua regra geral não apresentava problemas. Mas na consideração da obra de arte e da natureza (não mecânica, mas) orgânica parecia haver algumas complicações. Nas formas de vida e na arte parecia a Kant que a teleologia aristotélica era mais operante que a causalidade mecânica. No desenvolvimento de uma obra de arte ou de um organismo, o universal não é mais um princípio (seja no nominalismo socrático ou no realismo platônico) externo ao objeto em consideração, mas o universal é operativo, digamos assim, "autopoeticamente", interno ao organismo (a obra de arte) em si.[59] No juízo estético, o universal não está mais localizado em um sujeito transcendental (real ou ideal). Em vez disso, Kant comparava esse julgamento à *Common Law* britânica, em que um caso particular anterior torna-se a estrutura dentro da qual um caso particular subsequente é avaliado. Se é assim, então, pode-se indagar: por que falar em juízo, afinal? Talvez o que se interrogue, como sugere Bauman, seja um término para a ética do juízo.[60] Deste ponto de vista, uma *estética ética* é o triunfo da estética sobre o próprio juízo. É a vingança do objeto sobre o sujeito, o retorno da diferença na identidade.

---

57. Habermas, *The Philosophical Discourse of Modernity*, 1987, p.181-3.
58. Citado em Cassirer, *Kant's Life and Thought*, 1981, p.275.
59. Ibidem, p.280-8.
60. Bauman, *Modernity and Ambivalence*, p.192.

O "eu" ou o "nós"

Vários desses filósofos da alegoria vinculam esta inversão do sujeito e do objeto, do universal e do particular envolvidos na reflexividade estética, a outro conjunto de fenômenos no contexto de práticas mais diretamente sociais. Neste, a moralidade abstrata do imperativo categórico de Kant é desafiado pela vida ética da *Sittlichkeit* hegeliana. Frequentemente, isto é contextualizado na política contemporânea com o "selo marxista" abstrato do Leste Europeu em substituição à moralidade kantiana e à particularidade complexa de uma dada cultura específica, como exemplifica a *Sittlichkeit*. Esta é a mudança que, por exemplo, Lyotard realiza em *Le différend*; Maffesoli, em *Ethique aesthetique*; e, implicitamente, Terry Eagleton, em *Ideology of the Aesthetic*. Uma possível consequência disso, o perigo desse particularismo, é um "neotribalismo" emergente e o etnocentrismo das comunidades ético-estéticas. Este é um perigo que Bauman afasta, através da prescrição – baseada em Levinas – de uma ética de interpretação para o outro, e à qual Rorty, por exemplo, contrapõe não um universalismo de "emancipação", mas um pragmatismo "cosmopolita" de tradução entre comunidades de fala.[61]

Se é de início gratificante, há, logo em seguida, inquietação diante desses argumentos. Pode-se perguntar como Bauman ou Rorty podem falar tão apressadamente de tradução para o outro antes de ter sido estabelecido um sentido convincentemente substancial de significações compartilhadas em relação a "o mesmo"? Essas "neotribos", muito parecidas com as "comunidades imaginadas" de Benedict Anderson, talvez não sejam absolutamente tribos ou comunidades, mas simplesmente associações

---

61. Rorty, Cosmopolitanism without emancipation: a response to Lystand, in Lash; Friedman (Ed.), *Modernity and Identity*, 1992, p.59-72.

de indivíduos atomizados? Por quê, além disso, Bauman, assim como Adorno, teve de construir o Terceiro Reich puramente em termos de "tecnologia", de modernidade burocrática, e ignora as significações comunais de aproximação da *etnia* pré-moderna, embora ainda existente?[62] Por que quase todos esses "alegoristas", esses "desconstrutores", insistem em entender a *Sittlichkeit* hegeliana como a "diferença", como complexidade ou não idêntico, e não como comunidade e práticas culturais compartilhadas?

Estou apontando para um déficit substancial em qualquer tipo de noção convincente de "comunidade", do "nós" destas análises. E para compreender os novos nacionalismos, também bárbaros embora fragmentados, bem como as representações coletivas dos novos movimentos sociais, sem mencionar outros tipos de ética contemporânea da prática, alguma elaboração fundamental sobre o "nós" torna-se certamente necessária. O que questiono, além disso, é que um descuido das significações compartilhadas, uma impossibilidade sistemática do "nós", é sistematicamente integrante do pensamento alegórico. Afirmo que os analistas, na tradição da alegoria, de Nietzsche a Benjamin e Adorno, até Derrida, Rorty e Bauman, pressupõem um individualismo radical – certamente não utilitário, mas estético: não um individualismo de um ego controlador, mas o individualismo de um desejo heterogêneo e contingente – que, em si, dificilmente conduz à comunidade.

O que estou discutindo é a impossibilidade de qualquer compreensão do "nós" sob a estrela da reflexividade estética, sob a estrela de uma crítica mimética do conceito. Para ter acesso à comunidade, pode ser necessário romper com essa subjetividade estética abstrata. Pode ser necessário rejeitar o "método" sugerido pela desconstrução, em favor da "verdade" defendida pelos hermeneutas. A reflexividade cognitiva colocou o sujeito calculador

---

62. Smith, *The Ethnic Origins of Nations*, 1986.

versus a contingência, o conceitual *versus* o mimético. A renovação da reflexividade estética desta hierarquia, com a adoção da contingência e da mimese, permanece, de modo questionável, localizada no mesmo universo metafísico. Para se ter qualquer acesso ao "nós", à comunidade, não devemos desconstruir, mas hermeneuticamente interpretar e, assim, abandonar as categorias de ação e estrutura, sujeito e objeto, controle *versus* contingência e conceitual *versus* mimético. Este tipo de interpretação vai dar acesso aos fundamentos ontológicos, em *Sitten*, em hábitos, em práticas assentadas de individualismo cognitivo e estético. Isso, ao mesmo tempo, vai nos proporcionar algum entendimento das significações compartilhadas da comunidade.

A reflexividade estética – como alegoria ou desconstrução – é incessantemente de caráter antifundacional. Desse modo, o signo-valor de Baudrillard desconstrói o "essencialismo" do valor de troca marxiano. Assim, a simbólica lacaniana revela o fundacionalismo na psicologia ortodoxa do ego freudiano; Deleuze desconstrói a casa-prisão da linguagem e o Édipo de Lacan em favor de sua própria economia libidinosa de desejo; Derrida, De Lauretis e Iragaray, por sua vez, podem encontrar uma metafísica falocêntrica da presença em Deleuze, à qual se contrapõem com uma economia de desejo feminino alternativo,[63] enquanto as feministas da década de 1990 retiram as bases até do naturalismo "essencialista" de De Lauretis. Em cada caso, há o desafio inicial antifundacionalista, que a subjetividade estética coloca ao individualismo racionalista, e ainda outros ataques de versões da subjetividade estética, ainda mais do tipo "nada funciona" à forma incerta deste individualismo. Em cada caso, são formas de controle que são desconstruídas do ponto de vista da contingência ou da ambiva-

---

63. Cixous, The laugh of the medusa, in Lash (Ed.), *Post-Structuralist and Post--Modernist Sociology*, 1991, p.268-87.

lência. Os modos anteriores de ambivalência parecem ter sido, na verdade, modos de controle, que são, por sua vez, desconstruídos e assim por diante.

Onde e quando este processo incessante de desconstrução acaba – se é que isso vai acontecer? Será que ele conduz a uma após outra teoria frequentemente cada vez mais *kitsch* para substituir a anterior, no modelo de estilos rapidamente mutáveis, em nossas "sociedades descartáveis"? O que todas essas ideias fazem é desconstruir o universal do ponto de vista do particular. E embora, como observou Tönnies, a *Gesellschaft* individualizada esteja para o universalismo como a *Gemeinschaft* está para o particularismo, nenhuma desconstrução ubíqua e incessante atual conduz a qualquer apropriação da estética do "nós", mas apenas a formas cada vez menos fundacionais, formas cada vez mais faustianas do "eu" estético. Assim, o título que Lyotard deu a um de seus primeiros livros, *Dérive à partir de Marx et Freud*, é emblemático de nossa própria "deriva",[64] através da desconstrução crônica de quaisquer bases, quaisquer essencialismos ainda remanescentes. A questão, no entanto, é que os próprios Marx e Freud, juntamente com Cristo, "o eternamente desconstruído", foram eles mesmos desconstrutores originais e paradigmáticos. Junto com Nietzsche, foram as figuras fundamentais entre os "mestres da dúvida". O praticante do que Ricoeur chama de uma "hermenêutica da dúvida"[65] é, em princípio, alguém que suspeita de qualquer tipo de bem universal, a partir do ponto de vista de um particular enganoso, oculto, *sournois*. Assim, o processo de trabalho suado e improvável dos moinhos satânicos e do *Metropolis*, de Lang, constitui a verdade dos

---

64. A palavra *dérive* em francês está substituída pela expressão *"cast adrift from"*, que significa errância sem destino. Optamos pela palavra em português – deriva. (N. R. T.)
65. Thompson, *Critical Hermeneutics*, 1981; Milbank, *Theology and Social Theory*, Oxford: Blackwell, 1990.

mais nobres ideais do cristianismo e do Iluminismo. E aquilo que é especialmente desvalorizado do id é a verdade das mais nobres sublimações do ego.

Em seu persistente desafio a princípios universais sempre novos, em sua reflexividade estética crônica, a desconstrução atual não destrói a "deriva" a partir de Marx e Freud, mas apenas repete, em ciclos cada vez mais rápidos, o que os mestres (da dúvida) inauguraram. Em contraposição a isso, pode-se indagar se não é possível que Marx e Freud não tenham ido suficientemente longe, apesar de já terem ido longe demais. É bem possível que a noção de ego do Iluminismo – da Física e da Economia clássicas –, que foi seu principal alvo, já tenha ido longe demais. O que talvez seja necessário para qualquer tipo de grupo comunitário, de "nós", de identidade coletiva, nacional e outras, não é absolutamente qualquer tipo de hermenêutica da dúvida. Pelo contrário, o que pode muito bem ser necessário talvez seja uma "hermenêutica de *reapropriação*". Essa hermenêutica de reapropriação, diferentemente dos mestres (e dos artífices contemporâneos) da dúvida, não vai destruir continuamente as fundações, mas vai tentar manter abertas as bases ontológicas do estar-no-mundo comunal. A hermenêutica de reapropriação não vai duvidosamente colocar sob suspeita primeiro os bens substantivos e depois os de procedimento, mas buscará designar um conjunto estabelecido de bens substantivos como base de qualquer tipo de ética comunal. Uma hermenêutica de reapropriação não estará cronicamente em dúvida faustiana, em busca de "significados transcendentais", não irá cronicamente adiar e negar a significação. Em vez de se maravilhar diante do jogo livre do significante, vai modestamente "olhar para baixo" desse significante para obter acesso aos significados compartilhados que são condições de existência – na verdade *são* a própria existência – do "nós".

Da subjetividade à comunidade

Uma tentativa particularmente frutífera de compreender a comunidade e a coletividade atual encontra-se na literatura dos estudos culturais. Esta literatura tem sido inestimável no entendimento da mudança social, pois Stuart Hall e outros proporcionaram os instrumentos necessários para a análise do significado declinante de classe social, o aumento do significado dos fatores culturais, em comparação com os sociais, e a maior importância do lazer em comparação com a esfera da produção. Tudo isso tem implicações maciças para as mudanças nas formas de comunidade e identidade coletiva. Os estudos culturais têm estado cada vez mais relacionados com a mídia e se tem afirmado que o importante aqui não é a produção cultural, mas o consumo cultural. Analistas, como Fiske, têm argumentado que até o mais comercial dos filmes de Hollywood, até as novelas de TV mais aparentemente retrógradas política e esteticamente, até o tipo de música popular, produzida, por exemplo, por Stock, Aitken e Waterman, podem ter efeitos politicamente progressivos. Estes escritores declaram que mesmo esses objetos culturais não necessariamente servem às ideologias dominantes, mas podem ser usados pelo público, no consumo cultural, para lutas coletivas contra a dominação.[66] O ponto que eu quero ressaltar aqui não é tanto o mérito relativo, por exemplo, do julgamento político de Fiske, ou mesmo os méritos relativos das considerações voltadas para o produtor *versus* aquelas voltadas para o consumidor da cultura popular. Em vez disso, a questão diz respeito à possibilidade de a comunidade cultural e os próprios termos "produtor", "texto" cultural ou "objeto" cultural e "consumidor" serem enunciados neste contexto. Ou seja, as comunidades culturais, o "nós"

---

66. Fiske; Hartley, *Reading Television*, 1978.

cultural, são coletividades de práticas estabelecidas compartilhadas, significações compartilhadas, atividades de rotina compartilhadas envolvidas na obtenção do significado. Poderia parecer que o modelo dos estudos culturais exclui isso. Ao contrário, ele se parece com o modelo da economia neoclássica, com "produtores" e "consumidores" abstraídos das práticas compartilhadas e incorporadas e, em vez disso, operando como indivíduos que fazem escolhas racionais com "listas de preferências", com "produtos" culturais a serem escolhidos no mercado. Infelizmente, o tipo de modelo com que Fiske e seus colegas trabalham se espalha não apenas entre os professores, mas na vida cotidiana, e isso poderia parecer uma razão para as comunidades culturais terem tão poucas raízes atualmente.

Uma abordagem mais sofisticada dentro desta estrutura é encontrada nos escritos de Dick Hebdige sobre as subculturas. Neste caso, o entendimento de Hebdige vai além das perspectivas de produção e consumo, chegando a um foco maior nos processos culturais e nas práticas culturais incorporadas. Ele fala de "autenticidade" no contexto da comunidade subcultural, precisamente como aquela exemplificada naqueles membros de uma subcultura, cujo modo de vida é o mais afastado das mentalidades dos consumidores. Este foco em uma subcultura é também, preeminentemente, um foco na comunidade *reflexiva*.[67] Ou seja, se somos "arremessados" nos significados e práticas coletivas do estar-no-mundo de uma comunidade simples, reflexivamente "arremessam-nos" no mundo comunal de uma subcultura jovem, à medida que nos decidimos nos envolver nela, ou mesmo vir a participar com os outros em sua criação. Um problema com a ideia de subculturas, como estas estão concebidas nos estudos culturais, é a "resistência mediante rituais". Nesta, os "rituais" são concebi-

---

67. Hebdige, *Subculture: the Meaning of Style*, 1979.

dos como a construção simbólica da identidade subcultural. Eles são caracteristicamente construídos por meio da *bricolage* de um conjunto desconectado de significantes de estilos anteriores.[68] Por exemplo, a subcultura de Teddy Boy envolve implicações dos edwardianos, dos negros norte-americanos e de vários outros significantes. O problema é que todo este foco em *combinatoires* de signifi*cantes* livremente representados tende a ignorar a base geral das subculturas, ou de qualquer comunidade, que são as significações compartilhadas ou os signifi*cados* compartilhados.

Comunidades culturais do tipo em questão aqui são evocadas pelas discussões de Heidegger do "mundo" na Parte Um de *O ser e o tempo*. Aqui, "o mundo", inicialmente concebido por Heidegger ao longo das linhas de um modelo de um *workshop* metafórico (como um mundo, como uma comunidade), só pode existir tendo como base a acessibilidade do significado. Quando o *workshop* funciona, observa Heidegger, nunca o foco está no signo ou no significante; em vez disso, os signos são vistos imediatamente como significados. Só quando há uma ruptura, o foco está no signo.[69] Quando uma comunidade está funcionando como um time de futebol, o significado de signos como um grito, um aceno de cabeça, é transparente. Os jogadores de futebol interpretam os significantes uns dos outros já como significados. Somente quando há uma ruptura, o goleiro precisa conferir com os jogadores da sua defesa central os gestos e sons e toma o significante como problematizado. Em outras palavras, o movimento em direção aos modos de pensamento sujeito-objeto ocorre apenas com a ruptura das práticas compartilhadas e das significações compartilhadas do "nós", começando com os pressupostos sujeito-objeto das subculturas como *bricolage* de significantes, para depois tentar compreender "o

---

68. Hall; Jefferson (Ed.), *Resistance through Rituals*, 1976.
69. Heidegger, *Sein und Zeit*, 16.ed., 1986, p.76-82.

nós" – como faz grande parte da literatura dos estudos culturais –, o que, em si, é realmente problemático.

Talvez a tentativa mais influente e profundamente considerada, para se captar o início da comunidade a partir de considerações do sujeito, esteja na obra de Jürgen Habermas. O compromisso de Habermas com a compreensão da comunidade é profundo. Sua teoria é aquela da ação "comunicativa", e sua base na hermenêutica deve ser seriamente considerada. Seu compromisso não é com a abstração do Iluminismo ou com os sistemas especialistas contemporâneos. Em vez disso, ele quer preservar e ampliar a esfera do "mundo da vida", concebido de uma maneira consistente com a ideia do "mundo" de Schutz e Heidegger. A diferença é que, em vez de partir dos significados coletivos da *Kultur* e de proceder a uma defesa da *Zivilisation*, Habermas toma como ponto de partida o individualismo da *Zivilisation* e quer chegar até a *Sittlichkeit*, a comunidade, de *Kultur*. Ou seja, Habermas quer usar o Iluminismo para proteger o mundo da vida dos excessos das consequências negativas (e involuntárias) do Iluminismo. O que Habermas deseja, especificamente, é um mundo da vida de práticas sociais incorporadas, ou seja, uma *Sittlichkeit* (vida ética concreta) no sentido de Hegel, que está fundamentada na intersubjetividade da ação comunicativa. Isso é possível? Essa intersubjetividade transcendental pode ser uma base para a comunidade? Certamente, neste contexto comunicativo, a intersubjetividade pode ser uma base para "o social" ou para a "sociedade".[70] O social, ou a sociedade, como está definido por sociólogos clássicos como Durkheim, tem sido compreendido como consistindo de regras e normas abstratas que regulam a ação nas instituições. O próprio Durkheim foi atacado pelos humanistas clássicos da primeira década do século XX, na França, por este tipo de ideia científica e "padronizada"

---

70. Dews, *Logics of Disintegration*, 1987.

da sociedade. A intersubjetividade transcendental de Habermas – transcendental nisso em que os sujeitos são desincorporados dos mundos das práticas compartilhadas – neste sentido, certamente é uma boa base para o social. Mas o mesmo ocorre com a intersubjetividade igualmente transcendental do ego e do alter, de Talcott Parsons, pela qual sua sociologia de ação pode produzir as estruturas institucionais normativamente governadas do funcionalismo. Mas a comunidade – *Gemeinschaft, Sittlichkeit* – é algo bem diferente dessas regras abstratas. Em vez disso, baseia-se em *Sitten*, que são costumes e não regras, por definição; baseia-se em hábitos, não em julgamentos, mas em "pré-julgamentos". Quando Gadamer polemicamente opõe a verdade ao método em *Wahrheit und Methode*, ele não está apenas se referindo à defesa do ideográfico *versus* as abordagens regradas e metodológicas das ciências humanas. Ele está se referindo também às verdades reveladas pela comunidade, pela *Sittlichkeit* na vida cotidiana.

Para Habermas, a racionalidade comunicativa é um meio pelo qual a intersubjetividade pode reduzir as pretensões do "sistema" e expandir o espaço do mundo da vida. Isso ocorre através da interação comunicativa, em que os atos da fala ou as expressões vocais são potencialmente "reivindicações de validade discursivamente redimíveis". Habermas reconhece que a racionalidade comunicativa ocorre tendo como base o tipo de pré-entendimentos e suposições básicas que são do domínio da hermenêutica. Mas a maior parte da sua atenção não é destinada a estes, mas ao exame das reivindicações de validade discursivamente redimíveis. Como isso pode enfrentar a comunidade? Hoje a comunidade, em qualquer sentido substancial, precisa ser "mundial". Deve ser enraizada em significações compartilhadas e em práticas estabelecidas. Estas práticas têm propósitos, têm seu próprio *telos* específico. Estas práticas envolvem outros seres humanos. E também envolvem coisas, que não são "objetos", mas *Zeuge*, no sentido de

Heidegger – isto é, ferramentas, "engrenagens", incluindo a linguagem e os instrumentos informacionais[71] entre os quais habitamos e aos quais tanto nos dedicamos. No "nós", as atividades do dia a dia estão envolvidas na obtenção rotineira de significação; estão envolvidas na produção de bens substantivos, que em si são também significações. Embora as atividades sejam guiadas por esses bens substantivos cujos critérios são fixados internamente por uma dada prática, esta orientação não é determinada por regras, mas pelo exemplo dessas práticas presentes e tradicionais.

Consideremos, agora, as reivindicações de validade discursivamente redimíveis da racionalidade comunicativa. Nestas, as comunicações envolvidas são compreendidas como atos da fala. Por que Habermas iria querer usar a teoria do ato da fala? Certamente, a sociolinguística baseada no ato da fala e na análise da conversação tem sido criticada justamente porque observa as elocuções verbais (um "texto", um "corpo") na abstração das práticas sociais incorporadas no cotidiano. Segundo Hubert Dreyfus, a teoria do ato da fala presume a regulamentação de tipos diferentes de elocuções verbais por "regras" que vão contra a base antinomotética, *sittlich* da comunidade.[72] Além disso, Habermas observa esses atos da fala entre os sujeitos como "reivindicações de validade".[73] Por isso, a suposição correta é que o significado não é compartilhado, mas, ao que parece, cronicamente contestado. Supõe-se que as elocuções verbais, em um primeiro momento, dizem respeito a tentativas de estabelecer ou destruir posições de poder. Os atos da fala tornam-se encenações de poder. Mas, na verdade, na maior parte das comunidades de práticas, a comunicação, em primeira instância ou habitualmente, não envolve encenações de poder,

---

71. Heidegger, *Sein und Zeit*, p.68.
72. Dreyfus, *Being-in-the-World*, p.141-9.
73. Habermas, *The Theory of Communicative Action*, v.1, 1984, p.189-90.

mas envolve o desenvolvimento bem-sucedido de uma prática coletiva comum. Quando um goleiro faz sinal para o seu canto direito, o que está em questão é, em geral, o desenvolvimento bem-sucedido de um padrão de ataque pelo meio do campo e para fora das alas, e não, em um primeiro momento, as relações de poder entre o goleiro e o jogador da defesa. Quando uma colega de outra universidade – na comunidade sociológica internacional – que eu estimo e que me estima telefona para mim e me pede que coloque o artigo na mala postal da revista que ela edita, o que está imediatamente em questão é a produção de um produto comum, e não as relações de poder entre ela e eu. Na verdade, se não houvesse significados compartilhados suficientes – e um parêntese do ato da fala como pretensões de validade entre nós –, é improvável que ela e eu compartilhássemos campo comum suficiente para estarmos envolvidos juntos em um projeto. A teoria de Habermas, como tem sido afirmado, envolve uma noção de poder muito débil. Eu gostaria de declarar exatamente o oposto – que ele tem uma noção de poder muito *forte*; que ele declara enxergar poder em lugares onde não existe poder, e assim fazendo não pode se responsabilizar pelos significados compartilhados necessários à comunidade. Por que, seria possível perguntar, a racionalidade comunicativa é uma "pragmática universal"? A pragmática, na linguística, observa o poder e o que as palavras fazem. Por que, em vez disso, Habermas não apresenta uma *semântica*, focada no *significado* das expressões?[74]

Finalmente, para Habermas, estas reivindicações de validade são "discursivamente redimíveis". Isto significa que onde uma pretensão de validade é contestada, os interlocutores devem se mover para o domínio do "discurso" – em que os argumentos vêm sistematicamente à tona para apoiar as comunicações. Os domí-

---

74. Stubbs, *Discourse Analysis*, 1983.

nios do discurso a que Habermas se refere são o discurso teórico, o ético ou prático, e o estético-expressivo. Neste contexto, a comparação com Giddens é ilustrativa. Ou seja, os pressupostos individualistas da modernidade reflexiva de Giddens, e suas deficiências potenciais no entendimento da comunidade ou do "nós", são de modo importante também aqueles encontrados na racionalidade comunicativa. Ambos os teóricos, por exemplo, pressupõem como ponto de partida uma relação sujeito-objeto abstrata ou "transcendental". Para Habermas, isso é intersubjetividade; para Giddens, é a intrassubjetividade do agente social automonitorado. Para Giddens, a reflexividade moderna atravessa o "nó" dos "sistemas especialistas" ou é mediada por ele. Para Habermas, o equivalente ao sistema especialista são os "discursos" que atestam a validade das elocuções verbais do sujeito. Embora nem todos os sistemas especialistas sejam discursos legitimadores ou redimíveis do ato da fala, todos os discursos de Habermas seriam também sistemas especialistas.

Vamos voltar à noção de comunidade implícita no modelo do *workshop* de Heidegger em *O ser e o tempo*. Neste caso, estar-no-mundo envolve não "sujeitos", mas seres humanos situados, absorvidos nas práticas ou atividades de rotina (ou pré-reflexivas), sem objetos a não ser *Zeuge* (instrumentos, "engrenagens", equipamento) e envolvidos em significados compartilhados e práticas sem "sujeitos", mas com outros seres humanos finitos. Somente com a ruptura da atividade rotineira os seres humanos tornam-se sujeitos e os *Zeuge* tornam-se objetos, na medida em que um reparo torna-se necessário.[75] Somente com a ruptura dos significados compartilhados os seres humanos tornam-se "sujeitos" um para o outro. É aí que entram os sistemas especialistas, entram os discursos legitimadores; ou seja, para reparar a ruptura, de modo que

---

75. Heidegger, *Sein und Zeit,* p.73-4.

as práticas e as atividades significativas compartilhadas possam recomeçar uma vez mais. Mas quando os sistemas especialistas e os discursos intervêm *cronicamente*, quando eles intervêm "preventiva" e invasivamente, então as práticas, os significados compartilhados e a comunidade tornam-se cada vez mais marginalizados e progressivamente menos possíveis. O problema não parece ser, como muitos têm argumentado, que a ética do discurso de Habermas seja tão abstrata que não possa influir na realidade. Em vez disso, o problema pode ser que ela tenha contato *demais* com a realidade. É mais provável que a própria realidade social tenha se tornado abstrata demais, muito invasivamente interpenetrada pelos sistemas especialistas e pelos discursos legitimadores. É mais provável que nem o discurso incessante do conceito e da reflexividade cognitiva nem a desconstrução interminável da mimese e da reflexividade estética possam ser o melhor acesso à verdade. O que poderia ser uma alternativa? Talvez apenas um engajamento envolvido, uma preocupação com as coisas e com as pessoas em um mundo compartilhado. Talvez não o barulho incessante do significante do discurso ou da desconstrução, mas, ao contrário, os já compartilhados significados das práticas sociais do cotidiano, tornando possíveis o pensamento e a verdade (e a comunidade).

Charles Taylor, em *Sources of the Self*, parece ter partido de afirmações bem mais promissoras ao desenvolver uma hermenêutica realmente reflexiva e uma noção de comunidade. Já observamos que a "ética do discurso" da reflexividade cognitiva questiona a noção dos bens substantivos e, em seu lugar, oferece uma noção de bens de caráter altamente procedural. Taylor não nega a validade disso, mas, ao contrário, evita mostrar como essa ética procedural é em si um bem substantivo e "fonte" do *self* moderno. Também observamos que a ética da desconstrução da reflexividade estética deseja afastar tanto a noção substantiva quanto a procedural dos bens. Mais uma vez, Taylor não se contrapõe a isso, a ponto de mostrar como esse antifundacionalismo desconstrutivo é em si uma fundação, na verdade é em si um bem substantivo e fonte do *self* moderno. Até aqui, tudo bem. Mas há mais. Taylor é um estudioso de Hegel e um partidário do comunitarismo. Em seu *Hegel* ele insistiu em que precisamos compreender a comunidade e a ética, não em termos da moralidade abstrata de Kant, mas da *Sittlichkeit* de Hegel, que ele contextualizou entre os escritos dos filósofos românticos contemporâneos de Hegel. Neste contexto, poderia parecer que Taylor quer que compreendamos as "fontes" não em termos de um sujeito reflexivo; e que a reflexividade está não no sujeito nem no *self*, mas, em vez disso, nas *fontes* do *self*. É que a reflexividade precisa estar presente nas práticas básicas, no "aí, sempre e já" do mundo em que o eu é arremessado.[76]

Taylor parece então nos oferecer uma noção de comunidade reflexiva em que os pressupostos básicos compartilhados já são reflexivos. Neste caso, acho que ele certamente está no caminho certo. Mas ao mesmo tempo esta linha de abordagem atinge várias questões mal resolvidas e talvez insuperáveis. Primeiro, Taylor parece estar nos dizendo que só *pensamos* estar vivendo na presença de um déficit empobrecedor da *Sittlichkeit*. Depois, ao contrário, parece estar dizendo que a comunidade já existe: basta procurá-la. Ele faz isso especialmente por meio de uma afirmação insistente. Pode-se perguntar aqui se isso não é, na melhor das hipóteses, uma especulação; ou na pior das hipóteses, se a comunidade já existe, então somos eximidos da necessidade reflexiva de criá-la. Além disso, o que acontece se concordamos com Taylor em que tanto a dimensão cognitiva-utilitária quanto a estética-expressiva da razão moderna são fontes do *self*? Esses são motivos de celebração? Ou estas próprias "fontes" estão tão esvaziadas, tão abstratas, que sejam talvez, ao contrário, emblemáticas do "sistema" que final-

---

76. Taylor, *Sources of the Self*, 1989; Taylor, *Hegel*, 1975.

mente já colonizou o mundo da vida? Taylor, como muitos outros pensadores, encontra duas tradições presentes na fonte estética do *self* – por um lado, o "símbolo"; e, por outro, a "alegoria". Neste caso, a tradição do "símbolo" abarcaria Goethe, Schiller, Schleiermacher e, por exemplo, T. S. Eliot. Os "alegoristas" incluiriam Baudelaire e os *poètes maudits*, mas também Benjamin, Derrida e Foucault. O "símbolo" vem da tradição romântica e é compreendido em termos da natureza, da totalidade, do organicismo, da comunidade e da significação. A alegoria, ao contrário, é cínica, urbana, artificial, radicalmente individualista e ilumina mais a materialidade que a transparência do significante. Então, Taylor – para mim, de maneira inexplicável e certamente inconvincente – apresenta vários argumentos para a assimilação da alegoria pelo símbolo. Assim fazendo, termina apresentando uma fonte cognitiva e estética para o eu, mas não uma fonte comunitária (hermenêutica). Espero que ele aja assim em virtude de algumas suposições (cristãs) de uma "dialética positiva" não adorniana, mas hegeliana, em que o movimento dialético é comandado e finalmente subsumido pelo momento universalista da razão. Não obstante, para Taylor – comunitarista e hermeneuta autoconsciente –, esta é uma conclusão, na verdade, muito estranha. O resultado é um fracasso em pensar sistematicamente através das fontes potenciais do "nós".

Habitus, habiter, *hábitos*

Por que acabam falhando até essas tentativas mais vigorosas para derivar o "nós" do "eu", para derivar a comunidade do individual, realizadas pelos mais bem-dotados pensadores? Por que essas análises terminam com os mesmos fenômenos atomizados e abstratos com que começaram? Pode-se começar a procurar uma resposta para esse fracasso talvez no tipo de perguntas que esses analistas colocam em primeiro lugar. Talvez a única maneira possível seja começar com o *self* que já está situado em uma matriz de práticas estabelecidas. E esse é certamente o ponto de partida de Pierre Bourdieu para o seu conceito de *habitus*. Bourdieu tem sido frequentemente relacionado a Anthony Giddens como um teórico da "estruturação".[77] À primeira vista, isto parece ser mesmo verdade. O *habitus* de Bourdieu efetivamente diz respeito a como um ator social está envolvido na produção ou construção de estruturas sociais. Além disso, há em Bourdieu uma "dualidade de estrutura" em que as estruturas são não apenas o resultado, mas o meio reflexivo da ação. Em suas primeiras obras, Bourdieu havia criticado severamente a abordagem demasiado estrutural de Lévi-Strauss, ao que parecia, do ponto de vista da ação. Mais tarde, seu *Distinction* pôde funcionar como uma crítica implícita de concepções excessivamente relativas às teorias da ação, como a teoria da escolha racional. Os atores de Bourdieu em *Distinction* são, ao mesmo tempo, coletivos e individuais. Eles atuam através da mediação de categorias de gosto já estruturadas relacionadas a classe, na medida em que elas se envolvem em "lutas classificatórias" pela hegemonia cultural.[78]

O próprio Bourdieu protestou contra esta semelhança com Giddens, afirmando que sua ideia de *habitus* tem sido radicalmente mal interpretada. Mas será que este protesto de Bourdieu deve ser realmente levado a sério? Possivelmente, um caminho de aproximação dessa questão pode começar com a sua ideia da reflexividade. Em seu recente *Invitation to Reflexive Sociology*, Bourdieu fala de reflexividade em termos da descoberta sistemática das categorias impensadas que em si são precondições das nossas práticas mais autoconscientes (neste caso, sociológicas).[79] O que isso pode

---

77. Lash, Pierre Bourdieu: cultural economy and social change, in Calhoun; LiPuma; Postone (Ed.), *Bourdieu*: Critical Perspectives, 1993, p.193-211.
78. Bourdieu, *Distinction*, 1984, p.472-3.
79. Bourdieu, *An Invitation to Reflexive Sociology*, 1992.

significar? Vamos indicar, para começar – ao contrário de Beck e Giddens – o fato de que a reflexão não está na estrutura social, ou seja, não está nas regras institucionais (ou outras estruturais). Em vez disso, a reflexividade está nas "categorias impensadas", que não são tão prontamente acessíveis a nós quanto as estruturas sociais. Mas essas categorias impensadas também não são – assim assegura Bourdieu –, em princípio, *in*acessíveis à mente consciente, como o é o inconsciente freudiano.[80]

O que Bourdieu quer com isso? Ele deseja compreender o relacionamento entre o eu consciente e as categorias impensadas – não como (em Beck e Giddens) uma relação controladora sujeito-objeto nem (como em Freud) uma relação *causal* objeto-sujeito, em que a causa, por assim dizer, é mantida em segredo em relação ao efeito. O que ele quer, ou pelo menos o que ele está sugerindo para os propósitos atuais, é um relacionamento *hermenêutico*, em que as categorias impensadas não são causas, mas devem ser hermeneuticamente interpretadas. Em que as categorias impensadas são também bases ontológicas da consciência prática. Mas não vamos parar aqui; em vez disso, vamos prosseguir em direção à interpretação hermenêutica das categorias impensadas. Na verdade, Bourdieu faz esta interpretação para nós. Mas, antes, quais destas categorias não são também estruturas sociais? Em um primeiro momento, elas são categorias classificatórias, que estão muito próximas das *Classificações primitivas*, de Durkheim e Mauss.[81] Estes autores observam que a estrutura para suas classificações são as categorias aristotélicas (e kantianas) da lógica. Mas as categorias classificatórias de Bourdieu não são tão imediatamente acessíveis quanto essas últimas; pelo contrário, são categorias de "gosto", en-

---

80. Bourdieu, *Distinction*, p.170-2.
81. Ver o trecho reimpresso em Lash (Ed.), *Post-Structuralist and Post-Modernist Sociology*, p.3-34.

tendidas no modelo do juízo estético de Kant.[82] Neste sentido, a *Distinction* de Bourdieu parece ser *prima facie* um estudo da estratificação social do consumo. Entretanto, é muito mais que isso. É uma sociologia, não apenas do gosto no sentido estrito, mas mais em geral de toda a extensão de nossos hábitos e práticas mais imediatos. É uma sociologia das nossas categorias impensadas, embora corporalmente inscritas. É, em suma, uma sociologia das bases ontológicas – em categorias de hábito – da ação consciente.

Mas Bourdieu quer interpretar o impensado mais ainda. Ele fala do *habitus*, de uma forma mais próxima, não em termos das categorias classificatórias, mas de "esquemas" classificatórios. Isto é importante porque os "esquemas" são mais maleáveis que as categorias, muito menos rígidos. Os esquemas são, na verdade, mais imediatos que as categorias menos mediadas. São, por natureza, difíceis de se distinguir dos casos e práticas particulares que eles supostamente subsumem. Os esquemas são, de fato, aquela contradição nos termos, entre "mediadores não mediados (ou imediatos)".[83] Mas o *habitus* e os esquemas classificatórios podem ser mais interpretados – e até mais imediatamente – como "predisposições", como "orientações". Estas são até mais imediatas que os esquemas classificatórios. "Predisposições" e "orientações" são técnicas aprendidas, mas impensadas, do corpo – como nadar, modos de andar, jogar tênis – que, também para Marcel Mauss, seriam fundacionais para a conduta consciente.

Isso nos leva de volta à *Crítica do juízo*, de Kant, que se presta – torna-se claro agora – a uma segunda leitura, radicalmente diferente. A reflexividade estética ou "razão mimética", *à la* Adorno ou Nietzsche, poderia entender a crítica do juízo em termos da crítica do universal pelo particular. Mas, em vez desta inversão da famo-

---

82. Lash, *Reflexive Modernization*: the aesthetic dimension, p.9.
83. Bourdieu, *Distinction*, p.466.

sa hierarquia metafísica do conceito *versus* a estética, Bourdieu sugere um afastamento da metafísica total e uma leitura da terceira crítica simplesmente como juízo, através da subsunção de um particular por um particular: a subsunção por "predisposições", por "orientações", por "hábitos", de práticas rotineiras e atividades básicas. O ponto em questão aqui é que as predisposições e os hábitos são em si práticas básicas, são em si atividades de rotina. Neste ponto, estamos a uma grande distância do mundo da "estrutura" e da "ação". A "lógica da prática" de Bourdieu tem pouco a ver com a estrutura. Em sua crítica inicial a Lévi-Strauss, ele entendeu as "regras" da estrutura como coisas que os antropólogos imaginavam haver descoberto e que regulavam os processos de *la pensée sauvage*. Ao contrário, declarou Bourdieu, os *indigènes* tinham plena consciência das estruturas e utilizavam as regras, em vez disso, como "álibis", como legitimações. As "regras" ou estruturas nem sequer aparecem estruturando o *habitus*; em seu lugar estão os "hábitos" e as "predisposições", que, por definição, são contrapostos às regras, mais ou menos no mesmo sentido em que o conceito de ação tradicional de Max Weber está em contraposição ao da ação racional.[84] O *habitus* está, portanto, muito distante da "ação". A teoria da ação fala a linguagem do "ato unitário"; o *habitus*, a linguagem das atividades contínuas. A teoria da ação pressupõe, pelo menos implicitamente, um ator desincorporado, minimizador do custo e maximizador do benefício, e com preferências determinadas. O *habitus* só existe quando situado em seu "mundo". A teoria da ação é frequentemente "construtivista", em que a ação é a força motriz que está por trás da estrutura, como, por exemplo, em "redes de atores". O *habitus*, ao contrário, supõe um certo "arremessar-se" em uma rede de práticas e significados já existentes.

---

84. Bourdieu, *Outline of a Theory of Practice*, 1977, p.29-30.

A sociologia reflexiva de Bourdieu foi especialmente influente para a "antropologia reflexiva" de Clifford, Rabinow, Marcus e outros.[85] E agora podemos ver em que sentido. A reflexividade, no sentido de Bourdieu e dos antropólogos, opera em um terreno inteiramente diferente daquele da reflexividade cognitiva (Beck, Giddens) e da reflexividade estética (Adorno, Nietzsche). Tanto na reflexividade cognitiva quanto na estética, pressupõe-se a existência de um sujeito – fora de um mundo – para quem o mundo é (conceitual ou mimeticamente) mediado. A antropologia reflexiva acarreta o rompimento com o objetivismo, com o realismo de Lévi-Strauss e com o funcionalismo e, em vez disso, uma fusão parcial de horizontes com o mundo de "referentes" de cada um. Isto significa aprender por meio do *habitus*, de raízes similares ao *habiter*,[86] em que a verdade não é conceitual nem mimética, mas se torna evidente através de práticas compartilhadas. A antropologia (e a sociologia) reflexiva tem o sentido de entendermos nossos próprios conceitos, não como categorias, mas como esquemas interpretativos, como predisposições e orientações, como nossos próprios hábitos. A ciência humana reflexiva depende da emergência de uma tradução entre nossos esquemas e os esquemas de nossos referentes. Implica que entendamos reflexivamente que nossos "conceitos" são apenas outro conjunto de esquemas privilegiados (por um acidente do Ocidente). A ciência humana reflexiva precisaria entender a si mesma apenas como outra "etnometodologia". Por isso, a noção de reflexividade aqui é o polo oposto daquela de Beck e Giddens. Para Beck e Giddens, ela tende a pôr em suspensão o mundo da vida para chegar a formas sujeito-objeto individualizadas de conhecimento social.

---

85. Ver, por exemplo, Clifford, *The Predicament of Culture*, 1988.
86. Dreyfus; Rabinow, Can there be a science of existential structure and social meaning?, in Calhoun et al. (Ed.), *Bourdieu: Critical Perspectives*, p.35-44.

Para a antropologia reflexiva, essa noção põe em suspensão o conhecimento sujeito-objeto, situando aqueles que conhecem em seu mundo existencial.

Conclusões: a comunidade reflexiva e o *self*

Já esboçamos os elementos básicos de um conceito de comunidade. A comunidade deve – em um sentido muito fundamental – estar em um "mundo", ou estar "mundializada". Mesmo a reflexividade no contexto da comunidade deve estar "dentro do mundo". Nem o conhecimento cotidiano nem aquele produzido pelas ciências humanas podem ser uma questão de relacionamento entre um sujeito do conhecimento e o mundo, como ocorre na epistemologia.[87] O conhecimento comunal é, em vez disso, conhecimento hermenêutico, e este último só é possível quando quem conhece está presente no mesmo mundo e "habita entre" as coisas e os outros seres humanos cuja verdade ele busca. A comunidade não envolve a problematização crônica do significante, mas, ao contrário, está enraizada em significações compartilhadas e práticas básicas de rotina. Neste contexto, as práticas compartilhadas têm objetivos ou um *telos* que as orienta e elas são estabelecidas internamente à prática. Envolvem outros seres humanos, coisas e instrumentos (*Zeuge*) com que se trabalha, e as coisas que são fabricadas. Estas práticas não são orientadas por regras, mas por esquemas, por *Sitten*, que podem variar desde os "mistérios" dos ofícios medievais até os costumes e a prática da imaginação sociológica. Estas práticas envolvem um investimento imediato de sentimentos sobre os instrumentos utilizados – incluindo os signos – e sobre outros seres humanos com quem as práticas são

---

87. Ver a crítica do realismo em *Sein und Zeit*, p.200-10.

compartilhadas. As atividades do cotidiano no "nós" dizem respeito à obtenção rotineira da significação: dizem respeito à produção de bens substantivos e são orientadas por uma compreensão do que é visto, mais geralmente, como substantivamente bom por aquela comunidade. O substantivamente bom não é enfrentado pelos que pertencem à comunidade como um "imperativo", divorciado do mundano e do cotidiano. Ele já está presente no mundo de significações e práticas em que os seres humanos são lançados quando se tornam parte do "nós". As significações e as práticas que incorporam o bem substantivo são aprendidas, mas depois se tornam inconscientes como se se inscrevessem no corpo.

As comunidades não dizem respeito a *interesses* compartilhados. Os partidos políticos e as classes sociais – que têm interesses em comum – não são comunidades. Os partidos políticos são tipicamente agregações dos interesses de uma pluralidade de grupos de interesse, a maior parte deles não sendo em si tipicamente comunidades, mas agrupamentos atomizados de indivíduos. Os partidos políticos têm algumas bases comunais. Por exemplo, a comunidade Sikh poderia tender a apoiar o Partido Trabalhista britânico. Mas, mesmo aqui, o relacionamento entre partido e coletividade étnica dificilmente é "comunal". As classes sociais, também uma base dos partidos políticos, não são comunidades, mas, certamente, grupos de interesse. Segundo muitos registros, a classe média pode ser atomizada, pois frequentemente nem sequer percebe os interesses compartilhados. Em vez disso, as classes médias têm sido capazes de buscar seus interesses em uma base familiar. Caracteristicamente, a classe trabalhadora tem tido que buscar a ação coletiva (não comunal). Em alguns setores – por exemplo, o minerador –, sentimentos comunais muito fortes têm apoiado uma propensão tipicamente muito grande para a ação e a solidariedade de greve coletivas. Mas isso não é, caracteristicamente, solidariedade para com a classe como um todo.

TABELA 1

Aspectos dos três tipos de reflexividade que esbocei neste capítulo. A reflexividade cognitiva é mais ou menos consistente com a maneira como eu entendo as posições de Beck e Giddens. A reflexividade estética está referida nas p.206-25 e a reflexividade hermenêutica, nas p.220-58.

	Tipo de reflexividade		
	Cognitiva	Estética	Hermenêutica
	"o eu" (ego)	"o eu" (desejo)	"o nós"
	{ utilitário individualismo	{ expressivo individualismo	comunidade
	Iluminismo modernidade	estética modernismo	tradição
modo de falar	discurso	desconstrução	silêncio
figuras paradigmáticas	Descartes/ Bentham	Baudelaire/ Nietzsche	Goethe/ Heidegger
modo de contar histórias	narrativa	alegoria	símbolo
acesso à verdade	conceitual	mimese	mediante práticas situadas
modo de regulação social	normas	nada funciona	hábitos *Sitten*
temporalidade	narrativa	o acontecimento	tradição
	Zivilisation		*Kultur*
	identidade	diferença	bases ontológicas
	o social		cultura
	ética transcendental	*ethique aesthetique*	ética do cuidado
	risco	insegurança	cuidado
	o sujeito	o objeto	práticas básicas

	Tipo de reflexividade		
	Cognitiva	Estética	Hermenêutica
elemento semiótico privilegiado	o referente	o significante	o significado (sentido)
	ação (ato unitário)		conduta (atividades)
modo espacial	grade geométrica	a avenida	praça
modo ético	normas		valores
	interesses		necessidades
	modo procedural		bens substantivos
	ética universalista	ética da não identidade	ética particularista
		ética do outro	ética do mesmo
modo de entendimento	realismo	desconstrução	hermenêutica
	verdade proposicional	poder/ conhecimento	verdade reveladora
	epistemologia		ontologia
modo da dialética	totalidade	negação determinada	Sittlichkeit (ethos)

As comunidades não têm nada a ver com *propriedades* compartilhadas. Grupos de indivíduos podem compartilhar conjuntos de propriedades ou características, mas serem ainda completamente atomizados um em relação ao outro. Em uma recente viagem turística de ônibus que fiz pela Baía de San Francisco (EUA), nosso motorista e guia (negro) mostrou a nós turistas, de forma narrativa, a região e as lojas da "comunidade chinesa" e os pontos de encontro da "comunidade homossexual". Depois nos falou sobre a maneira como tudo isso era entendido na "comunidade heterossexual". Os heterossexuais de San Francisco, embora compartilhem o direito de se envolver – principal ou exclusivamente – em relações heterossexuais, em nosso sentido não formam uma comunidade. Eles podem participar de uma "comunidade imaginada" da área da baía, ou até se imaginar – contra o que for percebido como uma ameaça homossexual – constituindo uma comunidade, mas em parte alguma há proximidade suficiente de significações e práticas compartilhadas para serem uma comunidade. Os habitantes homossexuais e chineses de San Francisco estão um pouco mais próximos desses critérios de comunidade. Como vamos ver, eles também são, em alguns aspectos, comunidades reflexivas.

Os "enclaves de estilo de vida", assim como os nichos de mercado, compartilham propriedades, mas não são comunidades. Os enclaves de estilo de vida e os nichos de mercado só são possíveis quando o consumo é desincorporado da orientação dos costumes comunais. Como o consumo é individualizado em relação à orientação comunal, ele pode: 1) permanecer individualizado; 2) ser reagrupado (através das economias de signo das estruturas de informação e comunicação, mediante, por exemplo, marketing e propaganda) como nicho de mercado e comunidades de estilo de vida; 3) se tornar "consumo posicional" de uma primazia interminável, para demonstrar superioridade à frente dos vizinhos; 4) fazer a mudança criativa da "imaginação romântica", pois a desincorporação da regulação comunal possibilita o fenômeno moderno de sonhar acordado;[88] 5) desincorporado do *Sitten*, ser compreendido da forma caracteristicamente moderna em relação às "necessidades"; 6) tornar-se livre, encontrar-se a si mesmo vinculado ao "espetáculo" e ao "valor-sígnico"; ou 7) entrar na racionalidade instrumental do "hedonismo calculista".

Cada uma dessas formas de consumo moderno (o consumo pode ser concebido na ausência da modernidade?) é possível ape-

---

88. Campbell, *The Romantic Ethic and the Spirit of Modern Consumerism*, 1987.

nas na ausência de regulação comunal. Mas um enclave de estilo de vida, como a Winterfeldplatz de Berlim, começa a ser uma comunidade quando os mesmos indivíduos se encontram nos mesmos cafés aos domingos pela manhã, após terem passado fora toda a noite de sábado, e bebem *Sekt* na praça. Quando essas mesmas pessoas fazem compras no Flohmarkt e compram suas massas, peixe e queijo nas barracas do mercado da Winterfeldplatz às quartas e aos sábados. Quando um determinado estilo de vestir, trajetórias de tempo-espaço similares e neologismos similares começam sistematicamente a se repetir. Quando se percebe que alguns frequentadores regulares da Winterfeldplatz têm barracas no mercado, outros abriram ou trabalham em pequenos negócios na área, alguns têm conexão com o ambiente da Berlim S&M, muitos com o ambiente *gay* muito integrado de Schöneberg, enquanto outros são participantes ativos do cenário de *rock* de vanguarda da área. Por isso, Berking e Neckel podem, justificadamente, em sua sociologia qualitativa deste distrito de Berlim, falar da Winterfeldplatz em termos de formas de *"Vergemeinschaftungen"* pós-tradicional.[89] *Vergemeinschaftungen* necessitaria ser traduzido como "comunalização", mas significa muito mais que isso. E poderia ser aplicado a algumas "comunidades de gosto", mas não a outras. Pessoas que leem o mesmo jornal ou assistem à mesma novela compartilham apenas uma comunidade imaginada. Fazer parte de uma comunidade de gosto, que assume a facticidade da comunidade, envolve significação, práticas e obrigações compartilhadas. Implica a transgressão da distinção entre consumidor e produtor. Consideremos, por exemplo, os fãs do Jane's Addiction, que seguem os espetáculos do grupo por todo o Reino Unido e se

---

89. Berking; Neckel, Die Politik der Lebensstil in einem Berliner Bezirk: zu einegen Formen nachtraditioneller Vergemeinschaftungen, *Soziale Welt*, 1990, p.481-500.

encontram de novo em apresentações nos países europeus continentais; que "vestem a camisa", leem e escrevem cartas para as revistas especializadas e às vezes até editam essas revistas. Isto é uma comunidade – como as torcidas que viajam com os Leeds, o Manchester United ou o Arsenal. A "comunidade reflexiva" pode ser instrutivamente compreendida em relação ao conceito de "campo" de Pierre Bourdieu. Neste caso, para Bourdieu, na sociedade tradicional não há campos, mas há comunidade. Entretanto, na modernidade há a diferenciação de vários campos "delimitados" (religioso, político, legal, científico, artístico, acadêmico, sociológico) a partir dos quais surge o "campo social" geral. O campo social, embora dividido em frações de classe, é atomizado, e os únicos tipos de comunidade a serem ali encontrados são as comunidades imaginadas. As comunidades modernas "reais", que também são comunidades reflexivas, podem ser encontradas nos campos delimitados. Por exemplo, no campo sociológico encontram-se todas as nossas características de comunidade – as significações e práticas compartilhadas, o envolvimento afetivo com os "instrumentos" e o produto, a geração interna de padrões, *telos* e objetivos, as obrigações percebidas, a orientação pelo *Sitten*, o *habitus* característico do campo. Os atores sociais de um campo são tanto produtores quanto consumidores de um produto cultural. O mesmo ocorre com os torcedores do Manchester United ou os fãs mais ardorosos do Jane's Addiction. Ou seja, o bem cultural produzido em um determinado campo especializado, que recebemos dentro do campo social, é produzido tanto pelos clientes quanto pelos atores. O mesmo poderia ocorrer com os membros mais aficionados da comunidade ecológica – não com os grupos de pressão que são associações de interesse, mas com o movimento social. Este último define de forma crucial de que maneira a ecologia, como produto cultural, é recebida no campo social. Essas comunidades também são reflexivas, pois:

primeiro, a pessoa não é nascida ou "arremessada", mas "se arremessa" nelas; segundo, elas podem estar amplamente espalhadas pelo espaço "abstrato", e também talvez ao longo do tempo;[90] terceiro, elas conscientemente colocam para si mesmas o problema da sua própria criação, e da constante reinvenção, muito mais que as comunidades tradicionais; quarto, seus "instrumentos" e produtos tendem a ser não materiais, mas abstratos e culturais.

Evidentemente, há outro tipo de comunidade reflexiva que não pode ser assimilada nos campos bourdieuanos. Este tipo de comunidade é definido pelo fato de ela não poder ser assimilada – ponto final. Estou me referindo às comunidades "diaspóricas", que não são reflexivas no sentido de que a pessoa não escolhe se juntar a elas, mas é arremessada para seu interior. Por "diaspórico" não estou me referindo ao "gueto" americano, por exemplo, das "comunidades" irlandesas ou judaicas. Ou seja, uma vez "no gueto", uma etnicidade não é mais uma comunidade, mas apenas um grupo de interesse étnico, acumulando dinheiro e adotando uma política favorável a Israel ou ao Sinn Fein. As comunidades diaspóricas não estão "no gueto", mas, ao contrário, mantêm o que Salman Rushdie chama de "estar-no-mundo" coletivo, que é baseado em, digamos, ser indiano-muçulmano. Mas elas são reflexivas em dois sentidos. Primeiro, no sentido de que, como diaspóricas, seu estar-no-mundo é de certa forma "móvel", o que lhes empresta uma certa mediação com relação à etnia "original" no país de origem. Segundo, essa comunidade é reflexiva porque, como o "estranho" de Simmel e como o *freischwebende Intellektuel* de Mannheim, o *self* diaspórico é perfeitamente consciente da heterodoxia e consciente da possibilidade de uma posição fora-do-mundo – *au dessus*, digamos assim, *de la mêlée*. Mas, ao contrário do estranho e do intelectual de Mannheim, o *self* diaspórico decide

---

90. Anderson, *Imagined Communities*, p.170-8.

não se mover da posição do sujeito como oposta ao objeto, mas permanecer em seu estar-no-mundo da etnia. O *self* diaspórico da comunidade minoritária étnica (e este seria o caso da *diaspora-by--night* da comunidade *gay*) é, portanto, um pouco parecido com o antropólogo reflexivo, cujos hábitos classificatórios entram em conflito e se misturam e, de certa forma, se intertraduzem com aqueles do outro estrangeiro (heterossexual).

Eu tenho o tempo todo enfatizado que a comunidade é, antes de tudo, uma questão de significações compartilhadas. Neste caso, a questão é: a comunidade reflexiva é possível em nossas sociedades distanciadas no tempo e no espaço, em que a significação está, por definição, esvaziada? Talvez o lugar para se procurar indícios de uma resposta sobre a possibilidade de significação na modernidade seja o domínio estético. A dimensão estética tem uma voz profunda, através de Simmel, por exemplo, que justapôs esferas externas de um social (*das Soziale*) cada vez mais sem significação, e as "esferas internas" de um sujeito criador de significação que melhore a vida. E os sociólogos de hoje têm observado que este sujeito criador de significação estético-expressiva, com origens no modernismo estético, agora se torna ubíquo em todas as camadas sociais e na vida cotidiana, no individualismo expressivo do que Gerhard Schulze, de forma perspicaz, registra como *Erlebnisgesellschaft*. Niklas Luhmann, em seu *Love as Passion*, tomou este sujeito moderno criador de significação e o transformou na intersubjetividade expressiva transcendental do relacionamento amoroso, caracterizado pelo intercâmbio semântico intensificado, cuja verdadeira densidade se constitui como um "sistema autopoético" em contraste *vis-à-vis* o ambiente.[91] E, na verdade, a compreensão de Luhmann tem um conteúdo de verdade bem maior que a metafísica semiótica pós-estruturalista do desejo. Ou seja,

---

91. Luhmann, *Love as Passion*, 1986.

os relacionamentos amorosos e sexuais têm muito pouco a ver com o "jogo livre do significante", e muito mais a ver com a intensidade do intercâmbio semântico, ou seja, do intercâmbio de significações, de "significados". Somente quando o relacionamento é rompido e entramos no modo sujeito-objeto, perguntamos a nós mesmos o que houve de errado – assumimos o significante como problematizado, e imaginamos o que ela queria dizer com aquela última carta enviada por fax. Somente quando as coisas *realmente* se romperam, nós convocamos o "sistema especialista", ou como um conjunto de argumentos legitimadores para o nosso lado da disputa, ou, pior, os profissionais em carne e osso. O triste fato de que, na modernidade, já tendemos, crônica e preventivamente, a usar sistemas especialistas, tende por antecipação a criar um déficit semântico nos relacionamentos íntimos.

Mas mesmo o relacionamento emocional de alta densidade semântica dificilmente é uma comunidade. Além disso, este tipo de relacionamento é sobrecarregado de afeto semântico e é inerentemente instável. É "encapsulado" e afastado da comunidade mais ampla, e, pior que isso, pode ser apenas mais uma repetição do solipsismo do "eu" expressivo contemporâneo, para quem tanto os bens substantivos como os procedurais desapareceram, e tudo o que resta é o autofundamento narcisista – não no "penso, logo existo", de Descartes; mas no "eu sou eu", de Beck. Bellah e seus colegas justapõem adequadamente este solipsismo intersubjetivo à amizade clássica como descrita por Aristóteles, na qual a amizade se apoiava em obrigações não apenas entre amigos, mas em relação à uma comunidade ampla, da prática, de atividades compartilhadas com padrões e objetivos particulares.[92] E talvez esta seja uma chave para a questão da significação nas comunidades reflexivas contemporâneas. Ou seja, não devemos perguntar

---

92. Bellah et al., *Habits of the Heart*, p.115.

tanto sobre a criação da significação, mas procurar pela significação que já existe. Vários pensadores alemães estabeleceram o contraste entre dois conceitos de "experiência": *Erlebnis*, que é subjetiva, e *Erfahrung*, que é mais pública e também conota, por exemplo, ser "experiente" em, digamos, uma atividade. A questão é que talvez já vivamos no que não é apenas um *Erlebnis*, mas também em uma *Erfahrungsgesellschaft*. A questão é que talvez em várias subculturas, em várias práticas com as quais reflexivamente nos comprometemos, a significação já esteja ali, já esteja inscrita nas práticas.

Entretanto, onde tudo isso deixa o "ser individual"?[93] Será que o indivíduo é possível no contexto de um comunitarismo genuíno? Alguns filósofos da política, como MacIntyre, parecem perder o indivíduo, ao que parece, em uma absorção tomista nas práticas comunais. Outros, como Charles Taylor, talvez em parte porque suas concepções hegelianas operam mediante uma dialética não negativa, mas "positiva", parecem abertamente assimilar a comunidade ao ser individual. Por outro lado, não é absolutamente satisfatório aludir-se vagamente a uma "dialética" do indivíduo e da comunidade ou falar em uma teoria da comunidade que "deixa espaço" para o ser individual. O que é necessário é uma noção de envolvimento nas práticas comunais a partir das quais o ser individual se desenvolve. E talvez um indício aqui possa ser encontrado na chamada de Seyla Benhabib, não para uma ética baseada na subjetividade transcendental ou na intersubjetividade, mas, em vez disso, para uma ética situada, fundamentada no "cuidado". O que ela está procurando não é uma ética situacionista, como os primeiros moralistas existencialistas, tais como Rollo May, não

---

93. A palavra inglesa *self* está traduzida ora como "ser individual" – sentido reforçado pelo autor quando se refere a Heidegger e ao original alemão de *O ser e o tempo* –, ora como "cuidado de si" quando relacionada a Michel Foucault, expressão consagrada na tradução de *A história da sexualidade*. (N. E.)

é uma ética de visão de mundo, nas linhas de algumas epistemologias das visões de mundo feministas, mas uma ética situada, e firmemente situada em uma *Sittlichkeit*, dentro de um mundo.[94] O conceito de *cuidado* é crucial no presente contexto. Sabemos que na última "virada subjetivista" de Foucault, o terceiro volume que ele escreveu sobre a sexualidade era intitulado "o cuidado de si". Muito mais explícita e sistematicamente, Heidegger, é claro, estabelece o mais próximo dos limites entre o fenômeno do cuidado e o *self*. Na verdade, para Heidegger, o *self* é impensável fora do cuidado. A Parte Um de *O ser e o tempo* tematiza o mundo, muito no sentido da visão acima dos sentidos e práticas compartilhadas. A Parte Dois, no entanto, tematiza o cuidado e o *self*. Mas já na Parte Um, Heidegger havia implicitamente introduzido o cuidado. Ou seja, primeiro, o relacionamento no-mundo entre os seres humanos (*Dasein*) e as coisas é compreendido em termos de "preocupação". Agora, a palavra alemã para cuidado é *Sorge*; para os instrumentos e as coisas no *workshop* de Heidegger, "preocupação" é *besorgen*, e a "solicitude" em relação aos outros seres humanos do estar-no-mundo é *fürsorgen*.[95]

Desse modo, pelo menos implicitamente, cuidado (*Sorge*) com o *self* em Heidegger surge da mesma lógica que *besorgen* (preocupação) pelas coisas e *Fürsorge* (solicitude) pelos outros seres humanos. Então, o cuidado tipo *besorgen* para os instrumentos, os signos, o produto e o conjunto referencial do *workshop*, ou seja, o cuidado pelas "entidades", está conectado com o fato de que as entidades se revelam para seres humanos situados. Eles se revelam em seu desdobramento, em seu vir-a-ser. E o "cuidado" implica que *Dasein* deve ter respeito por esse vir-a-ser; que ele deve importar para *Dasein*. O mesmo pode ser dito em relação ao desenvol-

---

94. Benhabib, *Situating the Self*, 1992.
95. Heidegger, *Sein und Zeit*, p.106, 121.

vimento dos outros seres humanos em *Fürsorge. Sorge*, o terceiro tipo de cuidado heideggeriano, é aquele mais próximo ao cuidado de Foucault com o *self*. Aqui, o cuidado não está mais relacionado aos seres absorvidos nas, e como absorção das, significações e práticas do mundo, mas sim no arremesso radical do *Dasein* no desconhecido, no isolamento do ser-em-direção-à-morte do *Dasein*. Radicalmente individualizada, a temporalidade kierkegaardiana emerge na estrutura do cuidado com o *self*. Mas, para Heidegger, o *Sorge* e o autêntico *self*, ligados a esta individuação desconhecida e radical, devem primeiro estar envolvidos e cuidar das coisas e dos outros seres humanos nas práticas comunais cotidianas.[96]

Desenvolver mais esta linha de pensamento está além do escopo da teoria sociológica teórica da reflexividade, que é o tema deste livro. O que eu queria apontar era apenas uma possibilidade de desenvolver uma noção do *self* consistente com o envolvimento no "nós". Deixem-me acrescentar finalmente uma *coda*, com algumas autorreflexões sobre o meu próprio método neste livro. A confiança do meu argumento tem se apoiado na reflexividade hermenêutica e na comunidade, em contraposição às teses de individualização da reflexividade, tanto estética como especialmente cognitiva. Isso pode ser considerado, primeiro como uma justificativa e depois como uma explicação. À guisa de justificativa, posso dizer que de fato penso que há três fontes muito importantes para o *self* contemporâneo, que são analiticamente separáveis como "momentos" cognitivo, estético e hermenêutico-comunitário. E que estes existem em nós de uma maneira frequentemente contraditória e inconciliável. Não imagino que isso possa ser remediado e não estou certo de que deva sê-lo. A maioria de nós provavelmente tem de conviver com essas contradições. Minha concentração na dimensão hermenêutica ou comunitária

---

96. Ver *Sein und Zeit*, II, Parte 1.

tem ocorrido em grande parte porque – em nossa época atual de individualismo cognitivo-utilitarista e estético-expressivo – é a única que eu sinto que necessita de algum tipo de operação de recuperação. A boa notícia sobre o tipo de hermenêutica de recuperação que eu defendo é que ela dá um crédito substancial ao fenômeno da comunidade. A má notícia é que, caracteristicamente, ela tem feito isso – em Heidegger, nos comunitaristas filosóficos, como MacIntyre e Taylor, nos comunitaristas sociológicos, como Bellah e Daniel Bell, na hermenêutica sociológica dos etnometodólogos – subestimando o poder, mediante a injustificada pressuposição de consenso, por implicação, politicamente conservadora. O que parece ser necessário é uma hermenêutica radical. Mas eu não acredito que os hermeneutas críticos ou os sociolinguistas críticos contemporâneos tenham oferecido ajuda suficiente neste contexto. A tendência de ambos é pensar em termos das noções de verdade do sujeito-objeto, e interpretar o discurso e a prática em termos das estruturas ideológicas subjacentes. A tendência é falar de práticas que não são ao mesmo tempo *Sitten* ou atividades básicas de rotina, mas que, em vez disso, são – em algum sentido substancial – limitadas por regras. Neste sentido, a hermenêutica crítica não é uma hermenêutica de reapropriação, mas de dúvida.

Talvez devamos nos voltar novamente a Bourdieu, que, como já mostramos extensivamente, apresenta-nos uma hermenêutica de recuperação em cujo âmago não há consenso, mas poder. Ou seja, os "campos" de Bourdieu não estão povoados de estruturas, agentes, discursos, ideologias, sujeitos e objetos da hermenêutica da dúvida, mas, em vez disso, de hábitos, práticas inconscientes e corporais, e categorias impensadas. Mas o poder está ali na estrutura bourdieuana de classes e frações de classe que estão lutando por hegemonia. Entretanto, o objeto da luta é imensamente diferente daquele da hermenêutica da dúvida. O objeto da luta não são as ideias como reivindicações de validade discursivamente redimíveis. Em vez disso, são as suposições básicas (categorias de gosto, as categorias classificatórias mais imediatas) que são a base para esses atos racionais de fala. O objeto da luta não é a ideologia, que em si é limitada por regras, normativamente estruturada e discursivamente articulada: são os hábitos, o *Sitten*, que são as bases ontológicas da ideologia. A ideologia é composta por *juízos*, ainda que falsos, aos quais a hermenêutica crítica contrapõe os juízos válidos ou verdadeiros. A hermenêutica, talvez não crítica, mas radical, da recuperação vai, em vez disso, observar a fundamentação da própria ideologia em um conjunto de *pré*-juízos, em um conjunto de *Sitten*, que também oferecem acesso à verdade.

Na opinião de Bourdieu, quem está lutando não é a classe (ou fração de classe) concebida como um ator coletivo, que traz suas suposições correlatas de consciência e de ato unitário abstrato. É a classe como um *habitus* coletivo, como um conjunto de atividades de rotina, como uma *forma de vida*. Não é a classe como um ator organizado com objetivos conscientes. Em oposição a uma lógica da consciência, é uma "lógica da prática", e não ocorre mediante organização institucional, mas mediante a força das significações e dos hábitos compartilhados. Finalmente, o que está em jogo não é uma questão de as "estruturas" estarem presentes nas práticas, e isso porque essas significações compartilhadas e *Sitten* não são absolutamente estruturas.

Como sugeri anteriormente, as classes-em-luta da modernidade reflexiva não são determinadas por seu lugar no modo de produção, mas por seu lugar no "modo de informação". E este tipo de localização estrutural também explica, em parte, a natureza deste livro. Ou seja, o "campo social" de Bourdieu está se tornando cada vez mais a mesma coisa que este campo de informação e comunicação. E o sociólogo, antes marginalizado e "acima" do social como o intelectual relativamente descomprometido de Mannheim, está agora exatamente no meio da nova *Kulturgesellschaft*.[97] À medida que a classe média cresce, à medida que cresce a proporção da população que trabalha no interior das estruturas de informação e comunicação, cresce também o escopo dos sistemas especialistas. Ou seja, os campos de especialistas de Bourdieu ou os sistemas especialistas de Giddens agora não mais dominam ou libertam as massas. Em vez disso, eles *são* as massas. Na Grã-Bretanha e nos EUA, provavelmente cerca de 25% da força de trabalho pertencem aos sistemas especialistas. O sociólogo, anteriormente o estudioso objetivo das massas, encontra-se em outro sistema especialista, ao lado – e no mesmo mundo – das massas que agora povoam os outros sistemas especialistas.

Esta localização, não mais às margens mas no âmago de uma sociedade cada vez mais cultural, no âmago da *Kulturgesellschaft*, não significa apenas que os sociólogos estejam especialmente no mesmo mundo que seus investigados. Significa também que há um deslocamento crescente do objeto das ciências humanas do social para o cultural. Isto está registrado na recente explosão de estudos culturais (no sentido mais amplo do termo), no número de alunos, teses de doutoramento, livros, jornais e revistas. Tal como a separação do social em relação ao político, no século XIX, proclamou, na virada para o século XX, o nascimento da Sociologia; assim também, o final do século XX, com a crescente superimposição das estruturas de informação e comunicação (I&C), que são estruturas *culturais*, faz a proclamação social do nascimento e aprofundamento dos estudos culturais, na virada para o século XXI. Isto está refletido, por exemplo, na transformação do estruturalismo que, a partir de Marx via Durkheim e por intermédio de Parsons, era essencialmente uma questão de estruturalismo *social*, enquan-

---

97. Schwengel, British enterprise culture and German *Kulturgesellschaft*, in Keat; Abercrombie (Ed.), *Enterprise Culture*, 1990, p.136-50.

to a partir da década de 1960, com Lévi-Strauss, Barthes, Lacan e Foucault, por exemplo, ele se tornou um estruturalismo linguístico ou *cultural*. As teorias de Giddens e Beck da modernização reflexiva também apontam para – e refletem – este mesmo tipo de declínio das estruturas sociais. Apenas eles não consideram suficientemente a importância mais recente das estruturas culturais.

Há duas maneiras de podermos entender a "implosão" do campo social, por um lado, nas estruturas I&C, e, por outro, nos sistemas especialistas de massa dos campos de especialistas de massa. Também podemos pressupor que agora todos estejam ainda mais individualizados, mais atomizados, tal como, em certa época, encontrava-se o observador sociológico (especialista) isolado. Ou podemos ver as oportunidades abertas para novas formas do "nós" – fundamentadas nos sistemas especialistas, baseadas nas estruturas de I&C – que são extremamente diferentes das comunidades tradicionais. Essas novas comunidades culturais, por sua vez, oferecem possibilidades de reflexividade ainda mais intensificadas. Ou seja, essas novas comunidades dificilmente são "irracionais". Elas implicam uma reflexividade que é muito mais aperfeiçoada que aquela simplesmente baseada nas estruturas sociais. Elas implicam uma reflexividade e compreensão das categorias impensadas, do *Sitten* bem menos acessível, das significações compartilhadas que são a base da comunidade. Elas envolvem, em suma, uma reflexividade hermenêutica. E esta reflexão hermenêutica não é apenas uma questão de "escolha". É, em parte, algo a que estamos destinados pela crescente hegemonia das estruturas culturais.

Entretanto, a nova comunidade não envolve apenas a reflexividade ampliada, mas, ao mesmo tempo, seu oposto, na intensificação substancial da contingência. O verdadeiro "fundamento sem fundamento" da comunidade reflexiva foi captado por dois importantes teóricos culturais em contextos muito diferentes, pela frase "os produtos genuínos da América enlouqueceram", de autoria do poeta William Carlos Williams. O primeiro deles foi o antropólogo reflexivo James Clifford. O segundo foi o comentarista de cultura popular Greil Marcus, em seu *Dead Elvis*.[98] Ora, Elvis Presley era certamente um "produto genuíno da América" (o fundamento). E ele foi um produto genuíno que "enlouqueceu" (a ausência de fundamento). O Elvis *morto*, ou o morto Elvis, representa de modo ainda mais pungente esta contradição, de um fundamento sem fundamento, de um estar-no-mundo que é ao mesmo tempo radicalmente contingente. De estar-no-mundo como *fortuna*. Mas quão diferente disso é o sociólogo, o analista cultural, agora fundamentado no mundo, agora fundamentado nas comunidades reflexivas inseridas nos sistemas especialistas, no interior das estruturas de informação e comunicação, eles mesmos lançados à deriva? Será que não somos também o fundamento sem fundamento, a comunidade sem fundamento? Com muita frequência, nós, inseridos em sistemas especialistas, "nós", constituindo a opinião pública informada, vamos olhar desconfiados para o "neotribalismo" de, por exemplo, neonazistas anômicos das plataformas da Alemanha Oriental. Talvez fosse melhor redirecionarmos nosso olhar para um fenômeno muito menos marginal. Talvez pudéssemos vir a ter coragem de colocar as seguintes perguntas, radicalmente importantes e radicalmente difíceis: ou seja, perguntar a nós mesmos se talvez não sejamos nós as neotribos.

---

98. Clifford, *Predicament of Culture*, p.3-6; Marcus, *Dead Elvis*, 1991.

IV
Réplicas e críticas

Autodissolução e autorrisco da sociedade industrial:
o que isso significa?

Ulrich Beck

Uma tese elementar da modernização reflexiva afirma o seguinte: quanto mais as sociedades são modernizadas, mais os agentes (sujeitos) adquirem a capacidade de refletir sobre as condições sociais de sua existência e, assim, modificá-las. Essa tese apresenta variações neste livro e é considerada pelas suas consequências para as teorias da mudança social nas áreas da cultura e da tradição (Giddens), da estetização e da economia (Lash) e da política e subpolítica (Beck). Dessa maneira, a controvérsia entre os modernistas e os pós-modernistas é superada por um terceiro caminho: a modernização reflexiva.

Entretanto, o que o conceito significa certamente também é controvertido, mesmo entre os autores deste livro. Essas diferenças e contrastes podem ser elaborados como respostas para quatro perguntas:

Primeira, quem é o *sujeito* da modernização reflexiva? Neste caso, as respostas variam: os sujeitos principais da modernização reflexiva são os agentes individuais e coletivos ou os cientistas e as pessoas comuns, as instituições e as organizações, e também as estruturas.

Segunda, qual é o *meio* da modernização reflexiva? A resposta parece óbvia: o conhecimento em suas várias formas – conhecimento científico, conhecimento especializado, conhecimento do dia a dia. Entretanto, na verdade, o oposto absoluto se afirma (por mim): o não conhecimento, o dinamismo inerente, o não visto e o não desejado.

Terceira, quais são as *consequências* da modernização reflexiva? Isto parece menos discutido. Giddens concentra-se na "desincorporação" e na "reincorporação", Beck na individualização, enquanto Lash se concentra na estetização e nas formações comunitárias, mas isto, evidentemente, inclui também reações no espectro do esoterismo, dos movimentos religiosos, dos novos movimentos sociais ou do neonacionalismo, juntamente com a invenção do político após o fim do conflito Oriente-Ocidente.

Uma quarta pergunta – qual é considerado o *motor* da modernização reflexiva? – também é respondida por nós, autores, sem controvérsia (se enxergo as coisas de maneira adequada): não uma nova modernização, mas aquela conhecida no modelo da sociedade industrial ocidental (capitalista, democrático), que – como Giddens mostra em seu livro *As consequências da modernidade* – está se tornando global ou, simplesmente, reflexiva.

Em relação à pergunta dos agentes (sujeitos), as ênfases são colocadas diferentemente nos vários esboços teóricos. Ao enfatizar a dimensão estética, Lash parece ter seu interesse mais voltado para os agentes individuais (e sociais), enquanto Giddens lida tanto adicional quanto centralmente com o papel dos "sistemas especialistas" e com a "reflexividade institucional". Para mim, as estruturas também desempenham um papel central, no sentido de que as estruturas mudam as estruturas, pelas quais se torna possível – na verdade, obrigatória – a ação.

O que isto significa talvez se torne mais claro com as respostas fortemente contrastantes à segunda pergunta. Diferentemente de Giddens e em contraste com Lash, eu defendo a tese – à primeira vista bastante paradoxal – de que não é o conhecimento, mas sim o não conhecimento, o meio da modernização "reflexiva". Em outras palavras, estamos vivendo na *era dos efeitos colaterais*, e é precisamente isso que tem de ser decodificado – e modelado – metodológica e teoricamente, na vida cotidiana ou na política. Por isso, preciso mais uma vez considerar e aprofundar uma distinção que já mencionei e expliquei anteriormente.

A distinção entre reflexão (conhecimento)
e reflexividade (autodissolução)

Há uma bela imagem para a metáfora intelectual da reflexão, que tem sido bastante fundamental desde o Iluminismo: ver com um olho adicional (Johann Gottlieb Fichte). Há definitivamente um acordo com isso, quando Alvin Gouldner fala de "sociologia reflexiva" e Jürgen Habermas, da "sociedade comunicativa". Por outro lado, quando se fala da "autorreferencialidade dos sistemas" (Luhmann), o aspecto diferente do relacionamento com o eu [*self*] ocupa o centro das atenções. Neste contraste entre a consciência e a não consciência, Bourdieu ocupa uma posição mediadora. Ele concebe a reflexividade como uma reflexão sistemática sobre pressuposições (categorias) inconscientes do nosso conhecimento.

Giddens também mostra como a reflexividade e a circularidade do conhecimento social podem imprevisivelmente mudar as condições da ação. Scott Lash distingue entre reflexão cognitiva, moral e estética.[1] A isso ele conecta a objeção a Giddens e a mim, que baseamos nossa argumentação em uma compreensão cognitivamente reduzida da reflexão. Isto é exato em um aspecto, simplesmente porque até agora apenas Lash elaborou a dimensão estética, indubitavelmente importante, da modernização reflexiva. Ao mesmo tempo, no entanto, esta objeção carece da distinção fundamental entre reflexão (conhecimento) e reflexividade (autodissolução ou autorrisco não intencional), que é a base do meu argumento. Usando outras palavras, é precisamente a distinção entre as dimensões cognitiva, moral e estética da modernização reflexiva que deixa claro que Lash fala exclusivamente da reflexão (mais ou menos consciente), e interpreta mal a problemática da reflexividade inconsciente e não intencional, no sentido da autoaplicação, autodissolução e autorrisco da modernização industrial.

Em termos precisos, a "reflexividade" da modernidade e da modernização, a meu ver, não significa reflexão sobre a modernidade, a autorrelação, a autorreferencialidade da modernidade, nem significa a autojustificativa ou autocrítica da modernidade no sentido da sociologia clássica; em vez disso (e antes de tudo), a modernização *reduz* a modernização, não intencional e não vista, e por isso também livre da reflexão, com a força da modernização autonomizada.

A premissa clássica da teoria da reflexão da modernidade pode ser simplificada até a tese inicialmente sustentada: quanto mais as sociedades são modernizadas, mais os agentes (sujeitos) adquirem capacidade de refletir sobre as condições sociais da sua existência e, assim, modificá-las. Em contraste com isso, a tese fundamental da teoria da reflexividade da modernidade, grosseiramente simpli-

---

1. Lash, Reflexive modernization: the aesthetic dimension, *Theory, Culture and Society*, v.10, n.1, 1993, p.1-24. Em alemão, Ästhetische Dimensionen reflexiver Modernisierung, *Soziale Welt*, v.2, 1993.

ficada, afirma o seguinte: quanto mais avança a modernização das sociedades modernas, mais ficam dissolvidas, consumidas, modificadas e ameaçadas as bases da sociedade industrial. O contraste está no fato de que isso pode muito bem ocorrer sem reflexão, ultrapassando o conhecimento e a consciência.

Vistas à luz do dia, essas teorias não são completamente diferentes? O que elas têm em comum? Minha primeira resposta, no mínimo, é uma consequência central. Ambas afirmam que, na modernidade reflexiva, os indivíduos tornaram-se cada vez mais livres da estrutura; na verdade, eles têm de redefinir a estrutura (ou, como diz Giddens, a tradição) ou, de maneira ainda mais radical, reinventar a sociedade e a política.

Minha segunda resposta é que a teoria da reflexividade (sob certas condições) inclui a teoria da reflexão da modernização – mas não o contrário. A modernização reflexiva, no sentido de teoria cognitiva, ignora (se a interpreto corretamente) a possibilidade de que a transição para outra época da modernidade possa ocorrer de maneira não intencional, não vista, e superando as categorias e teorias dominantes da sociedade industrial (incluindo suas controvérsias na ciência social).

Vincula-se a isso uma diferença adicional. A teoria cognitiva da modernização reflexiva é, em seu âmago, otimista – mais reflexão, mais especialistas, mais ciência, mais esfera pública, mais autoconsciência e autocrítica vão abrir novas e melhores possibilidades para a ação em um mundo que está desarticulado. Este otimismo não é compartilhado pela teoria da reflexividade da modernidade; ela também não compartilha o pessimismo da posição oposta – por exemplo, da *Dialética do esclarecimento*, de Adorno e Horkheimer. A teoria sugerida por mim é neutra e mais complexa com respeito a isso; ela considera e carrega a "ambivalência da modernidade" (Bauman). Seu argumento propõe o seguinte: a reflexividade da modernidade pode conduzir à reflexão sobre a autodissolução e o autorrisco da sociedade industrial, mas isso não é necessário. Até os extremos opostos (e as formas intermediárias ou híbridas) são concebíveis – e reais – na Europa após a Guerra Fria: a banalidade da violência, o esoterismo, o neonacionalismo, as guerras.

É claro que seria falso igualar este contraste – grosseiro – entre a reflexão e a reflexividade com as diferenças entre Giddens, Lash e eu. Os três autores lidam com ambos os aspectos. Mas aqui me parecem identificáveis importantes diferenças e pontos de controvérsia. Isto é verdade, primeiro, no eixo da consciência/não consciência (ou autodinamismo) da modernização "reflexiva"; e, segundo (e muito intimamente conectado a isso), no eixo da ruptura *versus* continuidade *dentro* da modernidade. Ambos os pontos de vista conduzem a esta pergunta: até que ponto o respectivo autor declara radicalmente que a modernidade – no plano da sociedade industrial – abole os fundamentos da sociedade industrial e de suas instituições?

O paradigma, segundo o qual eu respondi esta pergunta, é o da crise ecológica. Como sabemos, esta última é produzida pela abstração da questão, ou seja, pelo crescimento econômico incontrolado. Se o que se quer é apenas crescimento e se põem de lado as questões e as consequências ecológicas, isso intensifica a crise ecológica (não necessariamente na consciência do povo ou na esfera pública).

Mas imediatamente surge aqui outra diferença. Em contraste com o debate da ecologia, a conversa da reflexividade da modernidade não visa à autodestruição, mas, em vez disso, à autoalteração das bases da modernização industrial. Se o mundo irá perecer ou não, não somente é uma questão sem resposta, como não tem nenhum interesse do ponto de vista sociológico. Para uma sociologia do progresso industrial, o importante é apenas a queda ameaçadora – mas uma grande queda, que até agora mal foi iniciada.

Por isso, esta não é uma teoria da crise ou de classe, não é uma teoria do declínio, mas uma teoria da desincorporação e da reincorporação não intencional e latente da sociedade industrial, em virtude do sucesso da modernização ocidental.

Em termos metodológicos, isto significa a autoaplicação da modernização à modernidade (industrial). Como um diagnóstico que acompanha o tempo, isto significa que a reflexividade da modernidade produz não somente uma crise cultural de orientação, como alegam os comunitaristas, mas uma crise institucional fundamental e mais extensivamente profunda na sociedade industrial tardia. Todas as instituições fundamentais (como os partidos políticos e os sindicatos, mas também os princípios causais da responsabilidade na ciência e no direito, as fronteiras nacionais, a ética da responsabilidade individual, a ordem da família nuclear, e assim por diante) perdem suas bases e sua legitimação histórica. Por isso, a reflexividade da modernidade é equivalente ao prognóstico dos conflitos de valor de difícil resolução sobre os fundamentos do futuro.

Aqui se assenta a antítese à sociologia clássica – ou, nos meus termos, simples – da modernidade e da modernização, por um lado, mas também, por outro, às concepções que Giddens e Lash apresentam neste livro.

O autorrisco da modernidade – o que isso significa?

Evidentemente, esta discussão do autorrisco não é nem tão original nem tão pouco ambígua quanto parece ser. Certamente, já pode ser encontrada na sociologia clássica. Primeiro, Ferdinand Tönnies, por exemplo, mas atualmente Jürgen Habermas, Daniel Bell e, com renovada veemência, os "comunitaristas", afirmam e elaboram a tese da *perda da comunidade* (frequentemente com o acento nostálgico característico do pessimismo cultural).

Segundo, afirmou-se precoce e extensivamente que a diferenciação pode (sob certas condições) produzir *des*integração e, em consequência disso, anomia, violência e suicídio (aqui, o principal papel coube aos primeiros estudos de Durkheim).

Caracteristicamente, no entanto, na sociologia clássica ambas as discussões sobre o autorrisco são colocadas de uma maneira limitada. Os problemas secundários, assim continua a discussão, não provocam impacto nas instituições, organizações e subsistemas; eles não ameaçam as reivindicações desses últimos para monitorar e regulamentar, nem a autorreferencialidade e autonomia dos subsistemas.

Por um lado, isto tem por base a teoria dos dois mundos do individual e do sistema, da organização e do mundo da vida privada, que são concebidos como essencialmente autônomos um do outro. Por outro lado, na sociologia clássica o diagnóstico da desintegração e da perda da comunidade é fundamentado "ecologicamente", digamos assim. O ponto de partida é a suposição de que as sociedades modernas utilizam "recursos" – cultura e natureza – dos quais elas dependem, sem serem capazes de promover sua preservação ou renovação. Mas esses tipos de autorrisco – é aqui que reside a fé otimista no progresso – podem ser impingidos ao ambiente. A otimização em uma esfera de ação desencadeia problemas secundários difíceis de lidar em outras esferas de ação, mas não no próprio sistema.[2]

Ora, esta harmonia pré-ordenada do controle é, evidentemente, o conto de fadas, a fé inocente, da sociologia da modernização simples. Se considerei as coisas de maneira correta, os três autores deste livro mais ou menos rompem com essa ideia. Mas o modo como isso ocorre e quais são as consequências daí extraídas para a teoria sociológica da modernidade é algo que aponta para diferentes ênfases e antíteses.

Em uma primeira variante de interpretação, o autorrisco é substituído pela automodificação. O diagnóstico não é o declínio, mas sim uma mudança de cena ou, mais precisamente, um jogo de

---

2. Berger, Modernitätsbegriffe und Modernitäts Kritik, *Soziale Welt*, v.3, 1988.

duas realidades interagentes. A antiga e familiar realidade da luta pela distribuição de "bens" desejados agora compete com a nova realidade da sociedade de risco. Esta última realidade é essencialmente uma luta pela definição dos novos "males", mas esta realidade recém-descoberta interage com o antigo conflito por modos confusos e contraditórios. Este é o atual drama do conflito de risco.

Na alternância entre notícias de poluição e desemprego, pode-se hoje estudar como estes dois cenários substituem e subvertem um ao outro, como os papéis são "desempenhados" em oposição a e simultaneamente no interior de instituições que foram aparentemente designadas e equipadas apenas para as lutas da antiga situação. É como se houvesse uma apresentação de um misto de Marx e Macbeth, ou das conversações de negociação coletiva no setor público e o "Aprendiz de Feiticeiro", de Goethe.

Segundo, uma variação da mesma coisa pode ser observada e ilustrada na erosão dos papéis masculino e feminino. À primeira vista, a discussão parece familiar: a igualdade das mulheres no mercado de trabalho está pondo fim à base familiar da sociedade industrial. Mas isso só significa que a base da divisão do trabalho e sua certeza estão se desintegrando. Aqui, os papéis "clássicos" dos homens e das mulheres se misturam e subvertem um ao outro. Isso não deve ser igualado à destruição (como na crise ecológica) nem aos cenários deslocados do conflito de risco sobre a riqueza. Ao contrário, significa perda de certezas, insegurança, decisão, negociação e, por isso, também comunicação e reflexão.

Aqui começa o verdadeiro cerne da discussão da reflexividade. Esta teoria contradiz a atitude de surpresa da modernização simples, seu otimismo instrumental em relação à possibilidade de controle predeterminado das coisas incontroláveis. A partir disso, toda uma cadeia de discussões pode ser criada.

Primeiro – e de maneira bastante violenta –, a globalização dos "efeitos colaterais" na questão nuclear e nas catástrofes ecológicas que estão à espreita (o buraco de ozônio, mudanças climáticas etc.). Como Günther Anders, Hans Jonas, Karl Jaspers, Hannah Arendt, Robert Jungk e muitos outros enfaticamente mostraram, a possibilidade de um suicídio coletivo intencional e não intencional é, na verdade, uma novidade histórica que explode todos os conceitos morais, políticos e sociais – mesmo aquele de "efeito colateral". Mas este poder destrutivo das megatecnologias modernas, que só foram descobertas e desenvolvidas na segunda metade deste século, desde que abrange até as gerações ainda não nascidas, transforma em piada, em uma síndrome de "cegueira apocalíptica" generalizada (Günther Anders), essa história de possibilidade de "externalização".

Segundo, na sociologia clássica a suposição da possível externalização tem sido questionada por vários efeitos cumulativos e de tipo bumerangue. Os "efeitos colaterais" desvalorizam o capital, fazem que os mercados entrem em colapso, confundem as agendas e fragmentam os quadros de funcionários, as gerências, os sindicatos, os partidos, os grupos ocupacionais e as famílias. Isto se aplica até mesmo aos custos no sentido mais estreito, em virtude das reformas legais que redistribuem as necessidades de comprovação ou as restrições de proteção de seguro e coisas semelhantes. A questão de como os constructos da externalização se desintegram certamente pode permanecer por enquanto aberta.

Terceiro, os indivíduos carregam em suas consciências os "problemas secundários" de volta às fábricas e às organizações. Na medida em que a questão ecológica torna-se estabelecida e se espalha em uma sociedade, nem os círculos internos nem os centros de modernização dos agentes em negócios, na política e na ciência podem mais se proteger contra ela. Se começamos com a visão de que as "organizações" são essencialmente as realizações e os produtos de interpretações dos indivíduos nas interações sociais, fica claro que apenas uma metafísica do sistema pode proteger os subsistemas diferenciados contra a ação reflexiva dos autorriscos que eles provocam. Assim, a possibilidade de externalização é uma fé, talvez *a* fé, da sociologia da modernização simples, e se desintegra e se torna absurda ao longo do crescimento dos efeitos colaterais e de sua percepção.

Quarto, este argumento se amplia e se aplica também no caso da comparação da modernização com a cientificação ou, como diz Giddens, a dominação dos "sistemas especialistas". A sociologia da modernização simples combina dois tipos de otimismo: cientificação linear e fé na possibilidade de controle antecipatório dos efeitos colaterais – sejam estes "externalizados" ou elaborados por ondas de automação "mais inteligente" e transformados em *booms* econômicos. É este duplo otimismo do controle e, juntamente com ele, a teoria da modernização reflexiva (a meu ver), o que é contestado pela experiência histórica.

Por um lado, um tipo de cientificação destrói o outro. Há um crescimento das obrigações (para justificar as coisas) *e* da incerteza. O último condiciona o primeiro. A pluralização imanente do risco também questiona a racionalidade dos cálculos de risco. Por outro lado, a sociedade não é modificada apenas pelo que é visto e intencional, mas também pelo não visto e pelo não intencional. O efeito colateral, não a racionalidade instrumental, está se tornando o motor da história social.

Concluindo, esta discussão pode ser mais uma vez esclarecida em uma análise de uma objeção que Scott Lash formulou contra o meu conceito de "modernização reflexiva". Os riscos – ele concorda comigo – são uma tentativa de tornar calculável o incalculável. Os acontecimentos que ainda não ocorreram tornam-se calculáveis (pelo menos economicamente) graças ao princípio da segurança. Como a dialética do risco e do seguro é desenvolvida e difundida na fase da sociedade industrial clássica, ou seja, a modernidade simples, e a antecipação das consequências é, sem dúvida, um resultado de reflexão institucional altamente desenvolvida, então, em seu argumento, os critérios de diferenciação entre a modernidade simples e a modernidade reflexiva não se aplicam.[3] Entretanto, essa objeção é baseada na já mencionada confusão da reflexão com a reflexividade. O industrialismo, em seu estágio avançado na segunda metade do século XX, está crescentemente produzindo efeitos que não podem mais ser abarcados ou cobertos pelo cálculo do risco e do seguro. Em vez disso, este último enfrenta as instituições técnicas e sociais do "Estado de precaução" (F. Ewald) com ameaças que anulam, desvalorizam e destroem todos os cálculos a partir de suas próprias fundações. Falando de modo irônico, a autorreflexão da sociedade industrial tardia sobre o padrão de risco permanece e nos cega para a confrontação com ameaças incalculáveis, que são constantemente eufemizadas e trivializadas em riscos calculáveis. Também nos deixa cegos, para a crise institucional, a perda da fé e suas consequências e perturbações para o direito, a política, a economia e o que parece ser privacidade, que dessa forma fazem-se permanentes.[4]

Em outras palavras, não há transição automática do deslocamento da sociedade industrial clássica para a reflexão desta autodissolução e automodificação. Se a desincorporação e a reincorporação das estruturas da sociedade industrial conduzirão, nesta mudança de época, finalmente a uma autorreflexão pública e científica que crie políticas, se isso vai capturar e ocupar os meios de comunicação de massa, os partidos de massa e os agentes organizados, se isso vai se tornar o objeto de controvérsias gerais, conflitos, eleições políticas e reformas, é uma questão empírica; precisamos esperar por sua resposta; isso depende de muitas con-

---

3. Lash, Ästhetische Dimensionen, p.264.
4. Sobre este ponto, ver de minha autoria *Ecological Politics in the Age of Risk*, 1994, e *Ecological Enlightenment*, 1994.

dições e iniciativas que não podem ser decididas por antecipação e previstas teoricamente.

O cerne analítico da teoria determina de maneira muito amoral e desprovida de esperança que a reflexividade da modernidade produz choques fundamentais, que são grãos para os moinhos do neonacionalismo e do neofascismo (especificamente quando a maioria reivindica e tenta alcançar os antigos rigores à medida que as certezas desaparecem), ou, no extremo oposto, podem ser usados para uma reformulação dos objetivos e das bases das sociedades industriais ocidentais. Estes incluem a esperança – emprestando uma frase de Zygmunt Bauman – de que a modernidade reflexiva torne-se uma "terra da incompletude".

Sumário[5]

Como, então, as épocas e as teorias da modernização simples (ortodoxa) e da modernização reflexiva (na minha percepção) diferem? Cinco contrastes e grupos de características delineiam o horizonte.

Primeiro, com respeito à situação de vida, à conduta de vida e à estrutura social: as categorias dos grandes grupos e as teorias de classe são essencialmente diferentes da individualização (e intensificação) da desigualdade social.

Segundo: as problemáticas da diferenciação funcional das esferas de ação "autonomizadas" são substituídas pelas problemáticas da coordenação funcional, articulação e fusão de subsistemas diferenciados (assim como seus "códigos de comunicação").

Terceiro: os modelos de linearidade (e crenças atávicas no controle) característicos da fé no progresso a partir da modernização perpétua são substituídos pelas imagens de discussões múltiplas

---

5. Ver p.11-87 deste volume.

e de níveis múltiplos da automodificação, do autorrisco e da autodissolução das bases da racionalidade e das formas de racionalização nos centros (de poder) da modernização industrial. Como? Como efeitos (colaterais) incontroláveis dos triunfos da modernização autonomizada: retorna a incerteza.

Quarto: enquanto a modernização simples ultimamente situa o motor da transformação social nas categorias de racionalidade instrumental (reflexão), a modernização "reflexiva" concebe a força motriz da mudança social em categorias do efeito colateral (reflexividade). O que não é visto, não é refletido, mas, ao contrário, é externalizado, acrescentando-se à ruptura estrutural que separa a sociedade industrial da sociedade de risco, que a separa das "novas" modernidades do presente e do futuro.

Quinto: além da esquerda e da direita – a metáfora espacial que se tornou estabelecida ao longo da sociedade industrial como a ordenação do político – conflitos políticos, ideológicos e teóricos estão começando, os quais (em razão de todo o seu experimentalismo) podem ser capturados nos eixos e nas dicotomias do certo-incerto, dentro-fora e político-apolítico. Considerá-los através do seu dinamismo cultural, social, político e econômico vai além do escopo deste livro, mas, não obstante, deve se tornar um objeto essencial de estudos e debates futuros.

Risco, confiança, reflexividade

Anthony Giddens

Escrever esta resposta colocou-me, de certo modo, em um dilema. Eu poderia usar todo o espaço a mim disponível para discutir qualquer uma das várias ideias fundamentais discutidas por meus dois colegas, incluindo, especialmente, o conceito de modernização reflexiva. Mas as contribuições de ambos estão repletas de ideias originais e afirmações provocativas; seria muito limitante confinar-me a um único tema, independentemente de quão significativos fossem os aprofundamentos a serem ali examinados. Então, decidi desenredar muitos dos fios que percorrem nossas várias discussões e escrever brevemente a respeito de cada um deles. Espero que não venha a ser irritante demais para o leitor se eu fizer isso em uma sequência numerada de pontos. Em virtude do espaço limitado disponível, é provável que eles pareçam afirmações dogmáticas, mas espero que, apesar disso, possam se mostrar como de algum interesse.

1 A base dos três ensaios, creio eu, é que vivemos atualmente em um mundo no qual as principais figuras do Iluminismo, cujo trabalho estava nas origens da ciência social atual, não previram. Esses pensadores acreditavam, com bastante propriedade, que quanto mais viéssemos a conhecer sobre o mundo, enquanto coletividade humana, mais poderíamos controlá-lo e direcioná-lo para nossos próprios propósitos. Aumentar o conhecimento produzido com respeito aos mundos social e natural conduziria a uma maior certeza sobre as condições sob as quais conduzimos nossas vidas; e, assim, sujeitaria à dominação humana o que outrora fora o domínio de outras influências.

As conexões entre o desenvolvimento do conhecimento humano e o autoentendimento humano provaram ser mais complexas do que sugere essa visão. Atualmente, a característica de nossas vidas é o que se poderia chamar de "incerteza fabricada". De repente, muitos aspectos de nossas vidas tornaram-se abertamente organizados apenas em termos de "suposições de cenário", a construção "como se" dos possíveis resultados futuros. Isto ocorre tanto nas nossas vidas individuais quanto na da humanidade como um todo. Por um lado, podemos facilmente discernir muitas novas oportunidades que potencialmente nos libertam das limitações do passado. Por outro, quase em toda parte enxergamos a possibilidade de catástrofe. E em muitos momentos é difícil dizer com qualquer grau de segurança que direção as coisas vão tomar.

Um cético poderia perguntar: não há nada novo aqui? A vida humana não foi sempre marcada pela contingência? O futuro não foi sempre incerto e problemático? A resposta para cada uma dessas perguntas é "sim". Não é que atualmente nossas circunstâncias de vida tenham se tornado menos previsíveis do que costumavam ser; o que mudou foram as origens da imprevisibilidade. Muitas incertezas com que nos defrontamos hoje foram criadas pelo próprio desenvolvimento do conhecimento humano.

A explicação para este estado de coisas não é encontrada – como frequentemente se pensa – no ceticismo metodológico do conhecimento moderno, embora ele seja importante. O principal fator envolvido é exatamente a reflexividade institucional, um termo que eu prefiro à modernização reflexiva. Modernização reflexiva tende a implicar uma espécie de "conclusão" da modernidade, o vir à tona de aspectos da vida social e da natureza que estavam anteriormente adormecidos. Há aqui, digamos assim, a suposição de uma "direção" clara de desenvolvimento.

Mas essa situação, na verdade, não é encontrada hoje. Em vez disso, enfrentamos circunstâncias mais confusas em que – como enfatizaram os protagonistas do pós-modernismo – não há mais caminhos claros de desenvolvimento conduzindo de um estado de coisas para outro. Um universo social de reflexividade expandida é um universo marcado pela redescoberta da tradição tanto quanto da sua dissolução; e pela destruição frequentemente excêntrica daquilo que, durante algum tempo, pareceu serem tendências estabelecidas. Isto não significa – como dizem alguns seguidores do pós-modernismo – que o mundo se torne inerentemente refratário ao às tentativas humanas de controle. Essas tentativas de controle, com respeito a, por exemplo, riscos de grandes consequências, permanecem necessárias e factíveis; entretanto, precisamos reconhecer que essas tentativas estarão sujeitas a muitas rupturas, quer para o bem quer para o mal.

2 Algumas das discussões mais aparentemente enigmáticas da filosofia, que ao que parece permanecem sem solução, refletem hoje questões absolutamente mundanas enfrentadas pelos atores leigos (em um sentido ou outro). Esta é mais uma vez uma expressão da reflexividade institucional. A autoridade específica que a ciência um dia desfrutou – e que a transformou em uma espécie de tradição – só poderia ser protegida na medida em que houvesse um isolante separando a especialização científica das diversas formas de possibilidade de conhecimento das populações leigas. Evidentemente, a posse de conhecimento esotérico ainda garante uma certa "proteção" do especialista técnico contra as indagações dos indivíduos leigos. Mas esta linha divisória não é mais uma linha generalizada, selando a ciência como um todo em relação ao "conhecimento local" dos leigos. A própria especialização que a especialidade realiza torna óbvio a todos que não pode haver "os especialistas de todos os especialistas", mas que todas as afirmações cognitivas do especialista não são apenas muito específicas, mas também com frequência passíveis de ser internamente contestadas.

O fato de os especialistas muitas vezes discordarem entre si tornou-se lugar-comum para quase todo mundo. Entretanto, mais que isso, a reivindicação de legitimidade universal da ciência torna-se muito mais discutida que antes. Todos os tipos de conhecimento, *cult* e *folk*, e as orientações tradicionais voltam a reivindicar algum tipo de hegemonia ao lado dos domínios da ciência ortodoxa. Isto mais uma vez não é facilmente contido dentro de um conceito de modernização reflexiva. As muitas tensões que se desenvolvem entre (diversas interpretações de) a ciência e as formas alternativas de reivindicação de conhecimento são mais destruidoras do que deveriam ser, caso isso fosse apenas uma questão de a ciência estar "começando a entender melhor a si mesma".

3 O risco e a confiança, assim como seus vários opostos, precisam ser analisados em conjunto nas condições da modernidade tardia. A "primeira sociedade global" é certamente unificada de uma maneira negativa, como diz Beck, pela geração de riscos comuns. Os "bens" criados pelo desenvolvimento industrial ficam prejudicados por uma série muito óbvia de "males". Esta sociedade, não obstante, não é *apenas* uma "sociedade de risco". É uma sociedade em que os mecanismos da verdade se modificam – de maneiras interessantes e importantes. O que pode ser chamado de *confiança ativa* torna-se cada vez mais significativo para o grau em que emergem as relações sociais pós-tradicionais.

A confiança ativa é a confiança que tem de ser tratada e mantida com energia. Hoje em dia, está na origem das novas formas de solidariedade social, em contextos que variam desde os laços pessoais íntimos até os sistemas globais de interação. Concordo com Beck quando ele afirma que a "individualização" (em sua percepção desse termo) não é a mesma coisa que egoísmo. É um erro conectar muito intimamente esse individualismo à famosa "geração eu". Novas formas de solidariedade social poderiam ser com frequência menos que antes baseadas em locais fixos, mas podem ser muito intensas e talvez duráveis.

Por isso, precisamos questionar atualmente a antiga dicotomia entre "comunidade" e "associação" – entre solidariedade mecânica e orgânica. O estudo dos mecanismos da solidariedade social permanece tão essencial à sociologia quanto sempre foi, mas as novas formas de solidariedade não são captadas por essas distinções. Por exemplo, hoje em dia, a criação da "intimidade" nas relações emocionais pós-tradicionais não é *Gemeinschaft* nem *Gesellschaft*. Envolve a criação da "comunidade" em um sentido mais ativo, e a comunidade frequentemente se estende por distâncias indefinidas de tempo e espaço. Duas pessoas podem manter um relacionamento mesmo que passem grande parte do seu tempo a milhares de quilômetros de distância uma da outra; os grupos de autoajuda criam comunidades que são ao mesmo tempo localizadas e verdadeiramente globais em seu escopo.

Nas profundas transformações que estão atualmente ocorrendo na vida pessoal, a confiança ativa está necessariamente atrelada à integridade do outro. Essa integridade não pode ser tacitamente assumida com base no fato de uma pessoa ocupar uma determinada posição social. A confiança deve ser conquistada e ativamente mantida; e isso geralmente pressupõe um processo de mútua narrativa e revelação emocional. Uma "abertura" para o outro é a condição do desenvolvimento de um laço estável – salvo quando os padrões tradicionais são por uma ou outra razão reimpostos, ou quando existem dependências emocionais ou compulsões.

Em contextos organizacionais maiores, a confiança ativa depende de uma "abertura" mais institucional. A "autonomia" envolvida aqui pode ser compreendida em termos de responsabilidade e de tomada de decisão de baixo para cima. Alguns supõem que as mudanças que atualmente afetam – e destroem – os sistemas de comando hierárquicos nas esferas econômica e política são o resultado de inovações tecnológicas – em particular, da introdução da computação e da tecnologia de informação. Mas, uma vez mais, a principal influência é a expansão da reflexividade institucional, desenvolvida em contraposição ao pano de fundo geral de uma ordem pós-tradicional. Atualmente, em muitas situações, não temos escolha senão fazer escolhas, filtrá-las através da recepção ativa das formas em mutação do conhecimento especializado; nessas circunstâncias, novas formas de solidariedade organizacional tendem a substituir as antigas.

Mesmo no domínio dos sistemas especialistas, a confiança ativa torna-se mais proeminente. Isto em parte acontece em razão das divisões dentro – e das contestações – da especialização, já comentadas anteriormente. Onde há ceticismo, onde há uma consciência das disputas que dividem as autoridades especializadas, proliferam os mecanismos da confiança ativa. Como declara Beck, novas formas de regulação que afetam os sistemas especialistas compõem uma área de confrontação superior na área da "subpolítica".

4 Em algumas circunstâncias, a reflexividade que está germinando é emancipatória. Em outros aspectos, e em uma diversidade de contextos, ela produz o contrário: uma intensificação da estratificação. Lash está bastante correto em enfatizar este ponto. A liberdade crescente para alguns geralmente implica maior opressão para outros – ou é mesmo sua causa. Essa observação é verdadeira também em relação às fases iniciais do desenvolvimento social; aqui, no entanto, temos de fazer referência específica à natureza dialética e contraditória das influências globalizadoras. Assim, um grupo pobre pode viver juntamente com outro muito mais rico em, digamos, dois bairros vizinhos da mesma cidade; as privações de um podem ser causalmente relacionadas à riqueza do outro, mas não como uma conexão direta, nem mesmo talvez mediada apenas pela sociedade nacional.

A pobreza nunca foi facilmente definida, mas torna-se muito mais complexa do que costumava ser quando consideramos os ambientes de risco implicados na reflexividade institucional. Quanto mais forte a exigência de se "construir sua própria vida", mais a pobreza material torna-se uma dupla discriminação. Não somente há falta de acesso a recompensas materiais, mas as capacidades de autonomia desfrutadas pelos outros podem ser destruídas. Assim, algumas das principais dinâmicas da estratificação são alteradas. As relações de classe, por exemplo, embora possam ser em alguns aspectos acentuadas, tornam-se completamente permeadas pela influência da "tomada de decisão biográfica". Os grupos de classe às vezes ainda formam comunidades, mas, como outras comunidades, tornam-se menos vinculadas a formas locais e fixas de solidariedade. O aumento das oportunidades de vida pode, por alguns caminhos, produzir consequências adversas a outras pessoas. Por isso, atualmente um grande número de mulheres está saindo de seus casamentos de uma maneira ativa, e não como vítimas passivas das circunstâncias. Mas esta própria afirmação de autonomia tem a consequência de lançar muitas mulheres – como chefes solitários de suas famílias – na pobreza.

Em maior escala, hoje a globalização não pode simplesmente ser compreendida como ocidentalização. Não há mais nenhum termo adequado para as "sociedades em desenvolvimento", e a ideia dos "estudos de desenvolvimento" perde sua convicção. Em todos os lados, mesmo nas regiões mais pobres do globo, vemos processos mistos de desenvolvimento, subdesenvolvimento e superdesenvolvimento. Nas sociedades do mundo industrializado, as características – previamente associadas ao "subdesenvolvimento" – tornam-se lugar-comum. As diásporas culturais, como observa Lash, não estão mais confinadas aos ricos. No modo de vestir, na orientação religiosa ou política, na música, as pessoas dos guetos mais pobres unem-se às "comunidades de gosto" transnacionais de uma maneira ativa.

5 Beck realizou uma análise profunda da crise ecológica da modernidade tardia. Em um mundo em que falar de "crise" há muito tempo perdeu qualquer capacidade de causar alarme, os problemas ecológicos expõem todas essas dificuldades que um capitalismo, aparentemente triunfante, traz em seu rastro. Desde que as questões ecológicas dizem respeito ao "ambiente", poderia parecer que elas pudessem ser compreendidas em termos da necessidade de "proteger a Terra". Na verdade, em parte graças ao impacto da obra de Beck, tornou-se visível que as questões ecológicas marcam muitos outros problemas com que nos defrontamos.

Em um primeiro momento, é claro, há a questão básica da sobrevivência ou segurança global. Os "males" que nos afligem, como riscos de grandes consequências, têm de ser limitados ao máximo. Não é preciso muita perspicácia para ver como isso pode ser difícil. A industrialização e o desenvolvimento tecnológico – com todos os seus infortúnios e também benefícios concomitantes – desenvolveram-se sob a égide das sociedades ocidentais. Por que as sociedades "menos desenvolvidas" deveriam agora embarcar em processos de industrialização em grande escala que limitam seu crescimento econômico, para ajudar a resolver problemas criados pelos ricos? A expansão da pobreza global e a demanda urgente por justiça global estão autoevidentemente vinculadas a dilemas ecológicos. Visto de uma maneira adequada, a crise ecológica coloca estes problemas em primeiro plano.

Como enfatizo em minha contribuição para este livro, as questões ecológicas têm de ser compreendidas em termos do "fim da natureza" e da destradicionalização. Em ambos os casos, o que era – ou parecia ser – externo à vida social humana torna-se o resultado dos processos sociais. Embora a ecologia pareça dizer respeito totalmente à "natureza", no fim a natureza tem muito pouco a ver com isso. Na produção deste efeito, as influências da destradicionalização são, com frequência, tão importantes quanto a socialização da natureza, ou ainda mais importantes. Tomemos como exemplo os fatores que afetam as mulheres em relação à concepção e ao parto. Como resultado do desenvolvimento de modernas tecnologias reprodutivas, muitos traços que costumavam ser "naturalmente dados" tornaram-se questões de tomada de decisão humana. A reprodução não tem mais uma conexão necessária com a sexualidade. A gravidez de uma virgem é agora possível; indivíduos sozinhos e casais do mesmo sexo podem ter filhos próprios. Os pais podem escolher o sexo de um filho.

Mas uma influência muito mais fundamental do que esses fatores tecnológicos sobre a "natureza" foi o movimento em direção a famílias pequenas que ocorreu na maior parte dos países do Ocidente, em algum momento do século XIX. Antes desta transição – um rompimento com tradições preexistentes – as condições de vida para muitas mulheres eram estabelecidas pelas rotinas de gestações progressivas e os deveres do cuidado dos filhos. O advento de pequenas famílias foi realmente a condição do desenvolvimento da "sexualidade" em sua forma atual, a principal linha divisória que começou a separar completamente a atividade sexual da reprodução.

Sempre que algo usualmente determinado pela "natureza" – seja ela o "ambiente" ou a tradição – torna-se uma questão de tomada de decisão, novos espaços éticos são abertos e novas perplexidades políticas são criadas. Nestes espaços, as tensões entre o diálogo e a afirmação da certeza moral frequentemente tornam-se intensas. Os fundamentalismos podem surgir em todas as arenas abertas pela transformação da natureza e da tradição. Não considero que o fundamentalismo signifique um "retorno ao passado" ou "uma insistência em relação aos princípios básicos", mas uma defesa da verdade formular da tradição. Podemos falar neste sentido, não somente de fundamentalismo religioso, mas também – entre outros – de fundamentalismos do nacionalismo, da etnicidade, da família e do sexo.

Os fundamentalismos não são necessariamente primitivos. O fundamentalismo é um diálogo genuíno com a modernidade. Antes de tudo, o princípio da dúvida radical pode se voltar contra si próprio; e é duvidoso que um princípio comportamental crie muitas perplexidades na vida cotidiana, em relação às quais o fundamentalismo possa oferecer abrigos seguros. Entretanto, na medida em que cultivam os terrores que a diferença em todas as suas formas pode inspirar, os fundamentalistas tornam-se perigosos. Neste aspecto, o fundamentalismo é mais que apenas uma recusa de diálogo; ele transforma em demônio o estranho em um mundo – como declarou Beck – em que "não há outros demônios". Há conexões aqui entre o "fundamentalista do sexo masculino", que descarrega sua vingança sobre as mulheres; a violência na clínica de abortos; e a violência entre os grupos religiosos, nacionalistas ou étnicos em um nível mais macroscópico.

Por mais perigosos que eles às vezes possam ser, os fundamentalismos precisam ser ouvidos por aqueles a quem não convencem. Pois eles levam a sério a aridez ética dos campos de ação e de valor que são abertos pela tecnologia, mas que são irredutíveis a decisões técnicas. Neste contexto, enxergamos alguns realinhamentos importantes das agendas políticas. Consideremos, por exemplo, o destino do conservadorismo que, com o aparente desaparecimento da esquerda, poderia parecer completamente vitorioso. Compreendido como neoliberalismo, o conservadorismo tornou-se internamente contraditório. A representação livre das forças de mercado que ele defende é radicalmente destradicionalizante. Mas o conservadorismo depende, para o seu apoio, dos grupos que ele deseja conservar – para proteger os modos de vida tradicionais. Assim, o conservadorismo tornou-se uma mistura de impulsos emancipatórios e fundamentalismos. A atual discussão sobre os "valores familiares" é apenas uma expressão desta rede até agora completamente confusa. Chegamos à conclusão aparentemente perversa de que, hoje em dia, a conservação justificada das tradições e a criação de valores éticos têm de ser parte de um programa de radicalismo político renovado.

6 Tanto Beck quanto Lash têm coisas interessantes a dizer sobre o caráter em mutação da política atual. Muitas questões complexas são levantadas aqui e eu devo me limitar a fazer algumas observações sobre a democracia. Compreendida como democracia liberal, a democracia de repente tornou-se extremamente popular através do mundo. A popularidade da democracia, como todos sabemos, é bastante recente. De forma bastante distinta da existência de Estados autoritários e sistemas socialistas estatais em todo o mundo, na maior parte dos países ocidentais até relativamente pouco tempo a democracia não estava entre os principais valores promovidos nem pela esquerda nem pela direita.

Há duas maneiras contrastantes em que se pode tentar compreender a difusão das instituições democráticas. Uma delas é o que poderia ser chamado, ironicamente, de a teoria da democracia como *flor delicada*. Segundo esta maneira de ver, a democracia é uma plantinha frágil que precisa ser regularmente aguada para poder se manter viva. Também necessita de um solo rico: tem de ser alimentada durante um longo período durante o desenvolvimento a longo prazo de uma cultura cívica.

A teoria da flor delicada encara os processos de democratização no período atual – para mudar um pouquinho a articulação metafórica – em termos de um processo de superação. Agora que o socialismo fracassou, e os regimes autoritários, por uma razão ou outra, começaram a se desintegrar, as virtudes da democracia tornaram-se mais universalmente aparentes. As ideias lançadas por Francis Fukuyama proporcionam uma fonte importante para este tipo de visão. O fascismo mais ou menos desapareceu e o socialismo se desintegrou. Todos começam a apreciar a superioridade da democracia multipartidária, combinada com o capitalismo empreendedor, como o único sistema que mistura liberdade e eficiência econômica de uma maneira tolerável. O problema para os Estados que emergem de uma base de governo autoritário é enriquecer o terreno sobre o qual a democracia pode ser alimentada. A construção das formas de governo democráticas é um processo complexo e necessariamente lento. Entretanto, o que está essencialmente envolvido é que se possibilite aos países atrasados alcançarem seus correlatos mais adiantados, onde a democracia liberal já está firmemente estabelecida e suas raízes são profundas.

A teoria da flor delicada enfrenta várias objeções. Primeiro, algumas sociedades do passado moveram-se muito rapidamente das bases autoritárias, até mesmo fascistas, para se tornarem democracias de funcionamento liberal: após a Segunda Guerra Mundial, a Alemanha e o Japão oferecem exemplos disso. Não está clara a necessidade de uma cultura democrática cívica há muito estabelecida para o envolvimento das mudanças institucionais, particularmente quando há algum tipo de ruptura aparente com o passado. Segundo, levando-se em conta a guinada mundial totalmente repentina em direção à democracia, a teoria da flor delicada parece inadequada. As tendências para a democratização certamente estão conectadas com desenvolvimentos mais amplos; as pressões que conduzem à democratização e ao rompimento da economia dominante nos países do Leste Europeu não derivaram simplesmente de um colapso interno da ordem; a generalização atual da democracia não é um fenômeno *sui generis*.

Finalmente, agora, no suposto auge do seu sucesso, a democracia liberal está, em quase toda parte, enfrentando dificuldades. A corrupção tornou-se uma questão pública em países bastante afastados um do outro, como o Brasil, o Japão e a Itália. O domínio da política ortodoxa parece influenciar cada vez mais os principais problemas que atormentam a vida das pessoas. Os eleitores tornam-se descontentes e aumenta o número daqueles que desconfiam de todos os partidos políticos. As lutas da política partidária parecem a muitos um jogo, que apenas ocasionalmente afeta, de uma maneira efetiva, os problemas da vida real.

Como uma interpretação alternativa da democratização atual, deixe-me apresentar o que eu poderia chamar de visão da *planta forte*. Essa perspectiva não compara a democracia apenas com a democracia liberal dentro do Estado-nação. Os processos da democratização estimulam a emergência da democracia liberal onde ela não existia previamente, mas ao mesmo tempo também expõem suas limitações. A democracia, em seu sentido mais amplo, é uma planta resistente que pode desenvolver brotos mesmo em um terreno completamente infértil. Eles podem ser prontamente transplantados quando as condições forem propícias, embora, sem dúvida, sempre precisem ser cultivados e cuidados.

A teoria da planta forte sugere que na época atual estejam ocorrendo mudanças sociais profundas que não se verificam fundamentalmente no âmbito do Estado. Em vez disso, essas mudanças reformulam e colocam em questão os poderes que os Estados até aqui reivindicaram para si. As três contribuições para este volume proporcionam sugestões claras sobre quais são essas mudanças e como elas podem ser melhor compreendidas. A intensificação da globalização esvazia os contextos locais de ação, exigindo e estimulando o crescimento da reflexividade institucional. As transformações da vida cotidiana ocorrem nos domínios da "subpolítica" de Beck, não na arena política ortodoxa. Como declarou Daniel Bell, a questão não é apenas aquela de o Estado-nação haver se tornado pequeno demais para resolver os problemas globais e grande demais para lidar com os locais; as complicadas conexões entre as mudanças na vida global e local começam a atacar a própria integridade do Estado.

A democracia, como mostrou David Held, está ligada a um princípio de autonomia. A autonomia é promovida pela capacidade de se representar os próprios interesses e pela possibilidade de se resolver conflitos de interesse por meio do diálogo público. Vemos que estas condições se cumprem, contra muitas resistências, em vários setores da vida social fora da esfera política formal. Reconhecendo isso, ao discutir a democratização, Beck enfatiza a importância de se controlar a especialização. Segundo ele, devemos afastar a ilusão de que os administradores e os especialistas sempre sabem mais. A especialização tem de ser "desmonopolizada". Os "padrões sociais importantes" devem ser – e estão se tornando – mais proeminentes que a tomada de decisão nos círculos fechados dos especialistas. As normas de discussão e debate, relativas à mudança no domínio da "subpolítica", devem ser estabelecidas e garantidas.

Estes pontos são tratados corretamente, ainda que os arranjos institucionais que puderam ser assumidos permaneçam um pouco indefinidos na discussão de Beck. Mas eu colocaria as coisas de uma maneira um pouco diferente. Como resultado dos processos combinados de globalização e a transformação da vida cotidiana, podemos reconhecer pelo menos quatro contextos sociais em ação nos processos de democratização – embora em cada um destes se aplique a tensão familiar existente entre a oportunidade e as possíveis catástrofes.

Primeiro, vemos a emergência potencial da "democracia emocional" nos domínios das relações sexuais, relações pais-filhos e relações de amizade. Na medida em que o relacionamento puro torna-se dominante nestas esferas, torna-se possível uma relação de iguais, organizada através da comunicação emocional associada ao autoentendimento. A democracia emocional, se progredir, promete uma grande contribuição para a reconstrução da ética cívica como um todo. Os indivíduos que estão à vontade com suas próprias emoções, e são capazes de se solidarizar com as emoções dos outros, têm probabilidade de ser cidadãos mais eficientes e engajados que aqueles que não possuem essas qualidades.

Segundo, há tendências claras de substituição das hierarquias burocráticas por sistemas mais flexíveis e descentralizados de autoridade. Uma vez mais, os processos de democratização estão mais ligados à reflexividade institucional e exibem claramente o princípio da autonomia. Essas mudanças podem, é claro, desenvolver procedimentos paralelos já existentes, ou recém-criados, de representação industrial mais formal. Como acontece em outras áreas, devemos falar aqui principalmente de um potencial, em vez de falar em uma realidade. A maior parte dos processos de mudança é dialético. Aqueles autores que diagnosticam uma mudança de larga escala da hierarquia para a flexibilidade podem ser muito pouco realistas; flexibilidade para alguns grupos, em alguns contextos, pode apontar, para outros, um aumento da repressão ou da opressão.

O terceiro contexto da democratização é aquele do desenvolvimento dos movimentos sociais e dos grupos de autoajuda. Em muitas circunstâncias, esses movimentos e grupos colocam-se a si mesmos em contraposição às "autoridades" existentes, sejam elas oficiais, profissionais ou outras. Neste caso eles podem, em princípio, estimular as qualidades que Beck deseja ver em vigor no domínio da "subpolítica". Entretanto, pondo de lado as questões que eles colocam, esses grupos podem ser (embora de forma alguma isso aconteça sempre na prática) democratizados como modos de associação social. A maior parte do trabalho sociológico tem se concentrado nos movimentos sociais, mas os grupos de autoajuda são, em alguns aspectos, igualmente mais interessantes e mais influentes.

Finalmente, há importantes influências democratizadoras nos níveis mais globais de desenvolvimento. Não devemos entender estas influências como passos em direção a um governo mundial, especialmente se "governo" é compreendido como a grande organização do Estado-nação. Em vez disso, essas tendências estão conectadas diretamente com os outros três domínios da democratização, já citados. O que pode aparecer como tendências "subpolíticas" pode se configurar ao mesmo tempo como tendências "superpolíticas" – neste caso, é de grande importância a interação entre o contexto local e as consequências globalizadoras. As tendências democratizadoras da ordem global podem se utilizar daquelas características de reflexividade, mobilização e flexibilidade envolvidas nos domínios em mutação da vida cotidiana. O modelo cibernético de regulação social está morto. Para a comunidade mundial, isto é provavelmente mais uma vantagem do que uma desvantagem. Na verdade, seria difícil imaginar uma inteligência direcional que pudesse de alguma forma organizar a vida social e econômica em uma escala global. Na mistura da reflexividade, da autonomia e do diálogo característicos da confiança ativa, podemos finalmente gerar uma ordem global cosmopolita, em que prevaleça a justiça maior e em que a guerra, em grande escala, tenha se tornado obsoleta.

Em todos esses domínios eu falaria da necessidade de realismo utópico. As mudanças em direção à democratização são reais e muito penetrantes; é plausível supor que elas possam ser ainda muito mais desenvolvidas. Por outro lado, são numerosas as forças em sentido contrário e é sempre necessária uma forte dose de realismo.

7 Se a democracia liberal não é o fim da história na esfera política, tampouco o é a produção capitalista no domínio das relações econômicas. O que poderia surgir do outro lado do capitalismo não é o socialismo, no sentido da direção centralizada de uma vida econômica. Em vez disso, enxergamos a possibilidade da emergência de uma ordem pós-escassez. Aqui, mais uma vez, devemos introduzir a noção de realismo utópico e falar apenas de tendências imanentes. A ideia de um sistema pós-escassez não pode mais significar, como supuseram alguns intérpretes de Marx, uma sociedade em que a escassez tenha sido eliminada pela abundância infinita. Não somente sempre haverá escassez associada aos "bens posicionais", mas a crise ecológica nos mostra que a escassez é, em alguns aspectos, endêmica à vida humana nesta terra. De preferência, uma ordem pós-escassez seria uma ordem em que o impulso para uma acumulação contínua tenha se tornado enfraquecido ou dissolvido. Neste caso, as questões da política da vida estão muito diretamente relacionadas às perspectivas de justiça global.

Uma ordem pós-escassez começa a emergir, na medida em que os indivíduos reestruturam ativamente suas vidas profissionais, valorizando outras coisas além de sua simples prosperidade econômica. Os "pioneiros do tempo" alemães são um exemplo disso. A reestruturação do tempo, o último recurso escasso para o ser humano finito, introduz flexibilidades no ciclo de vida que são inimagináveis quando uma carreira é simplesmente aceita como "destino". Essas coisas são, em algum grau, separadas por gênero entre o feminino e o masculino. Até recentemente, para muitos homens o seu "destino" era uma vida de trabalho remunerado desde o fim da adolescência até uma idade determinada de aposentadoria. Para muitas mulheres, por outro lado, seu "destino" significava domesticidade. Embora esta divisão de papéis reforçasse o patriarcado, também criava uma masculinidade esquizofrênica. O trabalho tornou-se orientado por essa compulsividade identificada por Weber. Embora isso esteja colocado de uma maneira muito grosseira, podemos dizer que os homens foram arrancados de suas vidas emocionais de formas que geraram muitas consequências para eles próprios e também para as mulheres. As mulheres, na verdade, tornaram-se "especialistas no amor"; enquanto, com exceção dos "românticos desocupados", os homens, em maior ou menor grau, tinham deixado completamente de falar em amor.

A entrada em grande escala das mulheres na força de trabalho remunerada, juntamente com a crescente "feminização" de algumas carreiras masculinas, obriga ajustes a esta situação. O resultado deste deslocamento duplo, como atualmente em tantas outras áreas da vida social, ainda não está claro. Mas vale a pena lembrar que a ética do crescimento nunca foi adotada por toda a população; muitas mulheres permaneceram de fora e continuaram a viver de acordo com valores diferentes daqueles implícitos no "puritanismo secularizado". Uma generalização de alguns desses valores certamente provocaria uma grande lacuna na ética da acumulação econômica contínua.

Um segundo conjunto de influências, que promove a emergência de uma ordem pós-escassez, origina-se das bem conhecidas contradições da abundância. Aqui há uma íntima conexão com as preocupações ecológicas. Os "males", gerados pelo industrialismo, promovem um ímpeto para a mudança em si e por si. Não importa como isso possa ser interpretado, o "crescimento responsável", por exemplo, introduz necessariamente outros valores além daqueles exclusivamente econômicos. Algumas das contradições da abundância são autoevidentes. Assim, em um certo ponto, o tráfego de uma cidade torna-se tão atravancado, que é mais rápido caminhar; nesse ponto, e com exemplos como esse que estão diante deles – muito frequentemente bem diante deles – as autoridades da cidade começam a criar centros em que o tráfego é proibido.

Um crítico poderia afirmar: certamente, se há qualquer possibilidade do desenvolvimento de uma ordem pós-escassez, será que esta só se aplica ao Primeiro Mundo? E quanto aos países pobres do Terceiro Mundo, sem falar na pobreza que continua a existir mesmo no interior das sociedades mais ricas? Mas uma ordem pós-escassez está longe de ser algo importante apenas para os setores economicamente adiantados do globo. Em primeiro lugar, não é uma ordem em que o desenvolvimento econômico sofra uma interrupção; a criação de riqueza ainda vai se tornar necessária por um longo tempo. Entretanto, mais importante que isso, os vislumbres de um sistema pós-escassez, que enxergamos hoje, permitem-nos entrever um modo de vida diferente para as pessoas de todo o planeta. Sabemos agora que a redistribuição direta da riqueza, mesmo que possa de algum modo ser alcançada, não seria mais que uma solução parcial para os problemas da pobreza. Nos países do Ocidente, o *welfare state* tem ajudado a abrandar as tendências polarizadoras do capitalismo clássico. Mas suas limitações também se tornaram aparentes. As pessoas não vão pagar impostos além de um certo nível, especialmente quando não há muito controle sobre o modo como gastam o seu dinheiro. A dependência do bem-estar social é um fenômeno real, não um mito surgido por mágica da imaginação política de direita – e assim por diante. Quando pensamos na política global, não se pode continuar a imaginar algum tipo de *welfare state* gigantesco e redistributivo. Temos de pensar em outros termos. Como já se tornou familiar entre aqueles que elaboram questões de "desenvolvimento", assim como entre aqueles ligados às instituições do bem-estar social nos países do Ocidente, têm de ser postas em vigor medidas eficazes para se combater o desprivilégio. Ou seja, elas devem levar em conta – e utilizar – a reflexividade dos indivíduos ou dos grupos a que se dirigem. As questões aqui imbricadas são mais objeto de preocupação da política da vida como política emancipatória. Se pensarmos novamente mais em termos de princípios do que de fins, uma sociedade pós-escassez é uma sociedade em que o objetivo do "desenvolvimento" aparece precisamente sob severo exame. Aqui, o rico tem muito a aprender com o pobre; e o Ocidente, com as outras culturas que no passado ele simplesmente ameaçou de extinção.

8 Finalmente, deixe-me abordar a questão da estética. Deixei este campo por último por uma razão. Grande parte do debate sobre a pós-modernidade tem se refratado em questões de estética ou de cultura; mas para mim esta situação é insatisfatória. Em minha opinião, vale a pena traçar uma distinção entre "pós-modernismo" e "pós-modernidade". O primeiro pode ser utilizado para se referir a mudanças (supondo-se que elas tenham acontecido) que ocorreram na arquitetura, na arte, na literatura e na poesia. E a "pós-modernidade" refere-se às mudanças institucionais que afetam atualmente o mundo social. Para mim, a questão da pós-modernidade é mais interessante que as questões do pós-modernismo. Evitando pelo menos um dos "pós" que tendem a atravessar nossas páginas, prefiro as expressões "baixa modernidade" ou "modernidade tardia" para a referência a essas transições institucionais.

A reflexividade estética realmente existe? Não acredito nisso, ou pelo menos não colocaria isso dessa maneira. Não estou absolutamente seguro de que, como declara Lash, haja "toda uma outra economia de signos no espaço", que funciona separadamente dos "símbolos cognitivos". Do modo como eu poderia entender a reflexividade institucional, ela sempre tem virtualmente algum relacionamento com as emoções; não é em absoluto apenas "cognitiva". A ideia de "uma economia de signos no espaço" parece-me, muito fortemente, fazer ecoar a perspectiva do pensamento pós-estruturalista, a que eu me oponho totalmente. Os signos, não importa até que ponto eles sejam totalmente "não verbais", nunca explicam-se mutuamente; eles apenas o fazem pela mediação humana. Em uma cultura cada vez mais eletrônica, imagens não verbais tornam-se lugar-comum na organização da experiência do dia a dia. Mas há duas maneiras de se interpretar este fenômeno. Uma delas é conhecida como a rota saussuriana, elaborada, de muitas maneiras, a partir da teoria pós-estruturalista. Nela, a "economia de signos" simplesmente revela o que, de qualquer modo, é básico a toda linguagem: a criação do significado a partir do não significado, através da representação da diferença.

Entretanto, há um ponto de vista absolutamente diferente, que é aquele que eu defendo. A linguagem não resulta da diferença semiótica, que não pode gerar uma noção satisfatória de significado. Ao contrário, a linguagem só tem significado em razão das propriedades iniciais do seu uso. Os signos não existem sem narrativas, mesmo aqueles que parecem ser completamente icônicos. Na época atual, a reflexão estética é paradoxal, pois sua reflexividade tem caracteristicamente se desdobrado, de modo tal a subverter, ou colocar em questão, as próprias formas narrativas que ela pressupõe. Parece-me que uma compreensão da estética desenvolvida ao longo dessas linhas seria bastante diferente das visões que, atualmente, tendem a ser dominantes.

Sistemas especialistas ou interpretação situada?
Cultura e instituições no capitalismo desorganizado

Scott Lash

A convergência contínua do trabalho em constante desenvolvimento e fundamentalmente inovadora – tanto em termos de penetração analítica quanto de importância no mundo real – de Ulrich Beck e Anthony Giddens é simplesmente notável. Havendo ambos anteriormente encaminhado os esboços gerais da transformação da modernidade, no início da década de 1990, os dois teóricos transferiram seu foco para as questões do amor, intimidade e autoidentidade. E agora – neste livro e em vários outros trabalhos – ambos deslocaram sua atenção para as metamorfoses institucionais e para o político. Assim fazendo, Beck e Giddens continuam a tematizar as dimensões ecológicas da mudança social e, especialmente, o papel da ciência e da especialidade nessa mudança. Em tais considerações, neste livro os dois autores chegaram a conclusões incrivelmente semelhantes. Nelas, o deslocamento da modernidade "precoce" ou "simples" para a modernidade "tardia" ou "reflexiva" envolve um deslocamento correspondente da política "emancipatória" e centralizada para a "política da vida" ou "subpolítica". Essa política da vida envolve a politização de várias questões – divisões de gênero, biotecnologia, substâncias nocivas –, que são ao mesmo tempo globais e nos afetam nos recônditos mais íntimos da esfera privada. Estas questões envolvem risco, confiança e papéis importantes para os cientistas e para os profissionais, ou seja, em suma, para os sistemas especialistas. Tanto em Beck quanto em Giddens, esses sistemas especialistas – que afetando a vida cotidiana íntima agora estão abertos ao debate e à contestação democrática por parte da população leiga – constituem um conjunto de miniesferas públicas efetivas, emergentes e descentralizadas, voltadas para a nova política da modernidade reflexiva. As contribuições de Ulrich Beck e Anthony Giddens para este livro iniciam uma trajetória teórica para cada um deles. Elas envolvem o foco da análise, a noção de reflexividade e suposições metateóricas. Em termos de foco analítico, tanto Beck quanto Giddens deslocaram fundamentalmente sua atenção para o domínio da política. Em relação à reflexividade, o que outrora foi um processo que envolvia os indivíduos, agora é, antes de tudo, uma questão de instituições e de "reflexividade institucional". Giddens efetivamente baseou-se em Habermas ao considerar os sistemas especialistas e as instituições como *de facto* esferas públicas de formação da vontade democrática e racional. Beck, ao contrário, foi influenciado pela obra de Zygmunt Bauman. E sua compreensão da modernidade reflexiva é atualmente muito caracterizada tanto pela "ambivalência" como pelas novas formas de ordem.

Argumento nesta resposta que, apesar destas trajetórias significativas, suas análises persistem sendo mais parciais do que imperfeitas, em virtude do caráter *científico* de suas suposições. Acho que as discussões entre a esquerda e a direita sobre a teoria social nas décadas de 1960 e 1970 foram superadas por novas e emergentes linhas enganosas – em cada lado das quais se pode encontrar tanto a "esquerda" quanto a "direita", radicais e reacionários eficientes. Esta divisão não responde à contraposição do modernismo *versus* pós-modernismo, ou positivismo *versus* análises interpretativas, e certamente não contrapõe o racionalismo ao irracionalismo. Entretanto, opõe os entendimentos racionalistas (cognitivos) ou *científicos versus* as visões culturalista ou hermenêutica. O que pode ajudar a simplificar consideravelmente e compreender esse "cientificismo" *versus* "culturalismo", em termos de um contínuo na teoria contemporânea. Isto em parte representa – no sentido mais amplo – a distância entre a sociologia científica por um lado e a teoria cultural por outro. Na extremidade do contínuo onde está a ciência, há o realismo implacável de um marxista althusseriano, como David Harvey. Harvey opõe seu materialismo histórico marxista ao materialismo dialético "brando" do marxismo hermenêutico. Para ele, a cultura – pós-moderna ou outra qualquer – é mais ou menos reduzida a um efeito causal do capital transnacional. Para Harvey, só faz sentido compreender a natureza instrumentalmente, e as questões ambientais como questões quase exclusivamente de especialistas. Para analistas como Harvey, uma preocupação relativa a outros tipos de envolvimentos culturais e emocionais e de reações na população leiga em relação ao natural seria negligenciada como a preocupação de volta à natureza por parte dos sonhadores comunais românticos.

Na extremidade "culturalista" do espectro estão parceiros tão diferentes como Mary Douglas e Jacques Derrida, que reduzem o social ao cultural e desconstroem a distinção entre a tradição e a modernidade. Mais em direção ao centro desde a extremidade culturalista (ou hermenêutica) do espectro estão, por exemplo, Foucault ou Bauman, que trabalham a partir da distinção entre tradição e modernidade; que vão compreender a distinção do cultural e do social como eles estão constituídos no moderno; mas para os quais os sistemas especialistas são, na melhor das hipóteses, discursos normalizadores, e, na pior, instituições políticas do Terceiro Reich. Beck e Giddens estão mais no centro respeitável da ala científica ou racionalista do espectro.

No entanto, o que eu quero ressaltar não é tanto a extensão em que os teóricos são cognitivistas (científicos) ou culturalistas (hermenêuticos). Em vez disso, o que quero ressaltar diz respeito aos atores leigos do cotidiano, às instituições e à política. É que a harmonização ou a atitude da vida cotidiana na modernidade reflexiva é tão fundamentalmente cultural e hermenêutica quanto cognitivista ou científica. É que, na modernidade tardia, as instituições e a política tornaram-se cada vez mais culturais. O ponto em questão é que uma teoria tal como a negligência virtual de Beck e Giddens em relação às fontes culturais/hermenêuticas do ser moderno tardio implica, ao mesmo tempo, uma negligência desta dimensão crucial da política e da vida cotidiana. Significa, além disso, que suas concepções de "subpolítica" ou de "política da vida" concentram-se nos especialistas, de certo modo negligenciando as pessoas comuns. Significa para eles uma concentração no formal e no institucional, à custa da proporção crescente de interação social, cultural e política em nosso mundo capitalista cada vez mais desorganizado, que está ultrapassando as instituições.

Reflexividade institucional:
responsabilidade, tradição, verdade

Em trabalho anterior, Beck, Giddens e eu apresentamos uma noção mais individualista de reflexividade. Aqui, na modernização reflexiva, a mudança estrutural obriga a ação a se libertar da estrutura, obriga os indivíduos a se libertarem das expectativas normativas das instituições da modernidade simples e a se engajarem no monitoramento reflexivo dessas estruturas, assim como no automonitoramento da construção de suas próprias identidades. Neste caso, a principal diferença entre Beck/Giddens e mim foi minha adição da dimensão estética (hermenêutica). Neste livro, nós três desenvolvemos conceitos de reflexividade coletiva. Por isso, minha contribuição diz respeito à "comunidade reflexiva" e Beck e Giddens falaram sobre a reflexividade institucional. É disso que vou tratar agora.

A contribuição de Beck parte da distinção entre "reflexividade" e "reflexão". Neste contexto, a reflexão é individualista, consciente e intencional. A reflexividade é como um "reflexo". Não é individualista nem consciente nem intencional. A reflexividade é o modo como o princípio axial da modernidade reflexiva entra em contradição com o princípio da modernidade simples. Aqui, a modernidade reflexiva está, em grande parte, lidando com os efeitos colaterais, os perigos ou "males" que se originam da produção de bens da modernidade simples. Além disso, o *ethos* da "ambivalência" da modernidade reflexiva entra em contradição com o imperativo da ordem da modernidade simples. Beck afirma que a reflexividade também inclui a reflexão. Esta última pode ser individual ou coletiva e institucional. Assim, a oposição entre modernidade reflexiva e modernidade simples como "reflexo" envolve a oposição das instituições modernas reflexivas àquelas da modernidade simples. As instituições emergentes refletem democrática, responsável e racionalmente sobre os riscos e os efeitos colaterais da modernidade simples. Embora Beck seja, em princípio, absolutamente contrário à racionalidade instrumental e à tecnocracia dos sistemas especialistas, este foco nas instituições (alternativas e democráticas) carrega consigo uma grande confiança nas fontes competitivas de especialização e nos sistemas especialistas competitivos. Para Beck e Giddens, reflexividade aqui envolve, digamos, a "democracia representativa" inserida nas novas instituições, com o público leigo votando em formas de especialização competitivas. Há pouco espaço nessa concepção para a "democracia participatória" da política leiga e dos movimentos sociais do cotidiano informal.

Beck declara não ser nem "realista" nem "construtivista", mas "institucionalista". O mais importante sobre as instituições, do ponto de vista delas, é a *responsabilidade*, um conceito que pode ser a chave para o trabalho de Beck como um todo. Para ele, a responsabilidade está envolvida no "princípio da segurança" da modernidade simples. Na modernidade reflexiva, o princípio de segurança não se mantém, pois a responsabilidade pelos perigos vai de encontro à imprevisibilidade espacial, temporal e social. O subtítulo do seu livro *Gegengifte* (literalmente traduzido como "antídotos" ou "contravenenos"), publicado dois anos depois de *Risk Society*, é *Organized Irresponsibility*. O que Beck quer dizer com isso é que a coalizão das empresas, dos políticos e dos especialistas, que criam os perigos da sociedade contemporânea, constrói um conjunto de discursos de isenção de tal responsabilidade. Assim fazendo, transformam os "perigos" que eles próprios criaram em "riscos" do tipo, por assim dizer, que fumantes ou jogadores assumem.

A segunda construção institucional discursiva aqui é também uma construção da *legitimação* da coalizão das empresas, dos políticos e dos especialistas, de um lado; com o público leigo, de outro. Em vez disso, o que Beck deseja é um princípio de legitimação baseado não na isenção, mas na afirmação da responsabilidade. Há aqui uma considerável convergência com a noção de "confiança" que Giddens desenvolveu neste livro. Em trabalho anterior, a confiança moderna foi investida principalmente nos sistemas especialistas. Agora ele quer desenvolver uma noção de "confiança ativa". A confiança ativa emerge quando as instituições tornam-se reflexivas e as proposições dos especialistas estão abertas à crítica e à contestação. Com essa atividade crítica do público leigo, a confiança nos sistemas de especialistas não se torna passiva, mas ativa. O que é compreendido por Beck em termos de responsabilidade ou de legitimação, para Giddens seria a confiança mediada ou abstrata. O investimento da confiança nas instituições – que está ligado a obrigações e responsabilidade – tem de ser uma questão de legitimidade. Por isso, para ambos os teóricos, a reflexividade institucional implica a afirmação dialógica da responsabilidade por meio das instituições ou da confiança ativa mediada.

Tanto Beck quanto Giddens supuseram que, com a chegada da modernidade tardia ou reflexiva, pela primeira vez vivemos em uma sociedade totalmente pós-tradicional. Até agora, no entanto, nem mesmo se considerou tematicamente o que vem a ser a tradição. Neste livro, Giddens dedica observações consideráveis e cuidadosas a esta questão. Para ele, a característica paradigmática da tradição tem a ver com a natureza da *verdade*. Em suas observações, nas sociedades tradicionais, os especialistas em conhecimento são "guardiães" – sejam sacerdotes ou mágicos – e a verdade é *formular*. Na modernidade, ao contrário, os especialistas em conhecimento são "especialistas" e a verdade é *proposicional*. A "verdade formular" é reconhecida por seus efeitos. A linguagem, em sua verdade formular, não é "referencial", mas "performativa". A eficácia causal é atribuída, por exemplo, a rituais verdadeiros. A "verdade proposicional", por outro lado, é válida em virtude de sua correspondência com os fatos e seu apoio na argumentação.

A tradição, segundo Giddens, não se compõe de fatos, assemelhados a costumes, mas se constitui em uma estrutura normativa de conteúdo moral obrigatório. Essa estrutura normativa envolve "integridade" e um caráter temporal particular. As tradições são ligadas a uma "memória coletiva", em si uma "estrutura" para a reconstrução do "tempo passado", que por sua vez "organiza o tempo futuro". Giddens utiliza esses conceitos com muita propriedade. A ciência, por exemplo, em uma modernidade precoce, é um campo de especialistas, mas o público aceita suas verdades inquestionavelmente, como verdades formulares. Somente na modernidade tardia as afirmações científicas são tratadas pelo público – agora reflexivo – como verdades proposicionais contestáveis, abertas à "articulação discursiva" e à crítica.

Para Giddens, a modernidade reflexiva é caracterizada pela abertura "experimental" e pela "democracia dialógica". Mas continuam a persistir conjuntos inteiros de fenômenos que são muito claramente não reflexivos e apenas questionavelmente modernos. Essas práticas persistentes aparentemente parecem ser tradicionais, embora na verdade – argumenta Giddens – não o sejam. Tais fenômenos, se examinados mais de perto, transformam-se em *compulsões*. As "compulsões" parecem-se com as tradições – elas dependem das verdades formulares e da repetição –, mas são despidas da integridade da estrutura da tradição e estão desconectadas da memória coletiva. As compulsões não estão abertas à experiência ou à articulação discursiva. Os vícios – como alcoolismo, drogas e vícios alimentares – exemplificam essas compulsões. De modo similar, a maior parte dos discursos políticos conservadores exemplifica essa "ritualização sem ritual", já que dependem de verdades formulares, ainda que despidas de conexão com a tradição integral. As tradições, segundo Giddens, são espacialmente particularizadas. Assim também o é o nacionalismo contemporâneo, falando a linguagem deles e a nossa, embora mais uma vez despojado de enraizamento na memória coletiva integral.

É um tema brilhante. Aplica-se um conjunto de conceitos pequenos e claros para compreender uma variedade de fenômenos sociais. A noção de reflexividade institucional de Giddens (como também a de Beck) envolve a transformação dos sistemas especialistas nas esferas públicas democraticamente dialógicas e políticas. Os atores sociais apropriam-se, então, na vida cotidiana, das verdades proposicionais deste conhecimento especializado democraticamente validado – que é global, ou seja, universal e válido em qualquer lugar. Seus preceitos agem efetivamente para desincorporar os significados tradicionais nas esferas mais imediatas da vida cotidiana, na comunidade local e nos mais íntimos dos "relacionamentos puros" – seja amor, amizade ou relacionamento pais-filhos. Esta reflexividade institucional opera em distanciamento espaçotemporal, estendendo o conhecimento especializado dialógico através do tempo e do espaço.

*Democracia das emoções
ou emocionalização da democracia?*

Mas os problemas começam justamente quando Giddens começa a aplicar essas noções à intimidade dos relacionamentos puros. O "relacionamento puro" é caracteristicamente moderno, pois é desincorporado das instituições tradicionais e de suas expectativas normativas. Ou seja, os relacionamentos paradigmaticamente pré-modernos estão integrados e regulados pela estrutura normativa e pelas expectativas da comunidade. O relacionamento puro é desincorporado dessas expectativas normativas. Em vez disso, é regulado por símbolos extraídos dos "sistemas abstratos" em uma escala espacial global. O que está em jogo no relacionamento puro não é a situação tradicional dentro dele e o compromisso com a comunidade (ou *polis*, como, por exemplo, na ideia aristotélica de amizade), mas a revelação e o "crescimento" mútuos íntimos.

Em minha contribuição principal a este livro, critiquei a noção de relacionamento puro no trabalho anterior de Giddens. Declarei que sua suposição de intervenção crônica por parte dos sistemas especialistas conduziria a uma ruptura crônica na realização da significação e na compreensão no relacionamento. No presente livro, ele desenvolve seu conceito de duas maneiras. Primeiro, torna mais claro o fato de que os sistemas especialistas envolvidos são instituições científicas baseadas no conhecimento proposicional. Segundo, ele aplica o modelo da política da esfera pública ao que chama de "democracia das emoções". Isso poderia parecer apenas confirmar mais ainda a natureza impessoal, *gesellschaftlich* e abstrata desta intervenção dos sistemas especialistas e das instituições no interior da intimidade. Parece-me provável que esses sistemas abstratos possam ser destruidores da significação, da intimidade, do intercâmbio semântico intenso e do compartilhamento e compreensão emocionais que são centrais para os relacionamentos emocionais do moderno tardio.

Primeiro, eu não penso que os relacionamentos emocionais contemporâneos estejam primariamente ligados à verdade proposicional. Com certeza, as verdades proposicionais (especialistas) democraticamente contestadas sobre a sexualidade, o amor, a criação dos filhos e os papéis dos gêneros podem representar e realmente representam um papel positivo na estruturação dos relacionamentos íntimos. Mas acho que outro tipo de verdade, nem "formular" nem "proposicional", desempenha um papel igualmente importante ou mais importante ainda. Este terceiro tipo de verdade poderia ser chamado de *verdade hermenêutica*. Esta verdade "hermenêutica" ou "narrativa" não é *gemeinschaftlich* como a verdade formular nem *gesellschaftlich* como a verdade proposicional. Como a verdade proposicional, ela é, no entanto, caracteristicamente moderna. Essa verdade hermenêutica está envolvida na revelação mútua dos relacionamentos íntimos. Está envolvida na construção do intenso intercâmbio semântico compreendido nesses relacionamentos. Essas comunicações afetivamente carregadas estão baseadas na construção de uma rede de suposições e pré-entendimentos compartilhados, na construção de um "horizonte semântico". A verdade hermenêutica ou narrativa é também uma propriedade dos símbolos envolvidos na intervenção (distanciada no tempo e no espaço) de filmes, poemas, romances e música popular no relacionamento puro.

Estão também envolvidos naquilo que chamei de reflexividade hermenêutica ou estética, um conceito que Giddens rejeita e declara que "lembra o pós-estruturalismo". Embora influenciado pelo pós-estruturalismo, assim como Giddens, eu também me oponho à maneira como essas teorias assumem a desconstrução da significação, da narrativa e da verdade através do jogo da diferença do significante. Giddens prefere compreender o significado em termos da "indexicabilidade". Neste sentido, a etnometodologia tem tematizado a noção de "particulares indexicais". Isto pressupõe significações compartilhadas, assim como já afirmava pressuposições sobre atividades de rotina e o uso da linguagem, como necessárias para a existência de qualquer relacionamento social. Creio que a maneira como me referi à significação neste livro tem muito mais a ver com indexicabilidade do que com pós--estruturalismo.

O problema é, penso eu, que a intervenção crônica dos sistemas abstratos frequentemente serve para esvaziar estas significações e tende a tornar os relacionamentos sem significação, ou mesmo impossíveis. Acho que a verdade hermenêutica e o conhecimento narrativo (incluindo o trabalho de Gottfried Benn, citado por Beck, e o de Nicholson Baker, citado por Giddens) servem para cristalizar e "reapropriar" estas significações. Este terceiro tipo de verdade envolvida na reflexividade estética ou hermenêutica frequentemente atua no sentido de desconstruir algumas construções utilitárias e impessoais dos sistemas especialistas e abstratos. Entretanto, este tipo de verdade não atua assim para destruir a significação, mas, sim, para recuperá-la. Esta noção de reflexividade hermenêutica ou estética, que defendi na minha contribuição e devo defender mais ainda a seguir, não é romântica nem atávica.

Segundo, Giddens fala de uma "democracia das emoções" baseada em um "princípio de autonomia" recentemente pós-tradicional, baseado, por sua vez, em uma "capacidade de alguém representar os próprios interesses" e na "possibilidade de resolver os conflitos de interesse através do diálogo (público)". Ele vê o relacionamento emocional como uma "área subpolítica", cujas "tendências democratizadoras" estão ligadas à "confiança ativa" baseada em "reflexividade, autonomia e diálogo". Suposições utilitárias similares de escolha e suposições científicas de especialidade estão edificadas na compreensão de Beck a respeito, por exemplo, dos efeitos da biotecnologia da reprodução nos relacionamentos familiares puros. Tais efeitos são criticados na medida em que o desenvolvimento da criança pode ser potencialmente deslocado da provisão pública da educação para a aquisição privada da engenharia genética. De modo similar, várias críticas de feministas e *gays* argumentam que as tecnologias genéticas conferem especial poder às agências de controle social sobre os corpos das mulheres e dos *gays*. Estes são, na verdade, pontos importantes. Entretanto, de forma típica, dedica-se menos atenção à ruptura das verdades hermenêuticas da relação de cuidado entre amantes, e entre pais e filhos, graças às escolhas envolvidas nesta informacionalização do corpo.

Já falei anteriormente sobre a ideia de "confiança ativa" de Giddens. Aqui na modernidade simples, a confiança é investida em sistemas abstratos e na especialização "baseada apenas na afirmação de competência técnica". Os intelectuais não somente fabricam a especialização neste contexto, mas, como na função legitimadora de Beck, "fabricam a verdade". Na modernidade tardia – cuja reflexividade institucional implica o "filtro contínuo das teorias de especialistas, dos conceitos e achados para a população leiga" –, a especialização é contestada por esta população e a confiança torna-se "ativa". Ou seja, há "o investimento da verdade à luz das alternativas".

Os problemas aparecem quando este tipo de verdade ativa torna-se integrante da esfera privada das emoções. E o problema está na própria mediação e contratualidade que informam a noção de confiança ativa de Giddens. Na verdade, os relacionamentos íntimos pareceriam estar baseados em um tipo diferente de confiança ativa, mas é provável que a pressuposição desse contrato implícito entre partes autônomas com seus próprios interesses não conduza a isso. A confiança ativa, como um relacionamento entre indivíduos autônomos interessados, poderia parecer também pressupor um certo caráter não muito diferente daqueles dos tribunais. Os relacionamentos íntimos são baseados, ou deveriam ser, na confiança que não está limitada por regras, por procedimentos. São baseados no próprio investimento mais imediato. São baseados no que Schutz, em sua descrição do mundo da vida, chama de "cuidado" (*Sorge*), no que Levinas e Bauman – via Levinas – tentaram compreender como *Mitsein*. A confiança ativa envolveria a constante criação das pressuposições, dos pré-julgamentos deste mundo relativamente independente, de intercâmbio semântico intensificado. É a criação conjunta de um hábito coletivo, a criação das classificações, pelos amantes, de categorias impensadas sobre as quais é baseado seu intercâmbio semântico. A linguagem da escolha, dos interesses autônomos, da especialização, parecem estar mais próximas do mundo da economia neoclássica do que daquilo que está vinculado aos relacionamentos íntimos.

Desejo insistir em que esta segunda noção de confiança ativa, assim como a verdade hermenêutica, é tão plenamente pós-tradicional quanto o tipo de reflexividade proposto por Beck e Giddens. É pós-tradicional, primeiro, porque os relacionamentos (puro e outros) que ela pressupõe estão também desincorporados das instituições tradicionais ou da primeira modernidade, pois o afeto é desatado dos costumes tradicionais e reinvestido no relacionamento; segundo, em seu rompimento com a verdade e a moralidade dóxicas, para uma possível heterodoxia em relação a com quem e como estabelecer o relacionamento; terceiro, em sua insistência na constante *criação* da base semântica em que as comunicações têm suas raízes; e, quarto, no sentido de que os próprios materiais que compõem esta base semântica, o próprio material de que são feitos seus hábitos, já são pré-construídos no mundo global dos sistemas abstratos, distanciado espaçotemporalmente, mas também fundamentalmente, de mitos e narrativas quintessencialmente modernos, das imagens da cultura popular e coisas semelhantes. Isso também é reflexividade estética.

É justo dizer, neste ponto, que essas críticas dirigem-se apenas a um lado das ideias de Giddens sobre a intimidade. Embora, para o meu gosto, seu trabalho atribua um papel grande demais à contratualidade, à especialização e à publicização, ele me fez pensar sobre uma importante contribuição em seu tratamento do relacionamento puro como revelação e autenticidade mútuas. Além disso, suas noções de distanciamento no tempo e espaço e de reflexividade influenciaram profundamente meu pensamento. Em seu trabalho sobre as relações íntimas, sobre a justaposição destas relações à política pública, Giddens é corajoso e faz todas as perguntas certas. Particularmente perspicaz é sua tentativa de questionar as suposições que estão à esquerda da contratualidade e do âmbito procedural, observando a filosofia política conservadora em busca de formas de obrigação e confiança que sejam não contratuais e desafiem o constitucionalismo. Aqui, no entanto, poderíamos ter começado a reconhecer a validade das tradições que não são compulsões. Além disso, poderíamos falar mais não tanto de "democratização das emoções", mas de emocionalização da democracia.

Cultura, hermenêutica e os limites das instituições

Penso que a ideia de reflexividade institucional de Beck e Giddens tem grande aceitação na vida social e política contemporânea. Mas gostaria de sugerir três modificações substanciais.

Primeiro, as instituições estão se tornando mais *culturais* em seu caráter. O "novo institucionalismo" da teoria da organização deveria ser compreendido neste contexto. Os analistas têm começado a ver as instituições não tanto como implicando o consenso normativo e a contestação, mas como profundamente culturais em sua natureza. Estes teóricos têm declarado que o que está em jogo nas instituições é a contestação e o consenso dos valores culturais, das categorias classificatórias fundamentais, da construção social da realidade. Cientistas sociais, como Stuart Clegg, introduziram a "teoria da rede de atores" neste contexto para reconstituir uma teoria foucaultiana de poder, em que as estruturas são substituídas por redes de atores – em que os atores são indivíduos, grupos, tecnologias, artefatos, dispositivos simbólicos – formando coalizões na construção e na determinação da verdade.

Mas se considerarmos este "novo institucionalismo" como ponto de partida não tanto da teoria, mas da mudança social, então, de que modo as organizações e as instituições têm, na verdade, se transformado? Assim, Klaus Eder (e Beck) falam de uma ordem "pós-corporativista", em que não está mais em questão o conflito normativo sobre a distribuição dos bens dentro do corporativismo tripartite (empregadores-sindicatos-Estado) da década de 1960 e início de 1970. Em vez disso, o que está em jogo agora é a construção social da realidade. Neste contexto, Eder vislumbra uma luta na mídia entre os atores de protesto ambiental, os atores empresariais e os políticos, em torno de um conjunto de significações de estruturação da sua realidade, a ser difundido entre o público leigo. Assim, em seu livro, Beck deseja um Estado nacional como "administração autocontrolada", no papel apenas de "construir realidades em que a construção das realidades de outros sistemas tenha alguma liberdade de ação". Analistas como Hermann Schwengel, do grupo de trabalho de Lebenstil, em Berlim, compreendem isso como a emergência da *Kulturgesellschaft*. Em relação a esta, Schwengel, baseando-se em Niklas Luhmann, declara que somente na modernidade tardia muito recente há uma esfera cultural plena e finalmente diferenciada da vida social, política e econômica. Somente agora há um pleno pluralismo de valor, somente agora há a possibilidade de um multiculturalismo genuíno. Somente agora há a possibilidade de uma subpolítica auto-organizada, em que o que está em jogo é a criação cultural da realidade.

O que está também em questão aqui é a reflexividade institucional. Mas isso implica mais que a contestação democrática das ideias de especialistas em uma miniesfera pública, embora isso também seja fundamental. Para Beck, a "maneira de ver" da modernidade simples trouxe à tona a distribuição de bens. Na modernidade reflexiva, ao contrário, "as ameaças ecológicas criam um horizonte semântico substantivo de evasão, prevenção e ajuda". E isso começa a se aproximar do significado pleno da reflexividade institucional. Ou seja, deve-se compreender a reflexividade institucional levando em conta o caminho pelo qual as instituições refletem, contestam e constroem o próprio "horizonte semântico" em que se baseiam.

Segundo, não somente as instituições predominantemente sociais – incluindo as próprias empresas econômicas – tornaram-se mais culturais em seu caráter, mas as instituições mais estritamente culturais (especialmente a educação, a mídia e a ciência) têm se tornado cada vez mais fundamentais à modernidade reflexiva. Se, na modernidade simples, as instituições culturais reproduziam principalmente os interesses da classe dominante na sociedade, atualmente as próprias instituições culturais estão no centro do palco. Embora eu não esteja totalmente certo de que a nossa condição seja fundamentalmente uma condição pós-moderna, eu diria que uma parte substancial dos artefatos culturais, que são difundidos por essas instituições, é pós-moderna. Mesmo a teoria pós-moderna deve ser compreendida em seu contexto institucional, nas universidades que foram fundadas na década de 1960 – como a University of California Santa Cruz, e Irvine, Warwick e Essex, na Grã-Bretanha, Vincennes anteriormente na França, Essen e Siegen na Alemanha – e contestam tanto o humanismo pré-moderno das antigas universidades como o modernismo profissionalizado das universidades que se desenvolveram no início do século XX. Acho que as instituições de arte, incluindo críticos, museus, DJs, lojas de discos e cinemas, têm sido fundamentais na legitimação e distribuição desses artefatos culturais pós-modernos – e que, na modernidade reflexiva, tanto as instituições quanto os artefatos estão em sintonia com a sensibilidade da população leiga.

Terceiro, e talvez mais importante, uma proporção crescente das nossas interações sociais e intercâmbios comunicativos está acontecendo *externamente* às instituições. Por exemplo, uma parte cada vez maior do tempo de trabalho está agora a cargo de relações de produção existentes, não dentro das firmas, mas entre elas. Este aumento nos sistemas de intercâmbio extrainstitucionais faz parte da "desorganização" do capitalismo contemporâneo. Por isso, Helmut Berking, também do grupo de Lebenstil de Berlim, fala do desengajamento de nossas competências afetivas, cognitivas e sociais das expectativas normativas das organizações e de seu reengajamento nos grupos de afinidade mais próximos das comunidades de estilo de vida. O que está em questão aqui é a *Vergesellschaftung der Natur*, como diria Klaus Eder, mas em um duplo sentido. Com *Vergesellschaftung*, Eder quer dizer não apenas que a natureza é socializada no sentido da criação de risco social contemporâneo. Ele também quer dizer que a sociedade é naturalizada. Naturalização, segundo Beck, não significa aqui nenhum tipo de essencialismo ou de reducionismo naturalista, mas considerar as relações sociais e políticas como categorias do natural. E penso que isso realmente é verdade quando o horizonte semântico da política contemporânea é estruturado em torno de metáforas como "corpo", "vírus", "risco", "natureza", "cuidado", "desejo".

Berking não discordaria, mas seus grupos de estilo de vida não são absolutamente uma questão de *Vergesellschaftung*, em vez disso, porém, formam um *"nachtraditionelle Vergemeinschaftungen"* (comunalização pós-tradicional). Berking parte de agentes radicalmente individualizados cujo afeto, anteriormente difundido sobre um espaço social mais amplo de instituições tradicionais, agora está concentrado nas redes apertadas de pequenos grupos de afinidade "moralmente superaquecidos". Estes agrupamentos de estilo de vida – que têm pouco a ver com as "comunidades" de gosto do *Distinction*, de Bourdieu – são nexos de intenso intercâmbio semântico. Eles são reflexivos, mas não no sentido de automonitoramento ou de debate democrático sobre as proposições de conjuntos de especialistas competitivos. Não são de forma alguma reflexivos, no primeiro momento, sobre proposições, mas sobre o fundamento semântico, a rede de significação e classificações que é a base de seus entendimentos. Este é um tipo completamente diferente de sintonia em relação ao que Beck e Giddens têm em mente, embora sua precondição seja similar à deles – ou seja, uma sociedade radicalmente individualizada, inteiramente pós-tradicional. Esta outra sintonia é, em parte, captada pela noção de reflexividade explicitamente formulada por Bourdieu como reflexão sistemática sobre as categorias impensadas do nosso pensamento. Porém, com frequência, é menos que a consciência plena; é mais uma questão de *sens pratique* ou de *habitus*.

Este tipo de reflexividade é possibilitado graças às matérias-primas (estéticas) das narrativas distanciadas espaçotemporalmente, imagens, sons etc. Mas seu modo de se sintonizar até consigo mesma na autorreflexividade é aquela em que o sujeito que monitora não pode estar des-situado para conseguir a objetividade (ou o realismo) da reflexividade "cognitiva" analisada por Beck e Giddens. Sua sintonia não é aquela da distinção sujeito-objeto pressuposta no conhecimento proposicional, mas é hermenêutica. Lida com as bases semânticas, com as classificações "primitivas" impensadas, que dão suporte aos relacionamentos e aos grupos de afinidade de estilo de vida. Na autorreflexividade, ela está voltada para os nossos próprios mundos semânticos. Esta sintonia hermenêutica sugere o tipo de análise social e cultural dos antropólogos reflexivos, para os quais a reflexividade (como eu creio que ela seja para Bourdieu) é precisamente a saída para as formas de conhecimento sujeito-objeto em que somos socializados. Em vez disso, ela sugere uma relação com o mundo social que é de análise – reconhecidamente das nossas próprias posições situadas (note-se: não se trata de "ponto de vista") – a partir da nossa base semântica, de nossos pré-julgamentos. O conhecimento torna-se então uma coprodução, um processo dialógico (embora não no sentido de Habermas, mas naquele de James Clifford) de criação de universos de significação comuns.

Esta não é apenas a autossintonia das comunidades pós-tradicionais de Berking, mas também poderia caracterizar sua sensibilidade à natureza. Mais uma vez, esta não é a orientação da *Gemeinschaft* camponesa em relação à natureza, descrita, por exemplo, na sociologia da religião de Max Weber, em *Economia e sociedade*. Já está individualizada, já está liberta das tradicionais e primeiras instituições modernas. Entretanto, esta sensibilidade compreende não apenas conhecimento, mas também afetividade. Isto é informado não somente pela ciência, mas também pela poesia, pelo cinema, pela música. Não se trata tanto de uma questão do "homem" e do ambiente, mas do equilíbrio sistêmico entre ecologia e ecologia social. Não abrange apenas o cuidado, e o medo, através do qual nos relacionamos com a natureza "externa", mas as metáforas pelas quais nos relacionamos com nossos corpos, com os filhos e com os micróbios que portamos, com nossas mortes. Neste sentido, a sensibilidade hermenêutica em relação à natureza parece menos o tipo ideal tradicionalista ocidental que a compreensão "sujeito-objeto" japonesa da relação humana com a natureza, tão competentemente descrita por Augustin Berque.

Para Berking, esses grupos de afinidade de estilo de vida, "moralmente superaquecidos" e semanticamente intensos, são os formadores dos movimentos sociais atuais. Sua confiança ativa é baseada na criação de mundos semânticos e em uma ética do cuidado. Esta confiança está sujeita à "rotinização" à medida que as relações sociais tornam-se mais abstratas na transição do grupo de afinidade para o movimento social, para a organização formal e para a instituição. Com cada passo ascendente nesta hierarquia, a confiança torna-se mais mediada, mais abstrata, cada vez mais circunscrita por regras. Com cada passo ascendente, a confiança torna-se mais contratual e cada vez mais uma questão de legitimação. Com cada passo ascendente da *Gemeinschaft* pós-tradicional para a *Gesellschaft* moderna tardia, o investimento emocional e afetivo envolvido na confiança se reduz à medida que a ética se torna cada vez menos ligada ao afeto e cada vez mais ligada à razão.

Assim, pode-se certamente concordar com Beck e Giddens (e David Harvey) em que essa política ambiental está em seu fim em relação à limitação dos danos – e que quando se trata de limitação dos danos certamente se deveria ter muito mais confiança nos especialistas do que nas preferências de Murray Bookchin. Mas a questão é: quem coloca as questões ecológicas na agenda? Isso tem a ver com as respostas mais imediatas e afetivas (embora também cognitivas) das populações leigas imediatamente afetadas e com a linguagem igualmente emocional dos movimentos de protesto? Ou se trata dos próprios especialistas? O trabalho empírico que está sendo realizado pelo projeto de pesquisa nacional, coordenado por Klaus Eder, tenderia a sugerir que é o movimento de protesto. Sugeriria apenas que eles próprios tornaram-se institucionalizados, sua linguagem cada vez mais isomorfa em relação àquelas dos empresários, dos agentes da política e dos especialistas.

Pós-modernismo e capitalismo desorganizado

Espero ter sido capaz de desenvolver um pouco mais claramente nesta resposta a ideia da reflexividade estética. Esta não é uma ideia nova. Suas raízes estão, evidentemente, na estética de Kant em *Crítica do juízo*; está desenvolvida nas concepções de Weber e Simmel da conduta de vida e da *Persönlichkeit*; vemos isso em Habermas como uma dimensão da ação comunicativa e do discurso. Ocorre na obra de Charles Taylor como a principal fonte do *self* moderno. Suas conexões com a hermenêutica são integrais – como está evidenciado pelo próprio Taylor ou apresentado no profundo *Die Drei Kulturen*, de Wolf Lepenies, que é, na verdade, uma história intelectual de duas culturas – por um lado, a científica e a literária incorporadas na teoria social científica, e, por outro, a hermenêutica. Um teórico sociológico clássico como Simmel, por exemplo, em suas últimas análises hermenêuticas está escrevendo essencialmente sobre suposições estéticas.

Neste sentido, há paradigmaticamente não uma, mas duas modernidades: a primeira com suposições científicas atravessando uma genealogia que inclui Galileu, Hobbes, Descartes, Locke, o Iluminismo, Marx (o maduro), Corbusier, o positivismo sociológico, a filosofia analítica e Habermas. A outra modernidade é estética. À parte breves sugestões no barroco, em algumas paisagens holandesas, ela aparece vigorosa como uma crítica da primeira modernidade no romantismo do século XIX e no modernismo estético. Se desejamos compreender a reflexividade no sentido dos sociólogos da ciência (e, em parte, de Beck, neste livro) como a autorreflexão de um paradigma, então foi no modernismo artístico e literário do século XIX que a modernidade tornou-se propriamente reflexiva pela primeira vez. Bem antes da sociedade pós-tradicional das duas ou três décadas passadas, as primeiras evidências da modernidade reflexiva ocorreram graças à estética. A linhagem desta segunda modernidade, que se desenvolveu pela reflexão sobre e por um reflexo em relação à primeira, é o romantismo, o jovem Hegel, Baudelaire, Nietzsche, Simmel; o surrealismo, Benjamin, Adorno, Heidegger, Schutz, Gadamer, Foucault, Derrida e (na sociologia contemporânea) Bauman.

A questão aqui evidentemente não é narrar a *parenté* dos gigantes sobre cujos ombros nos apoiamos. A questão não é assinalar genealogias da "baixa modernidade" como ciência ou estética. Este livro, ao que me parece, diz respeito à *"alta* modernidade". Diz respeito ao modo como a sensibilidade da baixa modernidade, tanto analítica quanto hermenêutica, agora, pela primeira vez, difundiu-se para as massas da população em cada aspecto e detalhe da vida social. E aqui eu concordo com Giddens (e penso que também com Beck) em que realmente vivemos, em um sentido fundamental, pela primeira vez em uma sociedade pós-tradicional. Este livro é sobre o modo como esta sensibilidade – tanto as competências cognitivas quanto afetivas – se desliga das estruturas e instituições tradicionais. Neste desligamento, esta sensibilidade – tanto analítica quanto hermenêutica – torna-se reflexiva ao lançar seu olhar crítico e suas competências para a produção simbólica da própria baixa modernidade. Assim, a crítica dos sistemas especialistas, dos excessos e das suposições de ordem do projeto do Iluminismo, seja do ponto de vista analítico (que Beck e Giddens ressaltam) ou de um ponto de vista mais afetivo e hermenêutico, não é apenas o fato de o público leigo da modernidade de hoje estar se tornando reflexivo, mas o fato de a própria modernidade estar se impondo uma autocrítica.

Se a penetração da visão de mundo analítica e científica nas grandes massas do público leigo é o que Giddens deseja chamar de modernidade tardia, a penetração da sensibilidade do modernismo estético nas grandes massas deste mesmo público – recontada por inúmeros comentaristas – é o que muitos outros desejam entender como *pós*-modernidade. A modernidade reflexiva é uma questão relativa tanto ao último quanto ao primeiro termo. Tanto Beck quanto Giddens contestam as afirmações de ordem metanarrativa do projeto de modernidade simples do Iluminismo. Para eles, a modernidade reflexiva é caracterizada pela "ambivalência" ou pela "experimentação". Mas suas noções de ambivalência e experiência provêm, em grande parte, das ideias científicas de indeterminação e das consequências não intencionais das intervenções da ciência. Isto é insuficiente. Na vida cotidiana, espero que essa sensibilidade seja muito mais derivada da sensibilidade estética ou hermenêutica.

Finalmente, por "economias de signos e espaço", John Urry e eu (em nosso livro com este título publicado em 1994) não estamos nos referindo ao modo como a significação é desconstruída por meio da representação dos significantes. Em vez disso, estamos nos referindo ao modo como ela está se tornando cada vez mais uma "economia de signos", em parte através de sua completa informacionalização, tanto do "processo de trabalho" quanto do que é produzido. Tentamos compreender isso em termos das "estruturas de informação", uma ideia menos derivada do pós-estruturalismo que dos economistas institucionais japoneses. Estendemos essa ideia das "estruturas de informação e comunicação" desde o nível da empresa até os sistemas totais de produção, e daí para os fluxos de informação e comunicações (e imigração e turismo) que estão ocorrendo em um nível cada vez mais global. Assim, estamos falando também sobre economias de espaço, que são ao mesmo tempo extensivamente globalizadas e intensivamente localizadas. Essas estruturas de informação e comunicação, que se estendem sobre amplas áreas de espaço e comprimem o tempo, não contêm apenas signos, mas também imagens, narrativas e sons – ou seja, signos estéticos ou hermenêuticos. Essas estruturas, não sociais mas efetivamente culturais, são a condição da reflexividade para os agentes sociais do moderno tardio. Elas são a condição para a produção altamente reflexiva no local de trabalho e para o tipo de sensibilidade estética e hermenêutica anteriormente descrito. O acesso a essas estruturas de informação e comunicação – que são desigualmente distribuídas tanto espacial quanto socialmente – é um fator cada vez mais fundamental na desigualdade de classe, raça e gênero no mundo atual.

É também neste contexto que pode ser vista a extensão em que vivemos em um capitalismo literalmente "desorganizado" não tanto no sentido da reflexividade institucional, mas no "fim" – ou, mais modestamente, no declínio – das instituições e organizações. Isto porque tanto as mudanças socioculturais intensivas quanto as extensivas estão cada vez mais ocorrendo fora das instituições/organizações. Na esfera privada, o intercâmbio semântico, efetivamente carregado, está dissociado das expectativas normativas da família e da comunidade, e desinstitucionalizadas em relacionamentos puros – desde os relacionamentos amorosos até grupos de afinidade de estilo de vida. Além disso, no âmbito doméstico, as comunicações estão deslocadas da instituição da família para as comunicações monológicas, desde os "poucos" do rádio e televisão até os "muitos" receptores ou os "dialógicos robóticos" do Nintendo ou do Game Boy.

No espaço público mais impessoal, as trocas menos efetivamente investidas são cada vez mais extrainstitucionais. As redes de comunicação ponto a ponto através das estruturas de informação e comunicação, tipificadas pelas transações futuras, de *commodities* e dinheiro, frequentemente não funcionam dentro das organizações, mas entre indivíduos ou empresas. A proliferação de alianças em setores econômicos adiantados, na microeletrônica e na biotecnologia, ocorre entre organizações (e entre organizações e indivíduos), e essas alianças têm uma duração tipicamente breve. Economistas institucionais, como Williamson, e "socioeconomistas", como Etzioni, podem muito bem declarar que os mercados são instituições e pressupõem incorporação nas relações morais, legais e de confiança. Mas se são realmente instituições, os mercados são tipos muito especiais de instituições. São as menos regulamentadas das instituições; compreendem a faixa mais limitada de expectativas normativas recíprocas; seus relacionamentos sociais têm uma duração muito mais breve que em outras instituições.

A lei que os mercados preeminentemente pressupõem é a lei contratual, mediante instituições que, por definição, são tão caracterizadas pelo "*status*" quanto pelo "contrato". A medida do pressuposto dos mercados de confiança é frequentemente limitada ao aparecimento do "oportunismo". Finalmente, tem se observado que os mercados operam empiricamente como relacionamentos a longo prazo, ou seja, relacionamentos de fornecedor-comprador. Mas, neste sentido, a operação funcional da economia só diverge do mercado de tipo ideal na direção de relações de subcontratados e redes de muito mais *status* (não contrato). Seja como for, o que estou ressaltando é que, apesar da riqueza das noções de Beck e Giddens de reflexividade institucional, as relações sociais, na modernidade reflexiva, são cada vez mais *extra*institucionais.

Hoje em dia, a teoria cultural realmente "é dominante". Nisto, Giddens, com certeza, está certo. Isto está exemplificado em um acontecimento recente, quando contrapôs as ideias de Habermas às de Derrida, na Universidade de Frankfurt, diante de uma audiência de quase mil pessoas, em que, na terra de Habermas, os derrideanos suplantaram em número os habermasianos em cerca de quatro para um. É deplorável quando uma teoria cultural frequentemente é inútil para a consideração de questões da vida cotidiana e da política. Neste contexto, as intervenções *social*-teóricas de Beck e Giddens devem ser muito bem recebidas. Além disso, são intervenções com as quais eu desejo me unir. Mas não creio que a resposta seja apenas rejeitar e se "opor" ao pós-estruturalismo e à teoria cultural. Não creio que a melhor resposta seja prestar pouca atenção à dimensão cultural daquilo que eu declarei estar se tornando cada vez mais uma *Kulturgesellschaft*. Em vez disso, penso que a teoria social – seletivamente baseada também nos conceitos da análise cultural – pode ser mais eficiente compreendendo a dimensão cultural, em nossas instituições e na sensibilidade de nossas vidas privadas, do que os teóricos culturais. A modernidade reflexiva de Beck e Giddens é uma modernidade em que a análise social, não apenas da cultura, mas também da vida econômica, é efetivamente marginalizada. Se 1968 viu o nascimento do marxismo na academia; 1989 certamente viu seu estridente colapso. Isto não significa, entretanto, que na década de 1990 a teoria social deva prestar pouca atenção à economia e à desigualdade social.

Nos últimos anos, nenhuma ideia influenciou mais minha compreensão das relações sociais que aquela da modernidade reflexiva. Ela me ajudou especialmente a repensar o pós-modernismo – e mais em geral a crítica do moderno – na esfera cultural e na crescente flexibilidade e natureza informacional das nossas economias. Nenhum teórico me influenciou mais que Ulrich Beck e Anthony Giddens. Neste contexto, espero poder estimular a participação no projeto teórico social (e político) da modernização reflexiva. Mas preciso também frisar que essa participação ocorreu a partir de uma distância oblíqua, interpretativa e propriamente crítica.

Índice remissivo

ação comunicativa (Habermas), 179, 214-5, 228-32, 313
Adorno, Theodor W., 169, 208-14, 218, 221-4, 240, 313
  Dialética do esclarecimento, 170, 263
alegoria, 213, 219-22
  comparada com o símbolo, 218, 235, 243
Alemanha, relações de produção, 188-94
ambiente, 8, 121, 311
ambivalência, 24-5, 27, 34, 41, 58-9, 223, 263, 294, 297, 314
modelo da "mesa-redonda", 52-6
Anders, Günther, 268
Anderson, Benedict, 174, 220
Antropologia
  fases da, 151-5
  reflexiva, 240-1
Aoki, Masahiko, 184-5
aprendizagem, 190-2
Arendt, Hannah, 268
Aristóteles, 192, 250, 301
atividade, 168-239
  ou estrutura, 168, 181-206

autolegislação e auto-obrigação, 54
autonomia, 27-8, 46-7, 117, 277-9, 285-6, 303
autoridade, 128-33
  racional-legal, 130-2
autorreflexividade, 175-7, 310

Baker, Nicholson, 303
  The Mezzanine, 95, 103, 153
Barley, Nigel, 152-4
Barthes, Roland, 257
Baudelaire, Charles, 169, 235, 313
Baudrillard, Jean, 222
Bauman, Zygmunt, 24, 41, 217-21, 263, 271, 294-5, 305, 313
Beck, Ulrich, 11-87, 240, 250, 257
  Das ganz normale Chaos der Liebe, 176, 180
  Giddens sobre, 142, 275-6, 279-85
  Lash sobre, 293-318
  réplicas e críticas, 259-72
  Risk Society, 176-7, 180
Beck-Gernsheim, E., *Das ganz normale Chaos der Liebe*, 176

Bell, Daniel, 254, 265, 285
Bellah, Robert, 193, 250, 254
Benedict, Ruth, 161
Benhabib, Seyla, 251
Benjamin, Walter, 169, 213-4, 221, 235, 313
Benn, Gottfried, 56, 303
bens conflitos distribucionais, 17-9
 informacionais, 197-200
 substantivos, 193-4, 242-4
Berking, Helmut, 246, 309-11
Berman, Marshall, 57
Berque, Augustin, 311
Beyme, Klaus von, 60
bloqueio, 75-85
Boas, Franz, 154-5
Böhme, G., 49
Böhret, Carl, 69
Bookchin, Murray, 312
Bourdieu, Pierre, 236-40, 261, 310
 Distinction, 236-8, 310
 Invitation to Reflexive Sociology, 236
 o "campo", 247-56
Boyer, Pascal, 103
burguesia, 12, 73
burocracia, 130, 286

calvinismo, 146
capitalismo, 91-2, 211-2, 283, 288
 como um organismo desincorporador, 148-9
 desorganizado, 295-318
 e a ética protestante, 109-11
 e democracia, 12-3
 e o complexo poder/conhecimento, 207
 e os Estados-nações, 144
 e pós-modernismo, 312-8

casamento, 32-3
categorias impensadas, 236-8, 254, 257, 305, 310
ceticismo, 132-9
ciência política, 42
ciência, 298-9
 status da, 137, 275-6
 tipos de, 55-6
cientificação, reflexiva, 82
cientificismo, *versus* hermenêutica, 294-6
classe média, 241-2
 nova com reflexividade, 194-206
classe social, 173-4
 como agrupamento de interesses, 241-4
 e reflexividade, 1847-94
 estratificação, 278-9
classe trabalhadora, 174, 242
 ascensão da nova classe trabalhadora reflexiva, 194-206
 e produção reflexiva, 184-94
Clausewitz, Karl von, 164
Clegg, Stuart, 306
Clifford, James, 240, 248, 311
coalizão, 75, 84, 86
compulsividade, 105-166, 146-7, 299-300
 como confiança congelada, 141-2
 e a ansiedade da vergonha, 146
comunidade, 221-2, 257-8
 de gosto, 244-7
 "diaspórica", 248-9
 e destradicionalização reflexiva, 192-4
 e individualização, 169, 225-6
 e o *self*, 220-58
 Giddens sobre, 276-8
 reflexiva, 226, 233-58, 296-7

ÍNDICE REMISSIVO 321

versus reflexividade institucional, 296-300
sentido de, 145-6
comunismo, 11, 72
comunitarismo, perda da tese da comunidade, 156-265
conceitual, e o mimético, 208-14
confiança
    ativa na sociedade de risco, 274-8, 288-9
    congelada, 141
    noção de confiança ativa de Giddens, 297-9, 303-6
    risco e reflexividade, 272-92
congestionamento, 45
conhecimento
    e não conhecimento, 260-1
    e tipos de ciência, 56
contingência, *ver* ambivalência
controle, 223, 273
    na sociedade de risco, 24, 269
Corbusier, Le, 211, 313
crise ecológica, 8, 21, 264
    e contradições da abundância, 289-90
    Giddens sobre, 279-82
crítica, 27-8, 208
criticismo, e teoria marxista, 27
cuidado, ética do, 251-2, 304-5
cultura popular, 212-4
cultura, hermenêutica e os limites das instituições, 306-12
culturas orais, 99-100, 104, 144-6
cursos técnicos, 188-9

Davies, Christie, 146-7
De Lauretis, Teresa, 222
Deleuze, Gilles, 222
democracia, 64, 144
    "dialógica", 164-5, 297-301

e capitalismo, 12
democratização, 283-8
de Deus, 79-80
Derrida, Jacques, 218-9, 221, 235, 313
    desconstrução, 213, 220-3, 295
    versus Habermas, 317-8
Descartes, René, 313
descentralização, 91, 131-2, 149, 165, 172, 186, 294
desconstrução, 213-4, 222-4
desengajamento, 162-3, 164-5
desenvolvimento, 290-1
desincorporação, 29, 144, 149-50, 264-5, 301
    e reincorporação, 29, 264-5
    natureza da especialização, 131-3, 139
destradicionalização, 7-8, 103-4, 111-3, 124-5, 155-61, 280-2
direitos, sociais e individuais, 33
Dore, Ronald, 185
Douglas, Mary, 295
Dreyfus, Hubert, 230
Durkheim, Emile, 20, 159, 168, 215, 256, 265
    Classificações primitivas, 237-9
    sobre sociologia, 171-7, 228-9
dúvida, 57-60, 92-3, 135, 281-2

Eagleton, Terry, *Ideology of the Aesthetic*, 220
ecologia, 8, 50-2, 81-7, 268, 311-2
Eder, Klaus, 307, 309, 312
efeitos colaterais, 260-1, 297
    globalização dos, 267-72
Eliot, T. S., 235
emoções, ou emocionalização da democracia, 163-6, 285-6, 301-6
Enciclopédia, 209

Enzensberger, Hans Magnus, 66
esfera privada, 76-80
espaço privilegiado, 126-8
especialistas, 275
  a classe média nos sistemas de especialistas, 196-8
  definição, 130-1
  e a verdade proposicional, 299-300
  e guardiães, 129-33
especialização, 138-40
  comparada com a tradição, 131
  deslocamento e reapropriação da, 95
  desmonopolitização da, 53
  e sabedoria, 133-42
  flexível, 181-2
subpolitização da, 61-87
Estado, metamorfose do, 66-71
Estados Unidos da América, relações de produção, 184-94
Estados-nação, e capitalismo, 143-5
estética
  Beck e a, 57-8
  ética e etnia, 259-61
  Giddens e a, 291-2
estética da estrutura, 167-293, 260-1
estranho, 126-9
estrutura
  indivíduos e, 263
  ou ação, 168-9, 181-206
  sentido de Giddens da, 173-6, 236-7
  ver também estruturas de informação e comunicação
estruturalismo, 256-257
estruturas culturais, 256-7, 314-7
estruturas de informação e comunicação, 167-9, 182-4, 235-7, 314-6
  e classe trabalhadora reflexiva, 197-206

estudos culturais, 179-80, 225-6, 257-8
estudos de desenvolvimento, 279
ética do discurso, 161-2, 230-2
ética situada, 251-58
ética, etnia e estética, 214-9, 259-60
etnocentrismo, 220
etnometodologia, 178, 254
Etzioni, A., 316
evolucionismo, 151-66, 167-9
Ewald, F., 270
existencialismo, 78-9, 176-8
experiência, 251
  contra a ciência, 55-6
experiências do cotidiano, 94-6, 117-8

fatalismo, 45-6, 83-4, 105-7
feminismo, 49-50, 82-3, 222
Fichte, Johann Gottlieb, 66, 261
Fiske, J., 225-6
Foucault, Michel, 131, 170, 172, 235, 257, 295, 313
  cuidado de si, 252
  discursos, 179-81
  teoria do poder, 167-8, 306-7
Freud, Sigmund, 106-8, 111, 158, 222-4, 237
Fukuyama, Francis, 169, 283
funcionalismo, 14, 34, 45-8
  na antropologia, 150-1
fundamentalismo, 156

Gadamer, Hans-Georg, 128, 134
  Wahrheit und Methode, 229
Galilei, Galileu, 313
Ganssmann, H., 202
gênero, como tradição, 163
genogramas, 113, 115, 118
Giddens, Anthony, 89-166, 171, 232, 237, 256-7
  A transformação da intimidade, 176, 180

As consequências da modernidade, 176, 180, 260
  Beck sobre, 29-32, 259-65, 293-318
  comparado com Bourdieu, 235-9
  Lash sobre, 293-318
  Modernity and Self-Identity, 176, 180
  política emancipativa e política de vida, 77
  réplicas e críticas, 272-91
globalização, 9, 31, 162, 278
  de efeitos colaterais, 268
  e a tradicionalização reflexiva, 193-5
  e democratização, 285-8
  e o abandono da tradição, 89-90, 148-55
Gluckman, Max, 160
Goethe, Johann Wolfgang von, 109, 235
Gouldner, Alvin, 261
grupos de interesse, distintos de comunidades, 241-6
guardiães, 124-5, 132-3, 138-40, 299-300
  comparados com os especialistas, 102-4, 129-33
  da verdade, 99-100, 102-3

Habermas, Jürgen, 37, 168, 261, 265, 294, 313
  ação comunicativa, 179, 215, 228-32, 313
  Discurso filosófico da modernidade, 218
  racionalidade comunicativa, 168, 228-32
  versus Derrida, 317-8
hábitos, 157-9, 235-41
  masculinos, 201

habitus, 304, 310-1
  habiter, hábitos, 235-41
Halbwachs, Maurice, 99-101, 106
Hall, Stuart, 180, 225
Harvey, David, 295, 312
Hebdige, Dick, 226
hedonismo, 110-1
Hegel, G. W. F., 70, 209-11, 313
  conceito da *Sittlichkeit,* 220-1, 229, 234
  Escritos estéticos, 209
Heidegger, Martin, 227-8, 230, 313
  O ser e o tempo, 227, 232, 234-5, 251-2
Held, David, 285
hermenêutica, 104, 178-9, 222-4, 237, 240-1, 253-5
  cultura e os limites das instituições, 306-12
  da reapropriação, 178-9, 224, 253-4
  e reflexividade estética, 222-4
  versus o cientificismo, 294-6
Hitzler, Ronald, 32
Hobbes, Thomas, 313
Hobsbawm, Eric, 145-6
horizonte semântico, 302, 307-10
Horkheimer, Max, *Dialética do esclarecimento,* 170, 263

identidade, a tradição como um meio de, 124-6, 147-6
Iluminismo, 45, 92-3
incerteza, 21-8, 272
  "fabricada", 273
indexicabilidade, 302-3
individualismo, 165, 221-2
  expressivo, 207
individualização, 20-1, 90-2, 260, 271-2, 276-8

como forma social, 29-34
definição, 31
diferentes contextos e formas, 40-1
Lash sobre, 172-6, 225-35
versus comunidade (Lash), 169, 252-8
insegurança, 177
ontológica, 125, 157-8, 177-8, 213-8
interpretação situada, ou sistemas especialistas, 293-318
intimidade, 147-8, 276-7, 301-2, 304-6
Iragaray, Luce, 222

Jameson, Fredric, 211
Japão, produção reflexiva, 184-95
Jaspers, Karl, 268
Jonas, Hans, 268
Jungk, Robert, 268
jurisdição, informalização da, 54

Kant, Immanuel, 168, 208, 220
 Crítica da razão prática, 219
 Crítica da razão pura, 219
 Crítica do juízo, 219, 238, 312
Kierkegaard, Søren, 79
Kluge, Alexander, 211
Koike, Kazuo, 184
!Kung San, depreciando a carne, 96-9, 102, 126
Kwakiutl, 154-5

Lacan, Jacques, 222, 257
Laing, R. D., 178
Lang, Fritz, *Metropolis* (filme), 205, 223
Lasch, Christopher, 77
Lash, Scott, 57, 167-258
 Beck sobre, 207-65
 Giddens sobre, 292, 304-5

réplicas e críticas, 293-318
sobre Beck e Giddens, 214-8
Lepenies, Wolf, *Die Drei Kulturen*, 313
Levinas, Emmanuel, 218, 220, 305
Lévi-Strauss, Claude, 152, 236, 239-40, 257
linguagem, 292
 do ritual, 101-3
Locke, John, 313
Luhmann, Niklas, 46, 75, 261, 307
 Love as Passion, 249-51
 teoria dos sistemas autopoéticos, 179
Lukes, Steven, 72n.35
Lutero, Martinho, 109
Lyotard, Jean-François, 218
 Dérive à partir de Marx et Freud, 223
 Le différend, 220

MacIntyre, Alistair, 193, 251, 254
Maffesoli, *Ethique aesthetique*, 220
Malinowski, Bronislaw, 125, 154-5
Mannheim, Karl, 248, 256
Maquiavel, Nicolau, 66
Marcus, Greil, 240
 Dead Elvis, 258
Marcuse, Herbert, 209-10
Marx, Karl, 94, 143, 173, 213, 221-3, 256, 288, 313
 sobre o capitalismo, 12-4, 90-1
marxismo, 13, 167, 179-81, 294-5, 317-8
Mauss, Marcel, *Classificações primitivas*, 237-8
May, Rollo, 251
mediação, 209
memória coletiva, 99-101, 300
Michels, Robert, 126-7
Mies van der Rohe, Ludwig, 211

mimese, e o conceitual, 208-14
modernidade
  caminhos para uma nova, 45-60
  científica, 313-4
  compulsividade da, 105-13
  equação da nova, 15
  estética, 313-4
  e tradição, 89-90
  radicalização da, 14
  simples, 56-9
  teoria da reflexão da, 261-2
  teoria da reflexividade, 261-3
  ver também modernidade reflexiva
modernidade reflexiva, 262-3, 312-3
  como uma teoria crítica, 167-81
modernismo e pós-modernismo, 168-70
modernização
  e contramodernização, 73-4
  simples *versus* reflexiva, 12-3, 52-4
modernização reflexiva, 141-2, 147, 257-8, 317-8
  comparada com a modernização simples, 169-71
  comparada com a reflexividade institucional, 272-5
  definição (Beck), 11-6
  significados do conceito, 259-61
  teoria de Beck, 11-87
  tese elementar, 259
  tese *Freisetzung*, 181-207
Montesquieu, Charles-Louis de Secondat, 11
moralidade
  conteúdo das tradições, 99-100, 102-4
  e a questão ecológica, 83-7
mudança social
  estágios na, 172-4

ordens de transformação, 90-6
teorias de Giddens, 13-6, 259
mulheres, 147-8
  e casamento, 32-4, 279
  e estruturas de informação e comunicação, 204-6
  e os aspectos em mutação da reprodução, 123-4
  e poder, 163-4
  erosão dos papéis masculinos e femininos, 266-7
  e trabalho, 13-5, 32-3, 289-91
multiculturalismo, 307
"museus vivos", 157-9

nacionalismo, 11, 73-6, 173-5, 220-1
  e neotribalismo, 258
não revolução, 12-6, 48-50
natureza, "reprodutibilidade técnica", 48-51
  complementaridade com a tradição, 118-9
  e a crise ecológica, 8
  e risco, 93
  relacionamento da sociedade industrial moderna com a, 20
  sensibilidade hermenêutica para com a, 311
  socialização da, 120-1
Neckel, S., 246
negociação, 54
  pelo Estado, 68-9
Nietzsche, Friedrich, 56, 90, 174, 221-3, 240, 313
  "Über Lüge und Wahrheit", 208-9
niilismo, 56

Ocidente, 11-2, 21, 61-2
  comparado com a política do Leste Europeu, 38

individualização no, 40-1
modernização, 12-3
ordem política, além da esquerda e da direita, 71-6
ordem pós-corporativista, 307
ordem pós-escassez, 288-91
ordem, risco e problemas da, 23-5
Orwell, George, *The Road to Wigan Pier*, 158-9
outro, o, 125, 151-3, 163-6, 220-41, 276-8

Parsons, Talcott, 175, 229, 256
partidos políticos, como grupos de interesse, 241-6
Pearson, Karl, 217
pluralismo cultural, 161-2
poder, 48-9, 206-7
  em Habermas, 230-2
  incorporado, 161-2
  tradição e, 161-2
poètes maudits, 235
política
  auto-organização da, 66-85
  democratização na, 283-8
  dirigida para as regras e modificadora das regras, 65
  e globalização, 9-10
  e subpolítica, 34-45
  natureza da, 35-7
  reinvenção da, 11-87
  vida e morte, 76-80
políticas de treinamento, 191-3
político, invenção do, 60-87
politização, 61, 65-6, 293
Popper, Karl, 56, 135-6
pós-estruturalismo, 302
positivismo, 313
pós-modernidade, 291-2, 251-2

pós-modernismo, 7-8, 308, 318
  de resistência, 213
  e capitalismo desorganizado, 312-8
  e modernismo, 169-71
  e pós-modernismo, 291-2
princípio de segurança (Beck), 25-6
Prittwitz, Volker von, 85
produção, reflexiva, 184-94
progresso, 13, 28, 271
Proust, Marcel, 218
publicidade, criação de uma parcial, 54
puritanismo, 109-10

Rabinow, Paul, 240
racionalidade
  abordagens em mutação à, 21-8
  ausência de, 59
  especialista, 80-7
  reforma, 56-60
  ver também racionalidade comunicativa; racionalidade instrumental
racionalidade comunicativa (Habermas), 167-8, 229-32
racionalidade instrumental, 23-8, 52-3, 269, 272
racismo, 12, 258
redes, 76
reflexão, distinta de reflexividade, 17-9, 56-7, 261-5, 297-9
reflexividade
  Bourdieu sobre, 236-9
  condições estruturais da, 182-206
  definição de Lash, 175-7
  distinta de reflexão, 17-21
  e seus duplos, 167-258
  estrutural, 175-7
  risco e confiança, 272-92
  tema da, 7-8

tipos de, 243-4
ver também autorreflexividade; reflexividade cognitiva; reflexividade estética; reflexividade hermenêutica; reflexividade institucional
reflexividade cognitiva, 168-9, 221-2, 240, 253-4, 262-3
   aspectos da, 243-4
   negociação coletiva, 190
   versus estética, 206-19
reflexividade estética, 56-8, 168-9, 206-19, 240, 302, 304-5
   aspectos da, 243-4
   e a crítica do juízo, 219, 238
   e hermenêutica, 221-4, 253-5, 312-6
   Giddens e a, 291-2
reflexividade hermenêutica, 178-80, 253-8, 296-303
   aspectos da, 243-4
reflexividade institucional, 142-5, 155-8, 260-1, 287, 294
   cultura e hermenêutica, 306-12
   e comunidade reflexiva, 296-300
   e confiança ativa, 275-8
   e mudanças extra-institucionais, 125-7
   em comparação com a modernização reflexiva, 272-4
   responsabilidade, tradição e verdade, 296-300
Reino Unido, relações de produção, 184-94
relacionamento puro, 115-6, 163, 301-6
relações de confiança, 176-7
   entre indivíduos especialistas e leigos, 138-41
   e produção reflexiva, 184-94
   e ritual, 124-9
relíquias, 159-61

repetição, 98-9, 105
   como neurose, 105-6
   e análise familiar, 113-6
   inclinação emocional para a, 110-1
reprodução, efeitos da tecnologia e destradicionalização, 128, 280-1
responsabilidade, 298
Ricoeur, Paul, 223
risco
   centralidade do, 9-10
   confiança e reflexividade, 272-92
   e dialética da segurança, 25-8, 267-71, 297-8
   e incerteza, 21-8
   e insegurança ontológica, 214-8
   e natureza, 122
   estágios do, 91-4
Risk Society (Beck), revisão de Bauman, 24
ritual, 159-61
   e relações de confiança, 124-9
   e tradição, 96-105
ritualismo, 160
ritualização das relações sociais, 160
romantismo, 234-5
Rorty, Richard, 155, 218, 220-1
rotinização, 112, 118
Rushdie, Salman, 248

sabedoria, e especialização, 133-42
Sartre, Jean-Paul, 31
Scarf, Maggie, 113-4
Schiller, Johann Christoph Friedrich von, 235
Schleiermacher, Friedrich Ernst Daniel, 235
Schmid, Thomas, 61
Schmitt, Carl, 70
Schoenberg, Arnold, 210

Schulze, Gerhard, 57, 249
Schutz, Alfred, 228, 305, 313
Schwengel, Hermann, 67, 307
segurança, 20
self, 21, 261-3
   e autonomia emocional, 116
   e comunidade, 219-55
   e comunidade reflexiva, 241-58
   e comunitarismo, 250-4
semiose, 212-4
sexualidade, 280-1
Sheldrake, Rupert, 123
Shils, Edward, 99
significação, 20
   comunidade como, 225
   significações compartilhadas, 219-21
   ver também horizonte semântico
signos, economia de, 292, 314-5
Simmel, Georg, 20, 172, 175, 217, 312-3
"estranho", 126-8, 248
sínteses dos códigos, 47-8, 56-60
sistemas abstratos, 148, 157, 301-2
   e relações de confiança problemáticas, 138-42
sistemas especialistas, 257-8, 261
   dominação dos, 269
   e confiança ativa, 276-304
   e relacionamentos íntimos, 248-51
   Giddens sobre, 130-3
   na mediação da reflexividade, 176-81
   ou interpretação situada, 293-318
Sittlichkeit, 220-1, 228-30, 234, 252-8
socialismo, 72-3, 148-9
sociedade de risco, 266-7
   autocrítica da, 17-28, 176-7
   conceito de, 17-21
   dinamismo do conflito, 15-6
   e ambivalência, 52-6
   e confiança ativa, 275-8
   "residual", 17
sociedade global, 150, 164-5
sociedade industrial
   autodissolução e auto-risco da, 259-72
   destruição criativa da, 12-3
   diferenciação, 45-52
   obsolescência da, 17
sociedade moderna, modelo disciplinar, 131, 146
sociedade pós-tradicional, 89-166, 313-4
sociedade tradicional, 160-1
   ideia de Giddens, 97-100
Sociologia, 46, 180, 256-8
   e teoria social, 294-6
   suposições da sociologia clássica, 266-8
   zeitdiagnostische Soziologie, 169-80
sonhos, 99-102
   teoria de Freud dos, 106-8
Sontag, Susan, 218
Streeck, Wolfgang, 191
subclasse, nova com reflexividade, 194-206
subculturas, 226-7
subjetividade
   da subjetividade para a comunidade, 225-35
   política, 37
subpolítica, 29-45, 278, 284-6, 293
   desenvolvimento da, 60-1, 67-71, 73-6
   distinta da política, 43-5, 63-4
   e a política, 34-45
   e pluralismo de valor, 307
surrealismo, 313

ÍNDICE REMISSIVO

Taylor, Charles, 193, 251, 254, 313
  Sources of the Self, 233-5
tecnocracia, 82
tecnologia, 95-6, 118-9, 123-4, 281-2
  desenvolvimento e utilização, 48-52
  e mudança social genética, 79-80
teoria crítica, modernidade reflexiva como uma, 167-82
teoria cultural, 317-8
  e sociologia, 294-6
teoria do ato de fala, 230-1
teoria dos sistemas, 39, 46
teoria social, 317-8
tomada de decisão, 24-6, 52-4, 116-7, 280-1
Tönnies, Ferdinand, 172-3, 223, 265
Touraine, Alain, 1740
trabalho
  limites que estão mudando, 13-6, 33
  mulheres e, 15-6, 288-90
tradição, 274-5, 299-300
  abandono da, 89-90, 114-6, 148-55
  adoção da, 123-4
  como contextual, 124-9
  como um meio de identidade, 126-7, 147
  comparada com a especialização, 131-3
  complementaridade com a natureza, 119-24
  conteúdo moral, 103-4
  definição de Giddens, 99-102
  discurso e violência, 161-6
  e o masculino e o feminino, 163-5
  e o ritual, 96-7
  forma emocional da, 105-7

"inventada" (Hobsbawm), 144-5
  justificativa discursiva, 156-7, 163-5
  mudança de *status* da, 7-8
  na modernidade, 89-90, 142-8
tradicionalismo econômico (Weber), 109-10
tradicionalização reflexiva, 193
Trobriands, 155

Urry John, 315

valores, choques, 206
verdade
  formular, 99-104, 119-21, 124-5, 156-7, 159-61, 298-300
  hermenêutica, 301-2
  proposicional, 299-302
vício, 299-300
  e tradição, 110-4, 117
vigilância, 143-6
violência, 155-6, 161-2, 164-5
  racial, 199-201
  tradição e discurso, 161-2
  vocação, como ação política, 80-7

Weber, Max, 20, 23, 66, 70, 92, 143, 166, 172, 239, 312
  A ética protestante, 108-11, 147, 289
  Economia e sociedade, 311
  sobre o papel do especialista, 129-33
welfare state, 20-1
  e capacitação, 290-1
  e individualização, 30-4
Williams, William Carlos, 258
Willis, Paul, 201
Wilson, William J., 199, 205

Zapf, W., 28n.13

SOBRE O LIVRO

Coleção: Biblioteca Básica
Formato: 14 x 21 cm
Mancha: 23 x 42 paicas
Tipologia: Goudy Old Style 12/13
Papel: Off-white 80 g/m² (miolo)
Cartão Supremo 250 g/m² (capa)
2ª *edição*: 2012

EQUIPE DE REALIZAÇÃO

Edição de Texto
Pedro Biondi (Preparação de Original)
Geisa Mathias de Oliveira (Revisão)

Capa
Estúdio Bogari

Editoração Eletrônica
Vicente Pimenta (Diagramação)

Assistência Editorial
Alberto Bononi

Camacorp Visão Gráfica Ltda

Rua Amorim, 122 - Vila Santa Catarina
CEP:04382-190 - São Paulo - SP
www.visaografica.com.br